智能网联汽车专业"岗课赛证"融通活页式创新教材

智能网联汽车仿真与测试

组编　行云新能科技（深圳）有限公司
主编　张朝山　张胜宾　李兰友
参编　吴立新　王丽娜　李成学
　　　罗　全　任　艺　李海宁
　　　闫红方

机械工业出版社

本书共分为"初识智能网联汽车仿真与测试""数字虚拟测试场景构建""车辆环境传感器构建""典型应用场景仿真与测试""XIL仿真技术应用"5个能力模块，总共下设17个任务。全书以"做中学"为主导，以程序性知识为主体，配以必要的陈述性知识和策略性知识，重点强化"如何做"，将必要知识点穿插于各个"做"的步骤中，边学习、边实践，同时将"课程思政"融入课程的培养目标，在实训教学中渗透理论的讲解，使学生学到的知识能够融会贯通，让学生具有独立思考、将理论运用于实践的动手能力，成为从事智能网联汽车相关工作的高素质技能型专业人才。

本书内容通俗易懂，可作为职业院校新能源汽车技术、智能网联汽车技术、智能网联汽车工程技术等相关专业教材，也可供从事本专业工作的工程技术人员参考。

图书在版编目（CIP）数据

智能网联汽车仿真与测试 / 行云新能科技（深圳）有限公司组编；张朝山，张胜宾，李兰友主编 . —北京：机械工业出版社，2024.6（2025.6重印）
智能网联汽车专业"岗课赛证"融通活页式创新教材
ISBN 978-7-111-75908-9

Ⅰ.①智… Ⅱ.①行… ②张… ③张… ④李… Ⅲ.①汽车–智能通信网–系统仿真–教材 ②汽车–智能通信网–测试–教材 Ⅳ.①U463.67

中国国家版本馆CIP数据核字（2024）第105939号

机械工业出版社（北京市百万庄大街22号　邮政编码100037）
策划编辑：谢　元　　　　　　　　　责任编辑：谢　元
责任校对：郑　婕　牟丽英　　　　　封面设计：马精明
责任印制：单爱军
中煤（北京）印务有限公司印刷
2025年6月第1版第3次印刷
184mm×260mm·18.5印张·412千字
标准书号：ISBN 978-7-111-75908-9
定价：69.90元

封底无防伪标均为盗版

电话服务　　　　　　　　　　　网络服务
客服电话：010-88361066　　　　机　工　官　网：www.cmpbook.com
　　　　　010-88379833　　　　机　工　官　博：weibo.com/cmp1952
　　　　　010-68326294　　　　金　书　网：www.golden-book.com
封底无防伪标均为盗版　　　　　机工教育服务网：www.cmpedu.com

智能网联汽车专业"岗课赛证"融通活页式创新教材

丛书编审委员会

主　任　　吴立新　　行云新能科技（深圳）有限公司

副主任　　吕冬明　　机械工业教育发展中心
　　　　　　程安宇　　重庆邮电大学
　　　　　　丁　娟　　浙江天行健智能科技有限公司
　　　　　　王　潇　　深圳市速腾聚创科技有限公司
　　　　　　谢启伟　　北京中科慧眼科技有限公司

委　员　　陈纪钦　　河源职业技术学院
　　　　　　邓剑勋　　重庆电子科技职业大学
　　　　　　李　勇　　山东交通职业学院
　　　　　　吴海东　　广东轻工职业技术大学
　　　　　　谢　阳　　惠州城市职业学院
　　　　　　徐艳民　　广东机电职业技术学院
　　　　　　游　专　　无锡职业技术学院
　　　　　　于晓英　　山东交通职业学院
　　　　　　邹海鑫　　深圳信息职业技术学院
　　　　　　张朝山　　杭州科技职业技术学院

资源说明页

本书附赠 11 个富媒体资源，总时长 59 分钟。

获取方式：

1. 微信扫码（封底"刮刮卡"处），关注"天工讲堂"公众号。
2. 选择"我的"—"使用"，跳出"兑换码"输入页面。
3. 刮开封底处的"刮刮卡"获得"兑换码"。
4. 输入"兑换码"和"验证码"，点击"使用"。

通过以上步骤，您的微信账号即可免费观看全套课程！

首次兑换后，微信扫描本页的"课程空间码"即可直接跳转到课程空间，或者直接扫描内文"资源码"即可直接观看相应富媒体资源。

课程空间码

序

当前，全球汽车产业进入百年未有之大变革时期，汽车电动化、网联化和智能化水平不断提升，智能网联汽车已成为世界公认的汽车产业未来发展的方向和焦点。党的二十大报告提出："建设现代化产业体系。坚持把发展经济的着力点放在实体经济上，推进新型工业化，加快建设制造强国、质量强国、航天强国、交通强国、网络强国、数字中国。"这为推动智能网联汽车发展、助力实体经济指明了方向。

智能网联汽车是跨学科、跨领域融合创新的新产业，要求企业员工兼具车辆、机械、信息与通信、计算机、电气、软件等多维专业背景。从行业现状来看，大量从业人员以单一学科专业背景为主，主要依靠在企业内"边干边学"完善知识结构，逐步向跨专业复合型经验人才转型。这类人才的培养周期长且培养成本高，具备成熟经验的人才尤为稀缺，现有存量市场无法匹配智能网联汽车行业对复合型人才的需求。

为了响应高速发展的智能网联汽车产业对素质高、专业技术全面、技能熟练的大国工匠、高技能人才的迫切需求，为了响应《国家职业教育改革实施方案》提出的"建设一大批校企'双元'合作开发的国家规划教材，倡导使用新型活页式、工作手册式教材并配套开发信息化资源"的倡议，行云新能科技（深圳）有限公司联合中职、高职、本科、技工技师类院校的一线教学老师与华为、英特尔、百度等行业内头部企业共同开发了智能网联汽车专业"岗课赛证"融通活页式创新教材。

行云新能在华为MDC智能驾驶技术的基础上，紧跟华为智能汽车的智能座舱——智能网联——智能车云全链条根技术和产品，构建以华为智能汽车根技术为核心的智能网联汽车人才培养培训生态体系，建设中国智能汽车人才培养标准。在此基础上，我们组织多名具有丰富教学和实践经验的汽车专业教师和智能网联汽车企业技术人员一起合作，历时两年，共同完成了"智能网联汽车专业'岗课赛证'融通活页式创新教材"的编写工作。

本套教材包括《智能网联汽车概论》《Arduino编程控制与应用》《Python人工智能技术与应用》《ROS原理与技术应用》《智能网联汽车传感器技术与应用》《智能驾驶计算平台应用技术》《汽车线控底盘与智能控制》《车联网技术与应用》《汽车智能座舱系统与应用》《车辆自动驾驶系统应用》《智能网联汽车仿真与测试》共十一本。

多年的教材开发经验、教学实践经验、产业端工作经验使我们深切地感受到，教材建设是专业建设的基石。为此，本系列教材力求突出以下特点：

1）以学生为中心。活页式教材具备"工作活页"和"教材"的双重属性，这种双重属性直接赋予了活页式教材在装订形式与内容更新上的灵活性。这种灵活性使得教材可以依据产业发展及时调整相关教学内容与案例，以培养学生的综合职业能力为总目标，其中每一个能力模块都是完整的行动任务。按照"以学生为中心"的思路进行教材开发设计，将"教学资料"的特征和"学习资料"的功能完美结合，使学生具备职业特定技能、行业通用技能以及伴随终身的可持续发展的核心能力。

2）以职业能力为本位。在教材编写之前，我们全面分析了智能网联汽车技术领域的特征，根据智能网联汽车企业对智能传感设备标定工程师、高精度地图数据采集处理工程师、智能网联汽车测试评价工程师、智能网联汽车系统装调工程师、智能网联汽车技术支持工程师等岗位的能力要求，对职业岗位进行能力分解，提炼出完成各项任务应具备的知识和能力。以此为基础进行教材内容的选择和结构设计，人才培养与社会需求的无缝衔接，最终实现学以致用的根本目标。同时，在内容设置方面，还尽可能与国家及行业相关技术岗位职业资格标准衔接，力求符合职业技能鉴定的要求，为学生获得相关的职业认证提供帮助。

3）以学习成果为导向。智能网联汽车横跨诸多领域，这使得相关专业的学生在学习过程中往往会感到无从下手，我们利用活页式教材的特点来解决此问题，活页式教材是一种以模块化为特征的教材形式，它将一本书分成多个独立的模块，以某种顺序组合在一起，从而形成相应的教学逻辑。教材的每个模块都可以单独制作和更新，便于保持内容的时效性和精准性。通过发挥活页式教材的特点，我们将实际工作所需的理论知识与技能相结合，以工作过程为主线，便于学生在实际的操作过程中掌握工作所需的技能和加深对理论知识的认知。

总体而言，本活页式教材以学生为中心，以职业能力为本位，以学习成果为导向，让学生在教师指导下经历完整的工作过程，创设沉浸式教学环境，并在交互体验的过程中构建专业知识，训练专业技能，从而促进学生自主学习能力的提升。每一个任务均以学习目标、知识索引、情境导入、获取信息、任务分组、工作计划、进行决策、任务实施、评价反馈这九个环节为主线，帮助学生在动手操作和了解行业发展的过程中领会团结合作的重要性，培养执着专注、精益求精、一丝不苟、追求卓越的工匠精神。在每个能力模块中引入了拓展阅读，将爱党、爱国、爱业、爱史与爱岗教育融入课程中。为满足"人人皆学、处处能学、时时可学"的需要，本活页式教材同时搭配微课等数字化资源辅助学习。

虽然本系列教材的编写者在智能网联汽车应用型人才培养的教学改革方面进行了一些有益的探索和尝试，但由于水平有限，教材中难免存在错误或疏漏之处，恳请广大读者给予批评指正。

丛书编委会

前　言

党的二十大报告指出："统筹职业教育、高等教育、继续教育协同创新，推进职普融通、产教融合、科教融汇，优化职业教育类型定位。"产教融合是培养智能网联汽车产业端所需的素质高、专业技术全面、技能熟练的大国工匠、高技能人才的重要方式，也是我们教材体系建设的重要依据。

2022年10月，首个由我国牵头制定的自动驾驶测试场景领域国际标准 ISO 34501:2022 Road vehicles—Test scenarios for automated driving systems—Vocabulary《道路车辆自动驾驶系统测试场景词汇》正式发布。该标准主要规范了自动驾驶系统、动态驾驶任务、设计运行范围及条件等概念，明确了场景、动静态环境和实体要素之间的关系，并形成了包括功能场景、抽象场景、逻辑场景和具体场景在内的场景层次描述规则。该标准作为自动驾驶系统测试场景的重要基础性标准，满足了行业在开展自动驾驶测试评价相关工作时采用标准化语言描述测试场景的需求。截至2022年12月，全国已有近30个城市累计为80多家企业发放了超过1000张智能网联汽车道路测试牌照，高等级智能网联汽车在特定场景、特殊区域已开展规模化载人、载物测试示范，智能网联汽车产业化发展步伐进一步加快。但是，汽车行驶环境还包括许多危险驾驶或极限驾驶工况、特殊驾驶环境、密集车辆、混杂交通、复杂地形道路结构，在道路或场地测试中很难，甚至不可能遇到或复现我们想做的所有测试。行业内曾有企业进行过相关调查，认为若要用传统的基于里程的方式对智能网联汽车可靠性做验证，可能要几十年的时间，这就催生了智能网联汽车虚拟测试的需求。而智能网联汽车作为汽车、电子、信息、交通、定位导航、网络通信、互联网应用等行业领域深度融合的新型产业，院校在专业建设时往往会遇到行业就业岗位模糊，专业建设核心不清等情况。在政策大力支持、产业蓬勃发展的大背景下，为满足行业对智能网联汽车技术专业人才的需要，促进中高职院校汽车专业建设，我们开发了本教材。

本教材围绕智能网联相关专业"岗课赛证"综合育人的教育理念与教学要求，采用"学生为核心、能力为导向、任务为引领"的理念编写。在对智能网联技术技能人才岗位特点、1+X 职业技能等级证书和"校—省—国家"三级大赛体系进行调研的基础上，分析出岗位典型工作任务，进而创设真实的工作情景，引入企业岗位真实的生产项目，强化产教融合深度，从而构建整套系统化的课程体系。

本教材分为五个能力模块。能力模块一为"初识智能网联汽车仿真与测试"，通过介绍智能网联汽车相关基础知识、智能网联汽车仿真测试相关基础知识、仿真软件基础操作等多个知识点，帮助学生完成对智能网联汽车和智能网联汽车仿真测试的初步了解；能力模块二为"数字虚拟测试场景构建"，讲授了静态元素仿真建模、车辆动力学建模、交通流建模等内容；能力模块三为"车辆环境传感器构建"，讲授了位姿传感器、摄像头、雷达的虚拟仿真；能力模块四为"典型应用场景仿真与测试"，讲授了AEB系统、ACC系统、APA系统、V2X系统的仿真与测试；能力模块五为"XIL仿真技术应用"，讲授了软件在环、硬件在环、整车在环、驾驶员在环等各类XIL仿真技术的相关知识。

能力模块		理论学时	实践学时	权重
能力模块一	初识智能网联汽车仿真与测试	3	5	12.50%
能力模块二	数字虚拟测试场景构建	5	6	17.19%
能力模块三	车辆环境传感器构建	4	9	20.31%
能力模块四	典型应用场景仿真与测试	12	16	43.75%
能力模块五	XIL仿真技术应用	4	0	6.25%
总计		28	36	100%

本书由杭州科技职业技术学院张朝山、广东交通职业技术学院张胜宾、杭州职业技术学院李兰友主编；行云新能科技（深圳）有限公司吴立新、杭州科技职业技术学院王丽娜、杭州科技职业技术学院李成学、杭州科技职业技术学院罗全、杭州科技职业技术学院任艺、行云新能科技（深圳）有限公司李海宁、行云新能科技（深圳）有限公司闫红方参与编写。

由于编者水平有限，本书内容的深度和广度尚存在欠缺，欢迎广大读者予以批评指正。

编　者

活页式教材使用注意事项

 根据需要，从教材中选择需要夹入活页夹的页面。

 小心地沿页面根部的虚线将页面撕下。为了保证沿虚线撕开，可以先沿虚线折叠一下。注意：一次不要同时撕太多页。

选购孔距为80mm的双孔活页文件夹，文件夹要求选择竖版，不小于B5幅面即可。将撕下的活页式教材装订到活页夹中。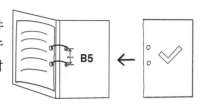

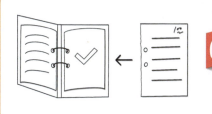 也可将课堂笔记和随堂测验等学习资料，经过标准的孔距为80mm的双孔打孔器打孔后，和教材装订在同一个文件夹中，以方便学习。

温馨提示：在第一次取出教材正文页面之前，可以先尝试撕下本页，作为练习

目 录

序
前言

能力模块一

初识智能网联汽车仿真与测试 /001

任务一　调研分析智能网联汽车 /001

任务二　调研分析智能网联汽车仿真测试 /011

任务三　完成仿真软件基础操作 /022

能力模块二

数字虚拟测试场景构建 /034

任务一　调研分析虚拟场景 /034

任务二　静态元素仿真 /043

任务三　动态元素仿真之车辆动力学建模 /083

任务四　动态元素仿真之交通流建模 /128

能力模块三

车辆环境传感器构建 /138

任务一　位姿传感器的仿真构建 /138

任务二　摄像头的仿真构建 /152

任务三　雷达的仿真构建 /170

能力模块四　典型应用场景仿真与测试 /196

任务一　AEB 系统仿真与测试 /196

任务二　ACC 系统仿真与测试 /209

任务三　APA 系统仿真与测试 /225

任务四　V2X 系统仿真与测试 /240

能力模块五　XIL 仿真技术应用 /254

任务一　SIL 软件在环仿真应用 /254

任务二　HIL 硬件在环仿真应用 /262

任务三　其他在环仿真应用 /271

参考文献 /284

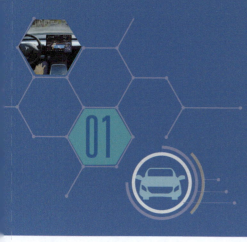

能力模块一
初识智能网联汽车仿真与测试

任务一　调研分析智能网联汽车

学习目标

➢ 知识目标
- 掌握智能网联汽车的分级标准及智能网联车辆基本特征。
- 了解智能网联汽车相比传统汽车的优势。
- 了解智能网联汽车的未来发展方向。

➢ 技能目标
- 能够独立讲解智能网联汽车的级别划分标准和基本结构特征。
- 能够举例3条及其以上发展智能网联汽车的优势。

➢ 素养目标
- 了解我国智能网联汽车产业的发展历程，感受国内智能网联汽车企业奋起直追的探索精神。
- 探索我国智能网联汽车的发展历程，了解其重要性，树立职业自豪感。
- 具有良好的团队协作精神和较强的沟通能力。

知识索引

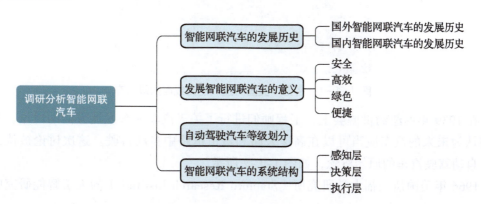

情境导入

智能网联汽车正在快速发展,且逐渐成为汽车市场上的主流。作为一名虚拟仿真测试工程师,你需要了解智能网联汽车发展历史,掌握基本科技发展路线,了解未来发展趋势,为未来学习智能网联汽车仿真测试相关知识夯实基础。

获取信息

引导问题 1

请查阅相关资料,简述国内智能网联汽车的发展历史。

_____
_____
_____
_____

智能网联汽车的发展历史

智能网联汽车(Intelligent and Connected Vehicle,ICV)是指搭载先进的车载传感器、控制器、执行器等装置,并融合现代通信与网络技术,实现车与X(车、路、人、云等)智能信息交换、共享,具备复杂环境感知、智能决策、协同控制等功能,可实现安全、高效、舒适、节能行驶,并最终实现替代人来操作的新一代汽车。

1. 国外智能网联汽车的发展历史

1925年Houdina无线电控制公司的创始人,前美国陆军工程师Francis P. Houdina将一辆1926 Chandler汽车改装成了一辆可以通过无线电远程遥控的汽车,如图1-1-1所示。在实际的驾驶过程中,后车发射无线电信号控制无线电操纵汽车(即前车)做出起动、转向、制动甚至是按喇叭等动作。这辆名为"美国奇迹"的无线电操纵汽车被普遍视为世界上第一辆智能网联汽车。

图1-1-1 名为"美国奇迹"的无线电操纵汽车

在1939年的纽约世博会上,工程师们进行了关于汽车未来发展方向的讨论,他们普遍认为未来的汽车应当可以在高速公路和城市道路中自动行驶。这次讨论被认为提出了自动驾驶汽车的原始概念,如图1-1-2所示。

1966年美国斯坦福大学研究所(Stanford Research Institute)的人工智能研究中心

研制了移动式机器人 Shakey，如图 1-1-3 所示。它内置了传感器与软件系统，具备一定人工智能，能够自主进行感知、环境建模、行为规划并执行任务，这开创了自动导航功能的先河。

图 1-1-2　世界上第一辆自动驾驶概念车——Futurama　　图 1-1-3　存放在博物馆中的机器人 Shakey

1977 年日本筑波大学发明了一种基于摄像头识别车道线和周围车辆的技术，并将其配置在了汽车上，使汽车能够自动感知周围环境并安全行驶。这被认为是第一辆基于视觉传感器实现自动驾驶的汽车，如图 1-1-4 所示。

20 世纪 80 年代，卡内基梅隆大学提出使用神经网络引导和控制自动驾驶汽车，日本提出了道路－汽车通信系统（Road/Automobile Communication Systems, RACS）。道路－汽车通信系统主要通过安装在道路基础设施上的通信设施为车辆提供行驶环境信息，但是，因为当时通信技术的局限性，它无法进行长距离通信，并未大规模使用。直到进入 21 世纪，传感器技术、通信技术和计算机信息技术得到了快速发展，才为无人驾驶技术的快速迭代提供了可能性。

2009 年，互联网巨头谷歌收购 Waymo 科技公司，正式进入无人驾驶行业。Waymo 目前依然是智能网联汽车行业的领头羊之一，如图 1-1-5 所示。目前，众多欧美厂商，如大众，克鲁兹，福特，通用，Uber 等都在不断革新自己的智能网联汽车技术，期望在未来的汽车领域拥有一席之地。

图 1-1-4　筑波大学开发的自动驾驶汽车　　图 1-1-5　正在进行路测的 Waymo 自动驾驶汽车

2. 国内智能网联汽车的发展历史

我国智能网联汽车技术发展比较晚，但是发展速度很快。2011 年 7 月，改装后的红旗 HQ3 实现了从长沙到武汉，长达 386km 的高速全过程无人驾驶实验，其中完全自主驾驶的时速达到了 87km/h。

2014 年后，理想、蔚来和小鹏汽车三家公司创立，开启中国电动汽车的新篇章。

由于我国对电动汽车的前瞻性布局,这三家公司都得到了较好的发展,并逐渐涉足智能网联汽车领域。传统汽车厂商,如吉利汽车、长安汽车、北京汽车等公司也逐渐向着电动化,智能化的方向发展。互联网企业,如滴滴出行、阿里巴巴、华为、百度等公司也在加大对智能网联汽车的投入,为我国智能网联汽车的发展注入新的活力。图1-1-6所示为百度Apollo智能网联汽车。与传统汽车不同,我国在

图1-1-6 百度Apollo智能网联汽车

智能网联汽车方面处于第一梯队,与西方发达国家不存在差距,因此,有理由相信,智能网联汽车将成为我国未来汽车产业发展的重要支柱之一。

> **引导问题2**
>
> 请查阅相关资料,简述智能网联汽车的主要优点。
> _____
> _____
> _____

发展智能网联汽车的意义

汽车产业是国民经济的战略性与支柱性产业,且汽车产业链长,涉及面广泛,市场需求大,是经济增长的动力、产业结构升级的载体。扩大汽车消费对提振内需消费、稳定工业和经济发展具有重要意义。不仅如此,汽车也是新技术的应用平台。在智能化、信息化浪潮推动下,汽车产业也在朝着智能网联化的方向发展。智能网联汽车的主要优点包括以下几点。

1. 安全

智能网联汽车可以在准确识别周围交通环境的同时与道路基础设施进行通信,实时获取有关道路状况、事故、交通和当前天气的信息。这些数据有助于驾驶员更改路线,避免交通拥堵和可能发生的事故。进而自动或提醒驾驶员进行危险规避,进而避免不必要的生命和财产损失。

2. 高效

智能网联汽车可以收集关于周围行驶环境的数据,从而分析得出最佳行驶方案,生成最有效的路线,从而避免交通拥堵、遭遇施工路段等路况,为出行者节省大量的出行时间。

3. 绿色

因为智能网联汽车可以根据接收到的信息设计出最佳行驶策略,减少不必要的绕行或紧急制动等耗费能源的操作,所以智能网联汽车可以在一定程度上减少能源消耗。

4. 便捷

由于智能网联汽车可以让用户随时随地通过互联网发送命令与接受命令,因此它可为出行不便的老人或残疾人提供传统车辆难以提供的便捷出行。

引导问题 3

请查阅相关资料，简述我国自动驾驶汽车等级划分。

_____
_____
_____

<h3 style="text-align:center">自动驾驶汽车等级划分</h3>

智能网联汽车可分为两部分，即自动驾驶部分和网联通信部分。由于目前关于网联部分的分级并不清晰，在此主要介绍自动驾驶技术的分级问题。按照自动化程度，自动驾驶汽车技术可划分成不同的等级。

目前国际上比较认可的分级标准有以下 3 个。

1）BASt（德国联邦交通研究所）自动驾驶分级标准，于 2012 年首次发布。

2）NHTSA（美国高速公路交通安全管理局）自动驾驶分级标准，于 2013 年 5 月首次发布。

3）SAE（美国汽车工程师学会）自动驾驶分级标准，于 2014 年 1 月首次发布。其他国家基本都是参考这 3 个标准制定本国的自动驾驶汽车技术等级标准，其中 SAE 标准虽然推出最迟，但因其划分最为详细，已成为最通用的自动驾驶分级标准，中国、美国、日本、欧盟等都是参考 SAE 标准制定相应标准。

2020 年 3 月，我国工信部公示的《汽车驾驶自动化分级》推荐性国家标准报批稿，见表 1-1-1。它与 SAE 标准划分基本一致。由此可知，从 L3 开始，驾驶操作和周边监控都是由系统自动完成，驾驶员只需要在紧急动态下做好接管处理即可；从 L3 开始自动驾驶的主角由驾驶员切换到车辆自动驾驶系统上，因此，L3 被认为是自动驾驶人机角色重要的分水岭。

表 1-1-1　自动驾驶技术分级及其代表性功能

级别	名称	代表性功能
L0	应急辅助	盲点检测 车道偏离预警
L1	部分驾驶辅助	盲点辅助系统 自动巡航 自动紧急制动
L2	组合驾驶辅助	车道内自动驾驶 换道辅助 自动泊车 路口自动制动
L3	有条件自动驾驶	自动变道 高速公路辅助 交通拥堵辅助
L4+L5	高度+完全自动驾驶	高速公路自动驾驶 城市道路自动驾驶

因为自动驾驶技术涉及交通、通信、电子等多个领域的融合，它的发展离不开多产业的协同，所以该技术的发展过程实际上是一个从 L0、L1、L2 往 L3、L4、L5 渐进的过程。

不同等级自动驾驶技术的形象描述与责任归属如图 1-1-7 所示。

等级	Level 0	Level 1	Level 2	Level 3	Level 4	Level 5
命名	无智能驾驶	高级智能驾驶辅助系统 Advanced Driver Assistant System		高级智能驾驶 HAD	部分智能驾驶 PAD	完全智能驾驶 FAD
形象描述		脱脚	脱手（hands-off）	脱眼（eyes-off）	脱脑（Brain-off）	
责任归属		人			机器	

L3级智能驾驶开始"机器"承担驾驶责任

图 1-1-7　不同等级自动驾驶技术的形象描述与责任归属

严格意义上，自动驾驶的相关功能与车型等级并不能画等号，即整车具有某项 L3 级的功能，并不代表该车的自动驾驶等级为 L3 级。其中，部分功能可横跨几个自动驾驶等级。比如自动泊车可细分成：常规自动泊车（APA）属于 L2；远程遥控泊车（RPA）、记忆泊车（HPA）属于 L3；自主代客泊车（AVP）可认为属于 L4。通俗来讲，L1 级自动驾驶可以使驾驶员解放手或者脚；L2 级则可以同时解放手和脚，但是不能解放视觉；到 L3 级还可以解放视觉，但是不能解放大脑；L4 级别及以上甚至可以解放大脑。

引导问题 4

请查阅相关资料，简述智能网联汽车的系统结构。

_____

_____

职业认证　了解相关术语是进行智能网联汽车测试的第一步，智能网联汽车测试装调职业技能等级标准中就列举了智能网联汽车 –Intelligent Connected Vehicle、智能网联汽车智能传感器 –Intelligent Connected Vehicle Intelligent Sensor、智能驾驶 –Intelligent Driving 等相关术语。通过智能网联汽车测试装调职业技能等级考核可获得教育部 1+X 证书中的《智能网联汽车测试装调职业技能等级证书》。

智能网联汽车的系统结构

自动驾驶按功能可划分为：感知（环境感知与定位）、决策（智能规划与决策）、执行（控制执行）三大核心系统。自动驾驶系统最终是为了取代人工，如果将智能网联汽车与人比拟，它的结构如图 1-1-8 所示。

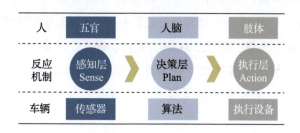

图 1-1-8　智能网联汽车的系统结构简图

1. 感知层

感知层如同人的五官，可感知周围的环境，搜集数据并传输至决策层。其中主要包含环境感知、位置感知和速度感知、压力感知等。

2. 决策层

决策层如同人的大脑，可处理感知层传输的数据，并输出相应的操作指令给执行层。其主要包含操作系统、集成电路、计算平台（含算法）等部分。

3. 执行层

执行层如同人的四肢，可执行决策层给出的指令。其中主要包含动力供给、方向控制、车灯控制等部分。

拓展阅读

2022 年 12 月，临港新片区首条智能网联自动驾驶小客车示范应用线路"智慧文旅线"开通，能够在开放道路以及较为复杂的交通环境、天气条件下实现自动驾驶功能；与此同时，搭载了上汽 AI LAB 自研高级别自动驾驶 2.0 技术的 Robotaxi 在临港投入运营，通过享道出行 App 就能叫来一辆 Robotaxi；图森未来也从 2018 年起在临港新片区开展自动驾驶货运测试项目，实现从港区、高速路到物流园区的全路线自动驾驶功能……

一位实际体验过 Robotaxi 服务的记者在她的报道中这般描述："安全员坐在驾驶位上，保障车辆的安全。在我乘坐的约 15min 时间内，安全员并没有操控转向盘。当前面有小车时，Robotaxi 和前车保持约一个车位的距离；当前面是集装箱货或大型车辆时，Robotaxi 把安全距离拉得更开；当需要转弯时，Robotaxi 会提前打灯驶入转弯道；当遇到不运行的红绿灯时，Robotaxi 会根据当时的路况判断是否通过；当遇到有车子'加塞'时，Robotaxi 也会来个紧急制动。"

"现在的 Robotaxi 更像一个'新手驾驶员'，在程序的设定下，非常遵守交通规则，在限速路段，即使前面没有车，它也会按照规定速度行驶，我非常信任它的安全性。"车上的安全员这样说道。

智能网联汽车仿真与测试

　　截至 2021 年年底,国家相关部门已累计授牌智能网联汽车国家级测试示范区(场)16 家。住建部与工信部于 2021 年 5 月和 12 月先后批准北京、上海、广州、武汉、长沙、无锡、重庆、深圳、厦门、南京、济南、成都、合肥、沧州、芜湖、淄博共 16 座城市为智慧城市基础设施与智能网联汽车协同发展试点城市。随着测试标准的发布迭代与测试里程的不断增加,智能网联汽车离我们的生活也越来越近了。

任务分组

学生任务分配表见表 1-1-2。

表 1-1-2 学生任务分配表

班级		组号		指导老师	
组长		学号			
组员角色分配					
信息员		学号			
操作员		学号			
记录员		学号			
安全员		学号			
任务分工					
(就组织讨论、工具准备、数据采集、数据记录、安全监督、成果展示等工作内容进行任务分工)					

工作计划

　　根据前面所了解的知识内容和小组内部讨论的结果,制定工作方案,落实各项工作负责人,如任务实施前的准备工作、实施中主要操作及协助支持工作、实施过程中相关要点及数据的记录工作等,见表 1-1-3。

表 1-1-3 工作计划表

步骤	工作内容	负责人
1		
2		
3		
4		

（续）

步骤	工作内容	负责人
5		
6		
7		
8		

进行决策

1）各组派代表阐述资料查询结果。

2）各组就各自的查询结果进行交流，并分享技巧。

3）教师对各组的计划方案进行点评。

4）各组长对组内成员进行任务分工，教师确认分工是否合理。

任务实施

分组调研国内外智能网联汽车产业的发展状况，并以 PPT 的形式进行汇报。

评价反馈

1）各组代表展示汇报 PPT，介绍调查过程与调查结果。

2）请以小组为单位，对各组的调查过程与调查结果进行自评和互评，并将结果填入表 1-1-4 中的小组评价部分。

3）教师对学生工作过程与工作结果进行评价，并将评价结果填入表 1-1-4 中的教师评价部分。

表 1-1-4　综合评价表

班级		组别		姓名		学号	
实训任务							
评价项目		评价标准				分值	得分
小组评价	计划决策	制定的工作方案合理可行，小组成员分工明确				10	
	任务实施	能够正确检查并设置实训工位				5	
		能够准备和规范使用工具设备				5	
		能够多途径了解国内外智能网联汽车产业的发展状况				20	
		能够制作 PPT 并进行讲解				20	
		能够规范填写任务工单				10	
	任务达成	能按照工作方案操作，按计划完成工作任务				10	
	工作态度	认真严谨、积极主动，安全生产，文明施工				10	
	团队合作	小组员积极配合、主动交流、协调工作				5	
	6S 管理	完成竣工检验、现场恢复				5	
		小计				100	

（续）

评价项目		评价标准	分值	得分
教师评价	实训纪律	不出现无故迟到、早退、旷课现象，不违反课堂纪律	10	
	方案实施	严格按照工作方案完成任务实施	20	
	团队协作	任务实施过程互相配合，协作度高	20	
	工作质量	能准确完成实训任务	20	
	工作规范	操作规范，三不落地，无意外事故发生	10	
	汇报展示	能准确表达、总结到位、改进措施可行	20	
		小计	100	
综合评分		小组评价分 ×50%+ 教师评价分 ×50%		
总结与反思				

（如：学习过程中遇到什么问题→如何解决的/解决不了的原因→心得体会）

任务二　调研分析智能网联汽车仿真测试

学习目标

➤ 知识目标

- 掌握智能网联汽车仿真测试的几种基本方法。
- 了解仿真技术对智能网联汽车测试的重要性。
- 了解几种常见的智能驾驶测试软件。

➤ 技能目标

- 能够列出 3 条及其以上使用智能驾驶车辆仿真测试的优势。
- 能够对主流智能驾驶仿真测试软件进行认知。

➤ 素养目标

- 了解我国智能网联仿真测试，明白技术创新对我国汽车产业发展的重要性，培养创新意识。
- 积极思考仿真测试技术的未来发展趋势，培养积极进取的职业态度。
- 养成定期反思与总结的习惯，改进不足，精益求精。

知识索引

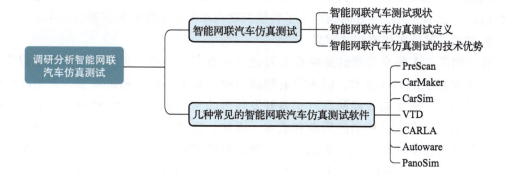

情境导入

　　智能网联汽车的仿真与测试是汽车领域快速发展的学科和研究方向。作为一名虚拟仿真测试工程师，了解相关知识有助于帮助你快速掌握仿真软件的基本使用方法和智能网联汽车仿真测试方法论，有助于快速提升你的智能网联汽车仿真测试业务水平。

获取信息

引导问题 1

请查阅相关资料,简述智能网联汽车仿真测试的定义。

_____

_____

_____

竞赛指南

在 2022 年全国职业院校技能大赛——汽车技术赛项里的智能网联汽车技术模块的作业要求中,就要求参赛选手能够调取传感器装调参数进行单模块和组合模块的虚拟仿真测试,在仿真平台上完成功能验证,完成实车道路运行测试。

智能网联汽车仿真测试

1. 智能网联汽车测试现状

智能网联汽车是指搭载先进的车载传感器、控制器、执行器等装置,并融合现代通信与网络技术的新一代汽车。由于智能网联汽车相较于传统汽车涉及更加复杂的功能和应用,所以测试和验证其功能和性能是急需解决的问题。传统的测试方法主要是道路测试和场地测试,但是都面临测试成本高、测试工况少、测试周期长等难题,在开发时间、成本、灵活性方面满足不了智能网联汽车复杂功能的开发验证需求。

2. 智能网联汽车仿真测试定义

智能网联汽车仿真与测试是将真实驾驶员、真实传感器、真实控制器在虚拟仿真环境下深度集成的一项技术,以丰富的测试手段、高度逼真的测试场景、高精度的模拟测试设备,完成覆盖智能网联汽车各开发环节的测试验证,大大缩短并降低智能网联汽车技术开发和检验检测的周期和成本。因此,建立一种模拟和重现复杂开放行驶环境的仿真测试方法和系统,实现对汽车智能驾驶有效的测试验证,是汽车智能驾驶技术与产品开发的关键技术,对于提升汽车智能化水平尤为重要,如图 1-2-1 所示。

3. 智能网联汽车仿真测试的技术优势

随着智能驾驶功能的不断增强,汽车需应对的行驶环境越来越复杂,环境的高度不确定性、难以重复、不可预测和不可穷尽等特征,使得有限的场地和道路测试远远无法复制、重现或穷举行驶环境对智能驾驶系统的影响。

智能网联汽车在实车测试上一方面限于研发周期和成本,现有的封闭场地测试和开放道路测试不仅周期长、成本高,无法满足对系统数十亿千米行程的大样本和可靠性测试要求。另一方面,与汽车行驶安全测试密切相关的极限危险工况属于小样本、小概率事件,开放的道路测试往往难以复制,测试安全也无法保障。此外,中国地域

图 1-2-1　智能网联汽车关键技术

辽阔、人口众多，驾驶行为特征和交通状况与欧美等国相比也有其鲜明的地域性特点和差异性。

综上分析，传统的开放道路测试实验以及基于封闭实验场的测试，难以满足智能驾驶系统的可靠性和鲁棒性的测试要求。因此，基于数字虚拟仿真技术的模拟仿真测试，成为目前智能驾驶测试验证的新的重要手段，是汽车智能驾驶技术与产品研发的前端关键技术，体现和决定了智能化技术与产品核心竞争力。

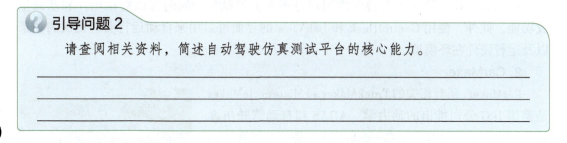

引导问题 2

请查阅相关资料，简述自动驾驶仿真测试平台的核心能力。

_____
_____

几种常见的智能网联汽车仿真测试软件

自动驾驶仿真测试平台必须具备以下核心能力：真实还原测试场景、高效利用路采数据生成仿真场景、云端大规模并行加速等，可以使仿真测试满足自动驾驶感知、决策规划和控制全栈算法的闭环。目前，包括科技公司、车企、自动驾驶方案解决商、仿真软件企业、高校及科研机构等主体，都在积极投身虚拟仿真平台的建设。接下来介绍几种常见的智能网联汽车仿真测试软件。

1. PreScan

PreScan 是西门子公司旗下汽车驾驶仿真软件产品，PreScan 是以物理模型为基础开发的 ADAS 和智能汽车系统的仿真平台，如图 1-2-2 所示。它支持摄像头、雷达、激光雷达、GPS，以及 V2V/

图 1-2-2　PreScan 仿真

V2I车车通信等多种应用功能的开发应用。PreScan基于MATLAB仿真平台，主要用于汽车高级驾驶辅助系统（ADAS）和无人自动驾驶系统的仿真模拟软件，其中包括多种基于雷达、摄像头、激光雷达、GPS、V2V和V2I车辆/车路通信技术的智能驾驶应用。它支持模型在环（MIL）、实时软件在环（SIL）、硬件在环（HIL）等多种使用模式。

PreScan由多个模块组成，使用起来主要分为4个步骤：场景搭建、添加传感器、添加控制系统、运行仿真。

（1）场景搭建

PreScan提供一个强大的图形编辑器，用户可以使用道路分段，包括交通标牌、树木和建筑物的基础组件库，包括机动车、自行车和行人的交通参与者库，修改天气条件（如雨、雪和雾）以及光源（如太阳光、前照灯和路灯）来构建丰富的仿真场景。新版的PreScan也支持导入OpenDrive格式的高精地图，用来建立更加真实的场景。

（2）添加传感器

PreScan支持种类丰富的传感器，包括理想传感器、V2X传感器、激光雷达、毫米波雷达、超声波传感器、单目和双目相机、鱼眼相机等。用户可以根据自己的需要进行添加。

（3）添加控制系统

PreScan可以通过MATLAB/Simulink建立控制模型，也可以和第三方动力学仿真模型（如CarSim、VI-Grade、dSpace ASM的车辆动力学模型）进行闭环控制。

（4）运行仿真

PreScan 3D可视化查看器允许用户分析实验的结果，同时可以提供图片和动画生成功能。此外，使用ControlDesk和LabView的界面可以用来自动运行实验批次的场景以及运行硬件在环模拟。

2. CarMaker

CarMaker，还有相关的TruckMaker和MotorcycleMaker是德国IPG公司推出的动力学、ADAS和自动驾驶仿真软件，如图1-2-3所示。CarMaker首先是一个优秀的动力学仿真软件，提供了精准的车辆本体模型（发动机、底盘、悬架、传动、转向等），除此之外，CarMaker还打造了包括车辆、驾驶员、道路、交通环境的闭环仿真系统。

图1-2-3　CarMaker仿真软件

（1）IPG Traffic

IPG Traffic是交通环境模拟工具，提供丰富的交通对象（车辆、行人、路标、交通灯、道路施工建筑等）模型。可实现对真实交通环境的仿真。测试车辆可识别交通对象，并由此进行动作触发（如限速标志可触发车辆进行相应减速动作）。

（2）IPG Driver

IPG Driver是先进的、可自学习的驾驶员模型。可控制在各种行驶工况下的车辆，实现诸如上坡起步、入库泊车以及甩尾、反打转向盘等操作，并能适应车辆的动力特性（驱动形式、变速器类型等）、道路摩擦系数、风速、交通环境状况，调整驾驶策略。

CarMaker 作为平台软件，可以与很多第三方软件进行集成，如 ADAMS、AVLCruise、rFpro 等，可利用各软件的优势进行联合仿真。同时，CarMaker 配套的硬件提供了大量的板卡接口，可以方便地与 ECU 或者传感器进行 HIL 测试。

3. CarSim

CarSim，以及相关的 TruckSim 和 BikeSim 是 Mechanical Simulation 公司开发的强大的动力学仿真软件，被世界各国的主机厂和供应商所广泛使用，如图 1-2-4 所示。CarSim 针对四轮汽车、轻型货车，TruckSim 针对多轴和双轮胎的货车，BikeSim 针对两轮摩托车。CarSim 是一款整车动力学仿真软件，主要从整车角度进行仿真，它内建了相当数量的车辆数学模型，并且这些模型都有丰富的经验参数，用户可以快速使用，免去了繁杂的建模和调参的过程。

图 1-2-4　CarSim 仿真软件

CarSim 模型在计算机上运行的速度可以比实时快 10 倍，可以仿真车辆对驾驶员控制、3D 路面及空气动力学输入的响应，模拟结果高度逼近真实车辆，主要用来预测和仿真汽车整车的操纵稳定性、制动性、平顺性、动力性和经济性。CarSim 自带标准的 MATLAB/Simulink 接口，可以方便地与 MATLAB/Simulink 进行联合仿真，用于控制算法的开发，同时在仿真时可以产生大量数据结果用于后续使用 MATLAB 或者 Excel 进行分析或可视化。CarSim 同时提供了 RT 版本，可以支持主流的 HIL 测试系统，如 dSpace 和 NI 的系统，方便进行联合 HIL 仿真。

4. VTD

VTD（Virtual Test Drive）是德国 VIRES 公司开发的一套用于 ADAS、主动安全和自动驾驶的完整模块化仿真工具链，如图 1-2-5 所示。VIRES 已经于 2017 年被 MSC 软件集团收购。VTD 目前运行于 Linux 平台，它的功能覆盖了道路环境建模、交通场景建模、天气和环境模拟、简单和物理真实的传感器仿真、场景仿真管理以及高精度的实时画面渲染等。可以支持从 SIL 到 HIL 和 VIL 的全周期开发流程，开放式的模块式框架可以方便地与第三方的工具和插件联合仿真。VIRES 也是广泛应用的自动驾驶仿真开放格式 OpenDrive、OpenCRG 和 OpenScenario 的主要贡献者，VTD 的功能和存储也依托于这些开放格式。VTD 的仿真流程主要由路网搭建、动态场景配置、仿真运行 3 个步骤组成。

图 1-2-5　VTD 仿真

（1）路网搭建

VTD 提供了图形化的交互式路网编辑器 RoadNetwork Editor（ROD），在使用各种交通元素构建包含多类型车道复杂道路仿真环境的同时，可以同步生成 OpenDrive 高精地图。

（2）动态场景配置

在动态场景的建立上，VTD 提供了图形化的交互式场景编辑器 ScenarioEditor，提供了在 OpenDrive 基础上添加用户自定义行为控制的交通体，或者是某区域连续运行的交通流。

（3）仿真运行

无论是 SIL 还是 HIL、实时还是非实时的仿真、单机还是高性能计算的环境，VTD 都提供了相应的解决方案。VTD 运行时可模拟实时高质量的光影效果及路面反光、车身渲染、雨雪雾天气渲染、传感器成像渲染、前照灯光视觉效果等。

5. CARLA

CARLA 是由西班牙巴塞罗那自治大学计算机视觉中心指导开发的开源模拟器，用于自动驾驶系统的开发、训练和验证，如图 1-2-6 所示。CARLA 依托虚幻引擎进行开发，使用服务器和多客户端的架构。在场景方面，CARLA 提供了为自动驾驶创建场景的开源数字资源（包括城市布局、建筑以及车辆），以及几个由这些资源搭建的供自动驾驶测试训练场景。同时，CARLA 也可以使用 VectorZero 的道路搭建软件 RoadRunner 制作场景和配套的高精地图，也提供了简单的地图编辑器。

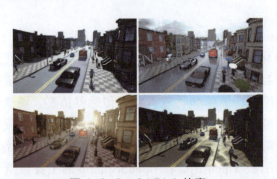

图 1-2-6　CARLA 仿真

CARLA 也可以支持传感器和环境的灵活配置，它支持多摄像头、激光雷达、GPS 等传感器，也可以调节环境的光照和天气。CARLA 提供了简单的车辆和行人的自动行为模拟，也同时提供了一整套的 Python 接口，可以对场景中的车辆、信号灯等进行控制，用来方便地和自动驾驶系统进行联合仿真，完成决策系统和端到端的强化学习训练。

6. Autoware

Autoware 最早是由名古屋大学研究小组在加藤伸平教授的领导下，于 2015 年 8 月正式发布的，如图 1-2-7 所示。2015 年 12 月下旬，加藤伸平教授将 Autoware 应用于真正的自动驾驶汽车，自 2017 年起，它被允许在日本公共道路上行驶的无人驾驶车辆上运行。Autoware.AI 得到了最大的自动驾驶开源社区的支持，截至 2023 年 4 月在 GitHub 上获得了 6800 多颗星，在 Slack 上拥有 500 多个账户，并被 100 多家公司使用，在 20 多个不同国家的 30 多种不同车辆上运行。

Autoware.AI 是世界上第一个用于自动驾驶技术的"多合一"开源软件。它包含以下模块。

（1）定位（Localization）

通过与全球导航卫星系统（Global Navigation Satellite System，GNSS）和惯性测量单元（Inertial Measurement Unit，IMU）传感器结合使用 3D 地图和 SLAM 算法来实现。

（2）检测（Detection）

使用具有传感器融合算法和深度神经网络的摄像机以及 LiDAR。

（3）预测和规划（Prediction and Planning）

基于概率机器人技术和基于规则的系统，部分还使用深度神经网络。

（4）控制（Control）

Autoware 向车辆输出的控制量是速度和角速度。尽管控制量的主要部分通常位于车辆的线控控制器中，但这些输出也是控制的一部分。

图 1-2-7　Autoware 仿真

7. PanoSim

PanoSim 是由浙江天行健智能科技有限公司开发的，面向汽车自动驾驶技术与产品研发的一体化仿真与测试平台，集高精度车辆动力学模型、高逼真汽车行驶环境与交通模型、高逼真车载环境传感器模型和丰富的测试场景于一体，支持独立仿真与 MATLAB/Simulink 联合仿真，提供包括离线仿真、实时硬件在环仿真（MIL/SIL/HIL/VIL）和驾驶模拟器等在内的一体化解决方案；支持包括 ADAS 和自动驾驶的算法研发与测试。PanoSim 具有很强的开放性和拓展性，便于三方集成和二次开发，支持定制化开发，操作简便友好，已在美国通用汽车、德国戴姆勒汽车、上汽集团、长安汽车、东风汽车等企业和科研所广泛使用。基于 PanoSim 的智能驾驶仿真平台在各大高校广受好评，本文所涉及实操实验主要基于 PanoSim，如图 1-2-8~图 1-2-11 所示。

图 1-2-8　PanoSim 软件仿真真实画面

图 1-2-9　基于 PanoSim 的整车在环（VIL）测试平台

图 1-2-10 基于 PanoSim 的驾驶员在环仿真平台

图 1-2-11 PanoSim 软件生态合作伙伴

任务分组

学生任务分配表见表 1-2-1。

表 1-2-1 学生任务分配表

班级		组号		指导老师	
组长		学号			
组员角色分配					
信息员		学号			
操作员		学号			
记录员		学号			
安全员		学号			
任务分工					
（就组织讨论、工具准备、数据采集、数据记录、安全监督、成果展示等工作内容进行任务分工）					

工作计划

根据前面所了解的知识内容和小组内部讨论的结果，制定工作方案，落实各项工作负责人，如任务实施前的准备工作、实施中主要操作及协助支持工作、实施过程中相关要点及数据的记录工作等，见表 1-2-2。

表 1-2-2 工作计划表

步骤	工作内容	负责人
1		
2		
3		

（续）

步骤	工作内容	负责人
4		
5		
6		
7		
8		

进行决策

1）各组派代表阐述资料查询结果。
2）各组就各自的查询结果进行交流，并分享技巧。
3）教师对各组的计划方案进行点评。
4）各组长对组内成员进行任务分工，教师确认分工是否合理。

任务实施

引导问题 3

扫描二维码观看视频，了解如何完成 PanoSim 软件安装，并简述操作要点。

_____

_____

参考操作视频，按照规范作业要求完成操作步骤，完成数据采集并记录。实训准备见表 1-2-3。

表 1-2-3 实训准备

序号	设备及工具名称	数量	设备及工具是否完好
1	计算机	1 台	□是 □否
2	实训工作页	1 本	□是 □否
3	笔	1 支	□是 □否
质检意见	原因：		□是 □否

PanoSim 软件安装

1）下载 PanoSim5 安装包后，按照提示进行安装。双击 PanoSim5.exe 安装包，弹出如图 1-2-12 所示的界面，准备安装。官方提供的安装包保证对计算机无任何危害，但是安全软件可能会进行不必要的读写阻碍，因此，安装过程中建议退出安全软件后进行。

2)单击 Install 等待安装完成。

3)双击 PanoSimDatabase.exe 安装包,弹出界面如图 1-2-13 所示,准备安装。因为读写权限的问题,PanoSimDatabase 不可以安装到 C 盘的 Windows 系统文件夹路径下,比如 C:\Program Files。

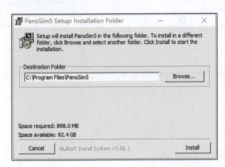 

图 1-2-12　PanoSim 弹出安装界面　　图 1-2-13　PanoSimDatabase
　　　　　　　　　　　　　　　　　　　　　　　　　弹出安装界面

4)单击 Install 等待安装完成。

5)完成安装后,计算机桌面出现快捷启动图标 PanoExp.exe,如图 1-2-14 所示。

6)双击启动 PanoExp。首次启动会弹出 License 加载对话框,如图 1-2-15 所示。使用官方渠道申请到的 License 文件,激活 PanoSim5.0。

 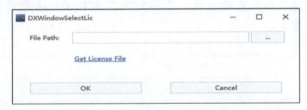

图 1-2-14　PanoExp　　　　图 1-2-15　License 加载对话框
　　　　　桌面快捷图标

7)打开 PanoExp 的实验面板后,如图 1-2-16 所示,表示软件已经正确安装,并已通过 License 授权使用。

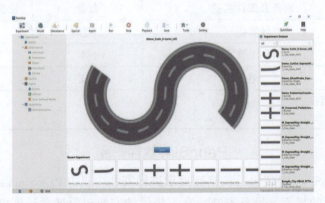

图 1-2-16　PanoExp 启动后的实验面板

评价反馈

1）各组代表展示汇报 PPT，介绍任务的完成过程。

2）以小组为单位，对各组的操作过程与操作结果进行自评和互评，并将结果填入表 1-2-4 中的小组评价栏内。

3）教师对学生工作过程与工作结果进行评价，并将评价结果填入表 1-2-4 中的教师评价栏内。

表 1-2-4　综合评价表

班级		组别		姓名		学号	
实训任务							
评价项目		评价标准				分值	得分
小组评价	计划决策	制定的工作方案合理可行，小组成员分工明确				10	
	任务实施	能够正确检查并设置实训工位				5	
		能够准备和规范使用工具设备				5	
		能够正确安装 PanoSim 软件				20	
		能够正确认知智能网联汽车仿真测试软件的作用与特点				20	
		能够规范填写任务工单				10	
	任务达成	能按照工作方案操作，按计划完成工作任务				10	
	工作态度	认真严谨、积极主动、安全生产、文明施工				10	
	团队合作	小组组员积极配合、主动交流、协调工作				5	
	6S 管理	完成竣工检验、现场恢复				5	
		小计				100	
教师评价	实训纪律	不出现无故迟到、早退、旷课现象，不违反课堂纪律				10	
	方案实施	严格按照工作方案完成任务实施				20	
	团队协作	任务实施过程互相配合，协作度高				20	
	工作质量	能准确完成实训任务				20	
	工作规范	操作规范，三不落地，无意外事故发生				10	
	汇报展示	能准确表达、总结到位、改进措施可行				20	
		小计				100	
综合评分		小组评价分 ×50%+ 教师评价分 ×50%					
总结与反思							
（如：学习过程中遇到什么问题→如何解决的 / 解决不了的原因→心得体会）							

任务三　完成仿真软件基础操作

学习目标

➢ 知识目标

- 掌握 PanoSim 基本操作。
- 了解 PanoSim 软件的主要优点。
- 了解 PanoSim 的总体软件架构。

➢ 技能目标

- 掌握 PanoSim 各个模块基本操作。
- 具备根据实验指导进行复杂实验的能力。
- 具备在没有指导的情况下进行简单实验的能力。

➢ 素养目标

- 了解 PanoSim 基本操作，学会使用软件说明文档进行自主学习，培养积极探索的精神。
- 使用 PanoSim 进行实操，理论与知识相结合，提升学习效率。
- 遇见问题互相请教，培养团队协作精神和沟通能力。

知识索引

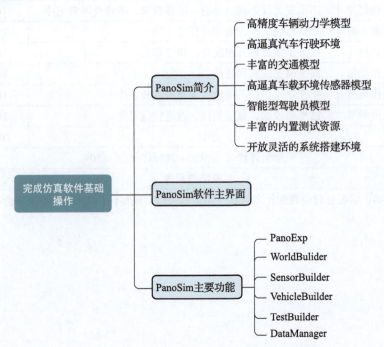

情境导入

在某次推销会议上,需要展示智能网联汽车各项功能的基本工作原理,并向相关顾客介绍其作用。你作为虚拟仿真测试工程师,需要基于 PanoSim 进行智能网联汽车仿真,并制作智能网联功能演示视频。

获取信息

引导问题 1

请查阅相关资料,简述 PanoSim 的优点。

_____

_____

PanoSim 简介

PanoSim(图 1-3-1)是一款面向汽车自动驾驶技术与产品研发的一体化仿真与测试平台,集高精度车辆动力学模型、高逼真汽车行驶环境与交通模型、高逼真车载环境传感器模型和丰富的测试场景于一体,支持独立仿真与 Matlab/Simulink 联合仿真,提供包括离线仿真、实时硬件在环仿真(MIL/SIL/HIL/VIL)和驾驶模拟器等在内的一体化解决方案;支持包括 ADAS 和自动驾驶的算法研发与测试。

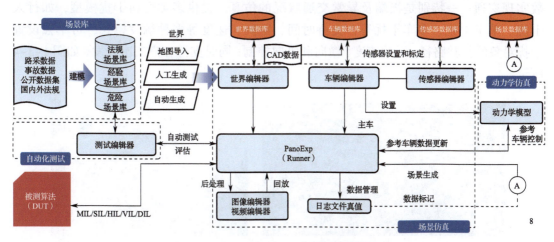

图 1-3-1　PanoSim 主要功能示意图

PanoSim 具有很强的开放性和拓展性,便于三方集成和二次开发,支持定制化开发,操作简便友好。

1. 高精度车辆动力学模型

PanoSim 车辆动力学模型为高精度复杂非线性车辆动力学模型,包含 27 个自由度,其中包含簧载质量3个移动和3个旋转自由度、非簧载质量4个弹跳自由度、4个车轮旋转自由度、1个传动系自由度、8个轮胎瞬态特性自由度、4个制动压力自由度等。PanoSim能够逼真地模拟汽车复杂的非线性动力学特征，动力学响应与实车测试数据和CarSim车辆动力学仿真数据高度一致，可用于测试车辆的高精度仿真，如图1-3-2所示。

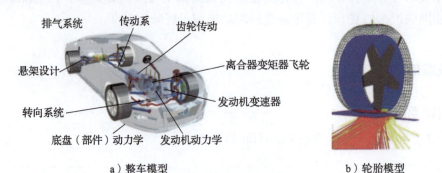

a）整车模型　　　　　　　　　　b）轮胎模型

图 1-3-2　高精度动力学模型

2. 高逼真汽车行驶环境

PanoSim有人性化、图形化的道路编辑界面，支持用户通过创建或导入地图的形式快速构建场地模型，支持对道路纹理、摩擦系数、车道线种类等进行参数化设置，支持对天气环境、交通流、动态/静态交通元素等进行自定义设置，如图1-3-3所示。

3. 丰富的交通模型

PanoSim内置随机交通流模型及干扰交通模型。随机交通流模型可通过配置交通流的平均行驶速度、密度以及稳定性，生成具有物理特性的交通车辆，并通过调整3类随机交通流模型（正常交通流模型、异常交通流模型及中国驾驶特性交通流模型）参数实现交通——特别是极端及异常交通状况的仿真。提供多类交通干扰模型，如行人干扰、单车干扰、多车干扰等，支持时间、距离、速度等多种触发模式，可单独设置干扰对象的行驶路径、运动速度、横向和纵向控制，同时支持客户二次开发，如图1-3-4所示。

图 1-3-3　逼真行驶环境　　　　图 1-3-4　逼真交通模型

4. 高逼真车载环境传感器模型

PanoSim内置激光雷达、毫米波雷达、超声波传感器、单目相机、鱼眼相机、车道线感知器、目标感知器等传感器模型。传感器模型基于几何属性与物理属性相结合而建立，既能够逼真且高效地反映检测过程中目标遮挡、目标反射率和环境干扰等各种影响，也可以反映出仿真传感器探测过程中出现的误检、漏检和错检等现象，模拟检测信号的噪声、衰减、漂移等物理特征。

5. 智能型驾驶员模型

智能型驾驶员模型（xDriver）支持 xCar 和 CarSim 两类动力学模型，包含感知、定位、决策、规划和控制模块，模块之间解耦，具备自适应巡航、避让行人、换道、识别交通信号灯和通过路口等功能，如图 1-3-5 所示。用户可使用待测模块替换 xDriver 内置模块，快速构建闭环测试系统。

图 1-3-5　智能驾驶员模型

6. 丰富的内置测试资源

PanoSim 内置丰富的测试场景，包括 13 类 ADAS 测试场景（Python/C++/Simulink）、23 条标准法规测试场景、5 条干扰模型测试场景等，通过内置场景，并结合 TestBuilder 的泛化能力，能够满足大量用户的测试需求。

7. 开放灵活的系统搭建环境

PanoSim 为用户提供了完全开放的插件系统，其中包括内置插件和用户自定义插件。内置插件包括交通模型插件、干扰模型插件、传感模型插件、用户算法插件和评价模型插件。两类插件均支持在搭建仿真实验的不同阶段接入及进行参数配置，并在仿真实验运行时由相应的调度器提供调度运行能力。

> **引导问题 2**
>
> 请查阅相关资料，简述 PanoSim 软件的主界面有哪些工具栏。
>
> _____
> _____
> _____

PanoSim 软件主界面

左键双击桌面上或安装目录中的"PanoExp"图标（图 1-3-6），可自动打开 PanoSim 软件。

软件打开后的初始主界面如图 1-3-7 所示。最上方为若干个工具栏，左侧是实验面板，右侧是数据库列表，最下方是实验状态栏。

初始主界面上方工具栏主要包括 6 个。场景工具包括 Experiment（实验）和 World（世界或地图）两个按钮。Experiment 按钮单击后，右侧的数据库栏会显示实验数据库。单击 World 按钮时，会在右侧显示

图 1-3-6 PanoExp 快捷键

World 列表。World 在 PanoSim 中指的是主车行驶的交通环境，也被称为地图或场景（Scenario）。

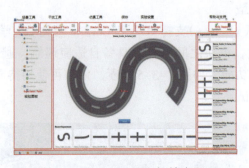

图 1-3-7　PanoSim 初始主界面

干扰工具栏包括 Disterbance（干扰）、EgoCar（主车）和 Agent（脚本）。Disterbance 仅在主界面已经载入 World 的前提下才可以激活，用于设置干扰对象，如干扰车、人或动物。EgoCar 用于设置主车，单击后可以在右侧数据库栏中显示多种已有的车辆模型。Agent 按钮用于设置车辆控制算法，单击后可在右侧数据库栏中看到已有算法脚本。

仿真工具包括 Run（运行）、Stop（停止）和 Playback（回放），用于控制实验的启停和实验画面回放。

保存工具用于保存用户做出的修改。

实验设置工具栏包括 Tools（工具）和 Setting（设置）两个按钮。Tools 下拉可以看到 WorldBuilder（世界编辑器）、VehicleBuilder（车辆编辑器）、SensorBuilder（传感器编辑器）、TestBuilder（测试编辑器）、PlotBuilder（图像编辑器）和 DataManager（数据编辑器）。单击相关按钮即可进入相关界面并进入相应编辑器界面。后面将对它们的主要功能进行介绍。单击"Setting"按钮后会弹出图 1-3-8 所示的界面，用户可在此处设置 MATLAB 软件版本、数据库位置、Debug 等级和 CarSim 软件安装位置。作为初级学习者，相关设置保持默认即可。

图 1-3-8　Setting（设置）界面

帮助与支持工具包括"QuickStart"（快速入门）和"Help"（帮助）两个按钮。单击前者后，会进入官方指导文档界面，用户可通过阅读官方文档快速了解如何使用 PanoSim 软件。"Help"按钮可连接到浙江天行健智能科技有限公司官网，用户可通过该网页提供的联系方式与官方软件支持团队联系，解答软件使用问题。

引导问题 3

请查阅相关资料，简述 SensorBuilder 模块的作用。

_____

_____

_____

PanoSim 主要功能

PanoSim 提供了一套支持高级驾驶辅助系统（ADAS）和自动驾驶系统（AD）的技术开发、测试和验证的仿真模型和虚拟实验环境，其中包含的功能模块如下。

1. PanoExp

实验主界面，用于创建和定义实验，如图 1-3-9 所示。一个实验包括：测试场景、一辆至多辆实验车（加装传感器）、驾驶任务、控制模型和仿真设置参数。

2. WorldBuilder

WorldBuilder 用于搭建车辆行驶的交通场景，如场地和道路、动/静态交通元素、交通信号灯、交通标志等，其主界面如图 1-3-10 所示。用户可以搭建出多元化的道路，实现车辆在各种道路场景下行驶的仿真实验。

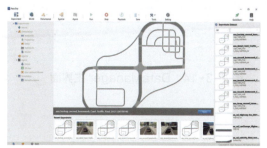

图 1-3-9　PanoExp 实验主界面

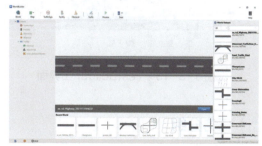

图 1-3-10　WorldBuilder 主界面

3. SensorBuilder

它是传感器配置工具，用于向被测车辆添加各类传感器模型及感知器，其主界面如图 1-3-11 所示。软件目前可提供毫米波雷达、激光雷达、超声波传感器、单目相机、鱼眼相机、GNSS、IMU 等传感器模型，同时也可提供各类驾驶环境感知器，如目标感知器、车道线感知器、交通灯感知器、可行驶区域感知器、停车位感知器等。用户可以通过添加传感器/感知器获得车辆行驶过程中的环境感知信息，以用于各类算法的开发、验证等功能。

4. VehicleBuilder

它是车辆建模工具，用于管理车辆外形及动力学仿真所需车辆物理参数，支持编辑、保存、另存、复制、删除、移动，其主界面如图 1-3-12 所示。

图 1-3-11　SensorBuilder 主界面

图 1-3-12　VehicleBuilder 主界面

5. TestBuilder

它是自动化测试管理模块,用于对实验文件的测试和调试,其主界面如图 1-3-13 所示。通过测试,系统可以采集仿真过程中车辆行驶时的不同数据,并对测试结果进行合理评估,以便于对算法进行验证和改进。

6. DataManager

它是数据管理工具,用于实验数据、传感器、车辆、场景、测试数据的管理,同时可对现有数据进行分组、移动和删除,其主界面如图 1-3-14 所示。

图 1-3-13 TestBuilder 主界面

图 1-3-14 DataManager 主界面

任务分组

学生任务分配表见表 1-3-1。

表 1-3-1 学生任务分配表

班级		组号		指导老师	
组长		学号			
组员角色分配					
信息员		学号			
操作员		学号			
记录员		学号			
安全员		学号			
任务分工					
(就组织讨论、工具准备、数据采集、数据记录、安全监督、成果展示等工作内容进行任务分工)					

工作计划

根据前面所了解的知识内容和小组内部讨论的结果,制定工作方案,落实各项工作负责人,如任务实施前的准备工作、实施中主要操作及协助支持工作、实施过程中相关要点及数据的记录工作等，见表1-3-2。

表1-3-2 工作计划表

步骤	工作内容	负责人
1		
2		
3		
4		
5		
6		
7		
8		

进行决策

1）各组派代表阐述资料查询结果。
2）各组就各自的查询结果进行交流，并分享技巧。
3）教师对各组的计划方案进行点评。
4）各组长对组内成员进行任务分工，教师确认分工是否合理。

任务实施

引导问题 4

扫描二维码观看视频，了解如何完成样例运行实验，并简述操作要点。

_____
_____

参考操作视频，按照规范作业要求完成操作步骤，完成数据采集并记录。实训准备见表1-3-3。

表1-3-3 实训准备

序号	设备及工具名称	数量	设备及工具是否完好
1	计算机	1台	□是 □否
2	实训工作页	1本	□是 □否
3	笔	1支	□是 □否
质检意见	原因：		□是 □否

样例运行实验

为了方便用户使用，PanoSim 软件自带诸多样例，供用户参考使用。本样例运行实验的目的是让用户了解软件最基本的操作。

1）打开 PanoSim 软件。双击桌面上或软件安装路径中的"PanoExp"图标，打开后即可显示 PanoSim 主界面。单击右上角的全屏按钮，让软件全屏显示，如图 1-3-15 所示。

图 1-3-15　全屏按钮

2）载入实验。单击左上角的"Experiment"按钮，右侧数据库栏可以看到官方提供的例子。下拉该列表或者在上方的搜索栏中输入 Sample_Freeway-Exit-Entry_AEB_Python，可找到对应的官方样例。鼠标左键将其拖拉到主界面，完成实验加载，如图 1-3-16 所示。

3）运行实验。单击上方的"Run"（运行）按钮，软件弹出实验运行界面，如图 1-3-17 所示。单击左下角的"暂停"按钮，可对画面暂停。单击"停止"按钮，可停止仿真。

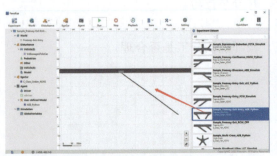

图 1-3-16　加载实验样例

图 1-3-17　实验运行界面

4）调节视角。单击"视角"按钮，可以看到 3 个视角选择按钮。右侧视角按钮提供了 Tracking View（跟随视角）、Bird View（鸟瞰视角）和 Driver View（驾驶员视角）。鸟瞰视角可以从天空看到车辆运行情况，滚动滚轮可以放大和缩小画面，左键拖拉可以调节显示区域。跟随视角可以从主车后方观察车辆运行情况，滚动滚轮可以放大和缩小画面，左键拖拉可以调节摄像头视角和位置。驾驶员视角可以从驾驶员角度观察车辆行驶情况，相关画面操作与其他视角相似。3 个视角显示的画面如图 1-3-18~图 1-3-20 所示。

图 1-3-18　跟随视角画面

图 1-3-19　鸟瞰视角画面

图 1-3-20　驾驶员视角画面

5）完成实验。左键单击左下角按钮，继续运行实验。主车向前行驶，遇到前方绿色轿车后进行紧急制动并显示 AEB（Automatic Emergency Braking，紧急制动）警告信息，如图 1-3-21 所示。主车成功停止后，单击左下角的"停止"按钮或者右上方的"关闭"按钮，停止实验。实验到此即运行完成。

图 1-3-21　AEB 功能激活

6）保存按钮。关闭仿真运行界面后，回到主界面。单击上方工具栏中的"Save"按钮，可看到"Save"（保存）和"Save As"（另存为）按钮，如图 1-3-22 所示。由于本实验没有做修改样例，因此单击"Save"（保存）即可。

7）激活 PlotBuilder。在仿真测试过程中，往往需要绘制关键数据图像或导出相关数据，为此，PanoSim 提供了 PlotBuilder（图像编辑器）。单击上方的"Tools"按钮，选择 PlotBuilder，如图 1-3-23 所示。

图 1-3-22　保存和另存为

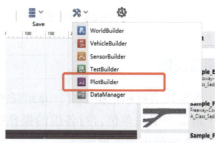

图 1-3-23　激活 PlotBuilder

8）选择需要绘图的实验。进入 PlotBuilder 界面后，单击左上角的"Experiment"（实验）按钮。在搜索栏键入关键字 exit，可筛选实验列表。选择此前运行的 Sample_Freeway-

Exit-Entry_AEB_Python 实验并拖拉到主界面中，如图 1-3-24 所示。

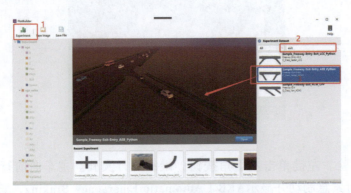

图 1-3-24　选择需要绘图的实验

9）绘制图像。在左侧变量栏中可以看到诸多变量。ego 表示常用的主车变量，ego_extra 表示简单动力学中的主车变量。分别选择 ego 下的 Pitch（俯仰角）和 Speed（车速）并左键拖拉到主界面，可以看到图 1-3-25 所示的画面。根据图 1-3-25 可知，主车在 5s 时刻开始进行紧急制动，并很快就完成了制动。Pitch 在制动过程中波动很大，说明该紧急制动会造成车内乘客明显颠簸。

10）导出数据。单击上方的"SaveImage"（保存图像）按钮，可将绘制的图像保存到所选位置。单击"Save File"（保存文件）按钮，可将相关图像数据保存为 csv 格式表格文件，用于后续分析。保存的数据文件如图 1-3-26 所示，第一列为时间，第二列为车速，第三列为俯仰角。

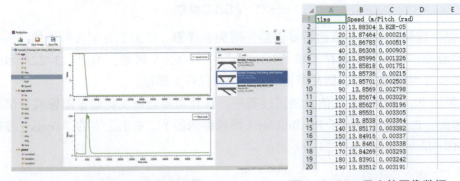

图 1-3-25　绘制图像　　　　　图 1-3-26　导出的图像数据

评价反馈

1）各组代表展示汇报 PPT，介绍任务的完成过程。

2）请以小组为单位，对各组的操作过程与操作结果进行自评和互评，并将结果填入表 1-3-4 中的小组评价部分。

3）教师对学生工作过程与工作结果进行评价，并将评价结果填入表 1-3-4 中的教师评价部分。

表 1-3-4　综合评价表

班级			组别		姓名		学号	
实训任务								
评价项目			评价标准				分值	得分
小组评价		计划决策	制定的工作方案合理可行，小组成员分工明确				10	
		任务实施	能够正确检查并设置实训工位				5	
			能够准备和规范使用工具设备				5	
			能够正确认知 PanoSim 软件的主要功能				20	
			能够正确运行测试样例				20	
			能够规范填写任务工单				10	
		任务达成	能按照工作方案操作，按计划完成工作任务				10	
		工作态度	认真严谨、积极主动，安全生产，文明施工				10	
		团队合作	小组组员积极配合、主动交流、协调工作				5	
		6S 管理	完成竣工检验、现场恢复				5	
			小计				100	
教师评价		实训纪律	不出现无故迟到、早退、旷课现象，不违反课堂纪律				10	
		方案实施	严格按照工作方案完成任务实施				20	
		团队协作	任务实施过程互相配合，协作度高				20	
		工作质量	能准确完成实训任务				20	
		工作规范	操作规范，三不落地，无意外事故发生				10	
		汇报展示	能准确表达、总结到位、改进措施可行				20	
			小计				100	
综合评分			小组评价分 ×50%+ 教师评价分 ×50%					
总结与反思								
（如：学习过程中遇到什么问题→如何解决的 / 解决不了的原因→心得体会）								

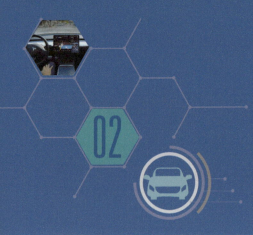

能力模块二
数字虚拟测试场景构建

任务一　调研分析虚拟场景

学习目标

➤ 知识目标
- 掌握虚拟场景的主要组成。
- 了解虚拟场景对仿真测试的重要性。
- 了解场景测试结果的评价方法。

➤ 技能目标
- 能够简述场景的构建方法。
- 具备评价场景测试结果的能力。

➤ 素养目标
- 了解虚拟测试场景的场景测试结果评价依据,提升探究能力与学习能力。
- 根据相应评价依据对场景测试结果进行评价,培养观点表达能力。

知识索引

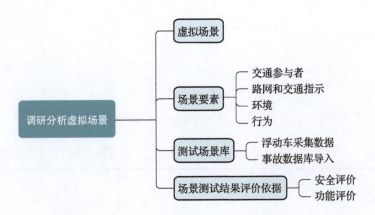

情境导入

在4S店中,顾客想了解为什么智能网联汽车比传统汽车更加昂贵,作为4S店推销员,你需要从智能网联汽车工作场景的复杂性、虚拟场景测试的必要性、高等级辅助驾驶技术开发的高成本这3个方面,向顾客介绍智能网联汽车成本比传统汽车更高的原因。

获取信息

引导问题 1

请查阅相关资料,简述场景快照的定义。

虚拟场景

在传统测试方法中,汽车只需要在固定的实验场地中安全行驶,保证车辆的基本功能达到相关法规要求即可。由于传统的汽车控制者主要是驾驶员,如果发生事故,若车辆本身没有功能问题,主要责任将由驾驶员承担。

与传统汽车不同,高等级智能网联汽车需要使用传感器感知周围环境,使用处理器做出决策和规划后控制转向系统、制动系统等执行相关规划,完成驾驶任务。因此,高等级智能网联汽车在无人驾驶状态下需要为由于自动驾驶系统造成的事故负全责。但是由于真实交通环境复杂多样,智能网联汽车需要在各种不同场景中充分测试后才可以保证其安全性。现在智能网联汽车事故依然时有发生,其主要原因就是没有进行充分测试。

场景是智能网联汽车系统测试中的重要组成部分。测试场景的多样性、覆盖度、稀有性等对测试结果有直接且重要的影响。

根据ISO标准中的相关规定,场景是一段时间内场景快照的集合。场景快照指的是某一时刻被测车辆周围环境中的动态对象和静态对象的状态和相互关系。动态对象包括行人、动物、非机动车辆等。静态对象包括道路、天气、光照、交通指示牌等。因此,场景可以被认为是发生在一段时间和空间内的交通环境变化情况。根据不同抽象等级,场景可以分为功能场景、逻辑场景和具体场景。功能场景一般使用自然语言描述,如换道场景、跟车场景。逻辑场景中包括描述场景的参数的范围。例如,跟车场景可以使用前车初始速度,后车初始速度和两车初始间距来描述,如图2-1-1

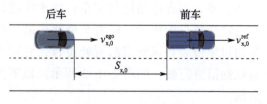

图 2-1-1 跟车场景

所示。

在具体场景中，每个场景都有具体参数。具体场景可以通过设置变为测试用例，直接用于测试智能网联汽车。在实际工作中，也经常使用行驶环境直接描述相关场景，如高速场景指的是高速公路行驶环境，城市场景指的是城市行驶环境。

虚拟场景是在仿真环境下构建的测试场景。与在真实世界构建测试场景相比，虚拟场景成本低，测试效率高。目前，智能网联汽车厂商一般在仿真环境中充分测试之后，才在真实交通中进行一定距离的实车测试，从而实现加快测试速度的目的。因此，虚拟场景在智能网联车辆测试中扮演着不可或缺的重要角色。

> **引导问题 2**
>
> 请查阅相关资料，简述场景要素的分类。
> _____
> _____
> _____

场景要素

由于真实交通的复杂性，理论上存在无数个测试场景。为了更好地描述场景，需要对场景中的各个要素进行分类组合，从而实现系统性、规范化场景生成和测试。场景要素一般可以使用以下五层模型进行分类和描述。

1. 交通参与者

交通参与者可视为舞台剧中的演员，是指场景里出现的所有交通参与者，包括机动车、非机动车、行人、动物等，如图 2-1-2 所示。为了减少不必要的参数，只有影响被测车辆行驶安全的交通参与者会被纳入测试场景中。

图 2-1-2　场景中的行人和机动车

被测车辆需要运用如摄像头、毫米波雷达、超声波雷达（超声波传感器）、激光雷达等传感器，感知当前时刻周围交通参与者的运动状态，还要预测其在未来一段时间内的行驶变化情况，从而做出正确反应，避免造成交通事故。

2. 路网和交通指示

路网是汽车需要行驶的道路，与交通指示相结合，构成了车辆的基本可行驶区域和行驶方式。例如，在高速公路，不允许超速和倒车；在十字路口，车辆需要遵守交通灯的指示，以避免碰撞事故。智能网联汽车通过定位装置识别当前所处位置，并根据云端的交通规则信息行驶，如图 2-1-3 所示。以下为相关信息案例。

图 2-1-3　城市交通道路

1）交叉口：十字路口、T形路口、Y形路口。

2）交通管制方式：红绿灯样式、停车牌、避让牌。

3）车道数量：单车道、4车道。

4）车道线：有分割线、无分割线。

5）车道类型：自行车道、公交车道、超车道。

6）限速：城市快速路和主干道的限速一般为60~90km/h，建成区内一般道路限速为40~50km/h，住宅区域、商业区域、学校区域、山区、行人与车辆混行区域等道路限速为30~40km/h。

7）马路类型：高速、普通路、小路。

8）角度：上坡、下坡、颠簸。

9）区域：学校区、医院区、山区、施工区。

3. 环境

环境是场景不可忽略的组成部分，对智能网联汽车的安全行驶有重要影响。常见的环境因素包括：天气、降水、光照、道路结冰积雪情况以及能见度等，如图2-1-4所示。常见的相关案例如下。

1）天气：降雨量、风速、温度、能见度。

2）光照：阴天、日出日落时间、太阳光角度。

3）路面：结冰、积水、施工。

4）信号：5G信号强弱（地道里的信号可能会很差）。

5）噪声：周围噪声会影响行人或其他车辆听到自动驾驶汽车发出的信号。

4. 行为

行为是智能网联汽车本身的行为，这主要由智能网联汽车本身的决策、规划系统决定，如图2-1-5所示。常见的行为案例如下。

图2-1-4 雨雪行驶环境

图2-1-5 车辆行为意图分享

1）驾驶方向：直行、倒车、U形掉头、左转、右转、弧线、离开车道、并入车道。

2）速度：静止、低速行驶、高速行驶。

3）加速度：加速、减速、匀速。

4）信号：自动驾驶汽车发出的视觉信号和声音信号等。

> **引导问题 3**
>
> 请查阅相关资料，简述场景库的基本构建流程。
>
> _____
>
> _____
>
> _____

测试场景库

将以上不同类别的场景要素排列组合，构成一个完整的场景体系，称为场景层。例如，跟车场景、人行横道线、死路、对向来车、行人不遵守交规、障碍车辆逆行等。

场景库的基本构建流程是：首先，以路测数据、车载数据、虚拟数据 3 种来源输入、存储场景源；其次，要通过场景挖掘、场景分类、场景演绎等方式有层级、有规划地构建场景库；最后，将场景库应用于场景测试环节，包括软件在环、硬件在环、整车在环、封闭道路、开放道路等，如图 2-1-6 所示。

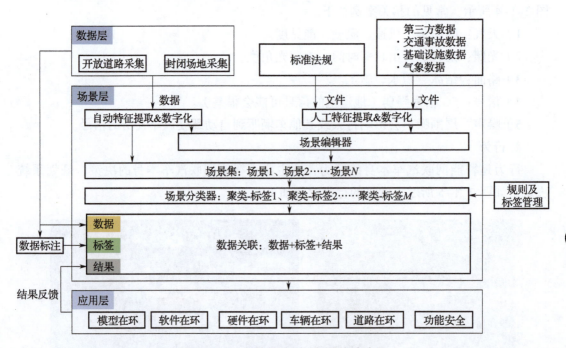

图 2-1-6　自动驾驶测试场景构建流程

1. 浮动车采集数据

获取测试场景的方式有专家定义、随机参数组合、重要性采样、智能算法搜索以及强化学习搜索等。目前，一种被厂家使用较为广泛的方法是直接收集真实交通数据，并在虚拟环境中进行复现。这种方法可以保证场景的真实性和可实施性。收集这些场景数据的常用方式包括视频录制、浮动车采集等。目前使用较为广泛的方法是使用装备由激光雷达（LIDAR）、雷达（RADAR）、摄像头等传感器的浮动车在真实交通环境中采集场景数据，如图 2-1-7 所示。但这种方法需要大量时间和资金投入，因此，使用虚拟仿真软件和相关算法进行场景自动生成已经成为研究热点。

图 2-1-7　浮动车采集场景数据

2. 事故数据库导入

根据场景在真实环境中出现的概率，可以分为普通场景和稀有场景。稀有场景指的是在真实世界中发生的概率很小，但是依然可能发生的场景。由于事故场景一般都是稀有场景，所以一种生成测试场景的方法是根据事故数据库进行场景虚拟化生成，然后在虚拟环境中测试智能网联汽车，如图 2-1-8 所示。这种测试方法可以有效测试智能网联汽车避免已有交通事故的能力，但是未知的交通事故，需要使用强化学习、智能搜索方法的手段获取。关于相关方法的具体讲解，可参考学术论文 A Survey on Data-Driven Scenario Generation for Automated Vehicle Testing。

图 2-1-8　根据真实采集的交通数据复现得到虚拟场景

引导问题 4

请查阅相关资料，简述如何对虚拟场景测试结果进行评价。

场景测试结果评价依据

在不同的场景库中进行测试，对测试结果进行安全与功能评价。

1. 安全评价

1）对系统组件进行识别和定义，确认自动驾驶系统每一个模块的组件。

2）由于场景要素的特殊性，不同组件在不同情况下的有效性和风险性可能发生变化，这样就需要对每一个组件进行失效分析和风险评估，确认安全等级和安全目标，确认安全风险等级包括风险的可能性、可控制性和严重性。

3）确认安全需求。

4）安全需求测试执行。

5）认证测试计划和执行。

2. 功能评价

要确定车辆在不同的场景库中应该怎样表现。

1）针对以上不同的场景库进行分析，确定并描述在此场景下期待自动驾驶汽车拥有什么样的表现，详细表述用户需求。

2）确认功能范围，根据环境需求和操作设计域进行不同的配置。

3）对功能需求进行细颗粒度的划分，便于对每项功能进行测试。随着功能需求的细颗粒化，功能测试的需求也会越来越明确。

任务分组

学生任务分配表见表 2-1-1。

表 2-1-1 学生任务分配表

班级		组号		指导老师	
组长		学号			
组员角色分配					
信息员		学号			
操作员		学号			
记录员		学号			
安全员		学号			
任务分工					
（就组织讨论、工具准备、数据采集、数据记录、安全监督、成果展示等工作内容进行任务分工）					

工作计划

根据前面所了解的知识内容和小组内部讨论的结果，制定工作方案，落实各项工作负责人，如任务实施前的准备工作、实施中主要操作及协助支持工作、实施过程中相关要点及数据的记录工作等，见表 2-1-2。

表 2-1-2　工作计划表

步骤	工作内容	负责人
1		
2		
3		
4		
5		
6		
7		
8		

进行决策

1）各组派代表阐述资料查询结果。
2）各组就各自的查询结果进行交流，并分享技巧。
3）教师对各组的计划方案进行点评。
4）各组长对组内成员进行任务分工，教师确认分工是否合理。

任务实施

1）为什么需要进行虚拟场景测试？
_____
_____
_____

2）虚拟场景包含哪些组成部分？
_____
_____
_____

3）场景测试的评价标准有哪些？
_____
_____
_____

评价反馈

1）各组代表展示汇报 PPT，介绍任务的完成过程。
2）请以小组为单位，对各组的操作过程与操作结果进行自评和互评，并将结果填入表 2-1-3 中的小组评价部分。
3）教师对学生工作过程与工作结果进行评价，并将评价结果填入表 2-1-3 中的教师评价部分。

表 2-1-3 综合评价表

班级			组别		姓名		学号	
实训任务								
	评价项目		评价标准				分值	得分
小组评价	计划决策		制定的工作方案合理可行,小组成员分工明确				10	
	任务实施		能够正确检查并设置实训工位				5	
			能够准备和规范使用工具设备				5	
			能够正确认知虚拟场景测试的必要性				20	
			能够正确认知场景测试的评价标准				20	
			能够规范填写任务工单				10	
	任务达成		能按照工作方案操作,按计划完成工作任务				10	
	工作态度		认真严谨、积极主动,安全生产,文明施工				10	
	团队合作		小组组员积极配合、主动交流、协调工作				5	
	6S 管理		完成竣工检验、现场恢复				5	
			小计				100	
教师评价	实训纪律		不出现无故迟到、早退、旷课现象,不违反课堂纪律				10	
	方案实施		严格按照工作方案完成任务实施				20	
	团队协作		任务实施过程互相配合,协作度高				20	
	工作质量		能准确完成实训任务				20	
	工作规范		操作规范,三不落地,无意外事故发生				10	
	汇报展示		能准确表达、总结到位、改进措施可行				20	
			小计				100	
综合评分			小组评价分 ×50%+ 教师评价分 ×50%					
			总结与反思					

(如:学习过程中遇到什么问题→如何解决的/解决不了的原因→心得体会)

任务二　静态元素仿真

学习目标

➢ 知识目标
- 掌握测试场景中静态元素的分类方法和常见示例。
- 了解静态元素仿真建模基本方法。
- 了解 NETEDIT 基本操作。

➢ 技能目标
- 掌握静态元素仿真建模方法。
- 具备静态元素仿真建模基本操作的能力。
- 能够根据指导在测试场景中添加静态元素模型。

➢ 素养目标
- 了解虚拟路网的重要性，提升学习新知识的能力。
- 养成定期反思与总结的习惯，改进不足，精益求精。
- 具有良好的团队协作精神和较强的沟通能力。

知识索引

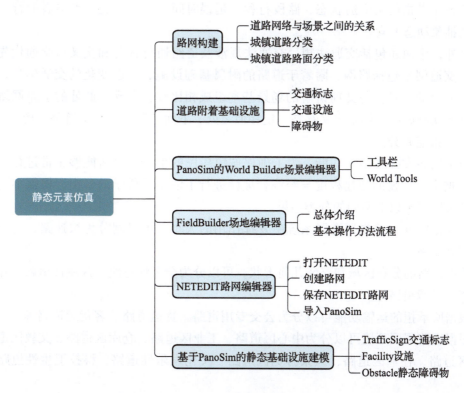

情境导入

虚拟测试场景包括静态元素和动态元素。静态元素包括道路网络以及附着于道路网络上的基础设施，如红绿灯、交通指示牌等。作为虚拟仿真测试工程师，你需要了解什么是静态场景元素，如何在仿真环境中创建或添加这些静态元素。

获取信息

引导问题 1

请查阅相关资料，简述道路附着基础设施有哪些。

_____
_____
_____

路网构建

1. 道路网络与场景之间的关系

道路网络是城市交通网络中不可缺少的组成部分。在城市交通中，大部分的交通行为都是发生在道路网络中的。道路网络包括静态元素和动态元素。

静态元素包括道路、交叉口以及附属于这些道路的基础设施。

动态元素指的是交通状态、路段行程、延误时间等，会对交通参与者的行为造成影响的抽象动态要素。

另外，路网还包括交通法规，交通法规涉及道路通行状况和交叉口交通优先权。因此，交通网络包括路网、附着于道路的附属基础设施、动态变化的交通信息、交通规则以及交通事件。与此前讲解的场景基本组成相比较会发现，此处的道路网络定义与智能网联测试中的场景定义存在一定相似之处。下面主要介绍基本道路结构。

2. 城镇道路分类

城镇道路发挥着多重功能，为了确保城镇居民的生产、生活能够正常进行，城镇道路根据交通运输的便捷程度与经济合理性进行了清晰且科学的分类。根据不同的分类标准可以得到以下不同的分类结果。

根据道路在城镇规划道路系统中发挥作用的大小，可以划分为快速路、主干路、次干路和支路。

根据道路的分布区域和路线几何形状，可以分为全市性道路、区域性道路、环路、放射路、过境道路等。

根据所承担的运输功能可以分为公交专用道路、货运道路、客货运道路等。

根据道路周围环境可以分为中心区道路、工业区道路、仓库区道路、文教区道路、行政区道路、住宅区道路、风景游览区道路、文化娱乐性道路、科技卫生性道路、生活性道路、火车站道路、游览性道路、林荫路等。

以上几种分类方法的主要目的是满足道路在交通运输方面发挥正常功能。

我国现行的《城市道路工程设计规范》CJJ 37—2012中充分考虑了道路在城市路网中的地位、交通功能及对沿线服务功能，将城镇道路分为快速路、主干路、次干路与支路四个等级，如图2-2-1所示。

图2-2-1　常见的城镇道路网络

快速路，又称城市快速路，具备完全为交通功能的服务，是解决城市大容量、长距离、快速交通的主要道路，如图2-2-2所示。快速路没有十字路口，单向行驶，类似高速路，要走向城市主干道或次干道需要通过匝道。注意，快速路一定有护栏，在案例中经常要求计算护栏长度。

主干路以交通功能为主，为连接城市各主要分区的干路，是城市道路网的主要骨架，如图2-2-3所示。主干路有十字路口，单向行驶。

图2-2-2　城市快速路

图2-2-3　主干路

次干路是城市区域性的交通干道，为区域交通集散服务，兼有服务功能，结合主干路组成干路网。它连接主干路，周边常有商业建筑或居住建筑等，如图2-2-4所示。

支路为次干路与居住小区、工业区、交通设施等内部道路的连接线路，解决局部地区交通，以服务功能为主，如图2-2-5所示。支路，如小区外的小路，一般为步行兼车行功能使用。

图2-2-4　次干路

图2-2-5　支路

3. 城镇道路路面分类

按结构强度分类，可将城镇道路路面分为高级路面和次高级路面。

高级路面：具有路面强度高、刚度大、稳定性好的特点，如图 2-2-6、图 2-2-7 所示。它使用年限长，适应繁重交通而且路面平整、车速高、运输成本低，建设投资高，养护费用少，适用于城市快速路、主干路、公交专用道路。

图 2-2-6 高级沥青路面

图 2-2-7 高级水泥路面

次高级路面：路面强度、刚度、稳定性、使用寿命、车辆行驶速度、适应交通量等均低于高级路面，维修、养护、运输费用较高，城市次干路、支路可采用，如图 2-2-8 所示。其中的低级土路如图 2-2-9 所示。

图 2-2-8 次高级路面

图 2-2-9 低级土路

按力学特性分类，可将城镇道路分为柔性路面和刚性路面。

柔性路面：荷载作用下产生的弯沉变形较大、抗弯强度小，在反复荷载作用下产生累积变形，它的破坏取决于极限垂直变形和弯拉应变。柔性路面的主要代表是各种沥青类路面，包括沥青混凝土面层、沥青碎石面层、沥青贯入式碎（砾）石面层等。

刚性路面：行车荷载作用下产生板体作用，抗弯拉强度大，弯沉变形很小，呈现出较大的刚性，它的破坏取决于极限弯拉强度。刚性路面的主要代表是水泥混凝土路面。

> **引导问题 2**
>
> 请查阅相关资料，简述 PanoSim 中内置了哪些交通设施。

道路附着基础设施

在仿真交通场景中,不仅需要对道路进行虚拟建模,还需要对依附于道路的静态基础设施和动态交通参与者进行建模。静态基础设施指的是位置不会随着时间发生变化的设施。动态交通参与者指的是在整个交通环境中运动的车辆、行人等位置可能发生变化的交通参与者。实际上,我们应当考虑这些静态基础设施和动态交通参与者相互之间的信息交互,这些会在后面的章节进行讲解,本章主要讲解静态基础设施和动态交通参与者建模。

静态交通基础设施可以划分为三类,交通标志、交通设施、障碍物。

1. 交通标志

交通标志指的是使用文字或符号传递引导、限制、警告或指示信息的道路设施,又称道路标志、道路交通标志。安全、清晰、设置醒目的交通标志是实施交通管理,保证道路交通安全、顺畅的重要措施。常见的交通标志包括停车让行标志、禁止直行标志等,如图 2-2-10 所示。

注意行人　注意儿童　禁止行人进入　禁止鸣喇叭

停车让行　注意危险　注意信号灯　禁止直行

图 2-2-10　常见交通标志

2. 交通设施

交通设施指的是引导交通参与者在某一时刻行驶在某一区域的设施,如交通灯、栅栏、人行横道等。PanoSim 中内置的交通设施包括交通信号灯、人行横道、停车位、停车栏栅、路侧单元、天花板、高架、提示类贴图和墙体与分隔栏等。同学们可以根据需求自行设计交通设施,长按交通设施并拖动到道路上即可在道路上完成添加。其中典型路口如图 2-2-11 所示。

图 2-2-11　典型路口

3. 障碍物

障碍物指的是阻止交通参与者通过或使其减速的设施。例如修路期间设置的围栏、在重要建筑物门外防止恐怖袭击的路障等。图 2-2-12 所示为交通锥,又称锥形路标或锥形筒,是一种常见的道路交通隔离警戒设施。

图 2-2-12　常见交通障碍物

引导问题 3

请查阅相关资料，简述 World Builder 场景编辑器的作用。

_____
_____
_____

PanoSim 的 World Builder 场景编辑器

路网是虚拟场景中的基本组成部分，像交通灯、交通指示牌之类的道路基础设施都需要以路网为基础进行设置，交通参与者的运动空间也受到路网空间的约束。因此，在虚拟场景中，建立正确的路网是最基本的要求之一。在 PanoSim 中有搭建虚拟场景的模块，名为 Worldbuilder，即世界编辑器，该模块中嵌入了 NETEDIT 软件，专门用于编辑路网。

双击 PanoSim 程序目录下的 WorldBuilder.exe 或从 Experiment GUI 界面单击"Tools-WorldBuilder"，能够启动 PanoSim WorldBuilder GUI 界面。WorldBuilder 启动时显示 GUI 主界面，其功能分区如图 2-2-13 所示。

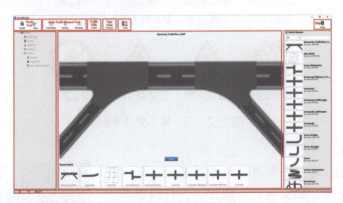

图 2-2-13　WorldBuilder GUI 主界面功能分区

1. 工具栏

WorldBuilder 工具栏包括道路工具、交通参与物工具、交通工具、查看工具、数据工具和帮助支持六大区域，如图 2-2-14 所示。

图 2-2-14　WorldBuilder 工具栏

2. World Tools

该区域包含的功能主要有"World"和"Map"，分别负责对实验的道路和地图信息进行操作，如显示已保存的道路模型列表、加载道路模型、新建地图模型、导入外部地图模型等。

（1）World

单击"World"图标后，软件初始界面如图 2-2-15 所示。①处显示场景编辑区域，②处显示 PanoSim 中所有可用的场景模型。用户可以通过选中文件并长按拖动到窗口完成文件加载。

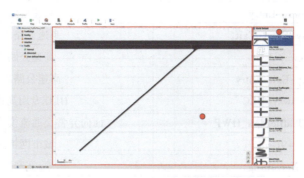

图 2-2-15　"World"软件初始界面

为了方便用户使用，PanoSim 中内置了诸多实验场景，见表 2-2-1。

表 2-2-1　实验场景列表

类型	释义
Cross-Dislocation	错位交叉路口
DownTown	市区
LKA-Curvature	LKA 专用弯道
Multi-Cross	星字路口
RingRoad-10km	10km 环道
Roundabout	网状环道
S-Curve	S 形弯道
T-Crossing	T 形路口
Tunnel_HD	高清隧道
Underground	地下通道
X-Crossing	X 形路口
Y-Crossing	Y 形路口
Curves-Consecutive	连续弯道
Crossroad	十字路口
Crossroad_TrafficLight	交通灯十字路口
Crossroad-DblLanes_TrafficLight	双车道交通灯十字路口
Curve	弯道
Curve-R500m	直径 500m 弯道
Curve-Straight	直弯道

（续）

类型	释义
ExpressWay	高速公路
Expressway-Suburban	郊区高速公路
Freeway-Confluence	汇流高速公路
Freeway-Diversion	分流高速公路
Freeway-Entry	高速公路入口
Freeway-Entry-Exit	高速公路入出口
Freeway-Exit	高速公路出口
Freeway-Exit-Entry	高速公路出入口
Expressway-HLC	HLC 专用高速公路
Abnormal_TrafficFlow_HWP	面向异常交通流模型的高速公路
City-9Grid	城市网格道路
RoadNarrowing	宽窄路
Crosswalk	交通路口人行道
Crosswalk-LeftProtect	左侧保护路口人行道
Multi-Cross	多向交叉路口

（2）MAP

单击"MAP"按钮会弹出两个选项："Create"和"Import"。它们分别可以为用户提供创建、编辑新地图和导入已有地图等操作。两者的具体说明如下。

Create：用户单击该选项启动路网编辑器 NETEDIT.exe 来创建新的交通地图，使用方法可参考 https://sumo.dlr.de/docs/Netedit/index.html。

Import：用户可以单击该选项导入已有的交通地图。目前，它支持 .net、.xml 以及 OpenStreetMap、OpenDRIVE 等地图格式。单击"Import"后弹出 Hint 窗口，需要用户选择目标地图文件的信息，如图 2-2-16 所示。

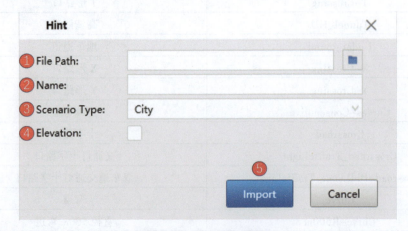

图 2-2-16　Hint 界面

① File Path：选择导入的地图文件保存路径。
② Name：显示导入的地图文件名称。
③ Scenario Type：显示导入的地图类型：城市、乡村、高速公路和泊车。
④ Elevation：选择是否开启高程模型数据。
⑤ Import：导入按钮，用以导入地图文件。

> **引导问题 4**
>
> 请查阅相关资料，简述场地编辑器可进行哪些基本操作。
> _____
> _____

FieldBuilder 场地编辑器

FieldBuilder 场地编辑器提供一组由典型局部道路制作的基本场地模块，这有助于学习者通过卡片拼接的方式简单、迅速地生成所需场地。

1. 总体介绍

FieldBuilder 总体界面如图 2-2-17 所示，其中包括工作区、工具栏、数据库或属性栏、状态栏和最近使用文件列表。工作区是用于进行地图可视化和操作的区域；状态栏主要用于显示工作状态；数据库或属性栏可以显示可用数据库或所选对象的基本属性参数；最近使用文件列表中显示的是最近访问过的与 FieldBuilder 相关的文件。

图 2-2-17　FieldBuilder 总体界面

FieldBuilder 工具栏包括 Field、Block、Build、Preview、Save、Help 六大区域。
1）Field 工具：可以加载预置 Field Template 和用户自定义的 Field。
2）Block 工具：可以加载系统支持的 Block 卡片。
3）Build 工具：可以生成对应的 World 文件。
4）Preview 工具：可以预览效果。
5）Save 工具：可以保存、另存 Field，也可以打开数据库管理模块。
6）Help 工具：单击可访问用户手册，查看支持文档。

单击工具栏中"Field"或者"Block"按键,右侧展示对应的数据库,如图2-2-18所示。Field数据库展示预置的Field Template和用户自定义的Field列表。Block数据库展示系统中的Block卡片列表,如图2-2-19所示。

右键单击工作区中的Block卡片,选择"Property"按键,右侧显示对应的属性页面。

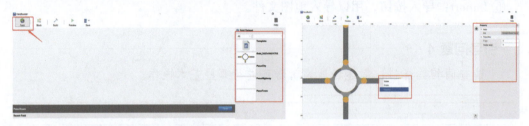

图2-2-18　Field数据库　　　　　　图2-2-19　Block数据库

2. 基本操作方法流程

（1）打开FieldBuilder

双击PanoSim5程序目录下的FieldBuilder.exe，或从PanoExp GUI界面单击"Tools-FieldBuilder"，可启动PanoSim FieldBuilder GUI界面。

（2）加载预置Field Template

加载预置Field Template有两种方式。加载完成后，中心编辑区显示空白界面。

方式一：单击中心编辑区Open按键，如图2-2-20所示。

图2-2-20　使用Open按钮激活打开模板

方式二：在上方快捷工具栏中选择"Field"选项，界面右侧会显示新的窗口栏"Field Dataset"，选中Template并长按拖动到中心编辑区，如图2-2-21所示。

图2-2-21　拖拉加载模板

（3）添加第一个 Block 卡片

在上方快捷工具栏中选择"Block"选项，界面右侧会显示新的窗口栏"Block Dataset"，如图 2-2-22 所示。这个窗口中展示当前支持的 Block 卡片数据库。

在 Block Dataset 中单击鼠标左键，选中 Block 卡片，拖动到合适的位置，如图 2-2-23 所示。

图 2-2-22　显示 Block Dataset 卡片数据库　　图 2-2-23　拖动添加第一个 Block 卡片

将鼠标移至编辑区中 Block 卡片以外的位置，可以通过鼠标滚轮键进行 Block 卡片的放大、缩小，也可以移动卡片。

此时，卡片中所有的拼接点以彩色圆形展示，表示可以与其他 Block 卡片做拼接，如图 2-2-24 所示。深色部分为此 Block 卡片的连接点，浅色部分用于与其他 Block 卡片做拼接。

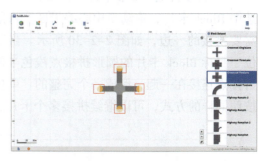

图 2-2-24　拼接点

（4）添加 Free Path

在 Block Dataset 中单击鼠标左键，选中 Free Path，拖动到合适的位置，如图 2-2-25 所示。

以鼠标首次单击的位置为起点，当前鼠标所在位置为终点，形成一个绿色的弧线（图 2-2-26）。

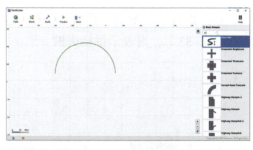

图 2-2-25　开始添加 Free Path　　　　图 2-2-26　绿色弧线

再次单击鼠标左键，车道由绿色弧线变成灰色弯道显示（图 2-2-27），起点与终点以黄色圆形展示，车道两端半圆显示深色，待拼接的半圆显示浅色，如图 2-2-28 所示。

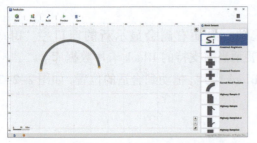

图 2-2-27　Free Path 构造的弯道

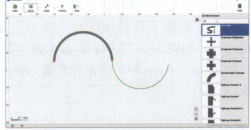

图 2-2-28　继续移动鼠标

继续移动鼠标,以相同方式,生成连续的弯道,如图 2-2-29 所示。

单击键盘上的 Esc 键,可以退出 Free Path 的编辑。

(5) 拼接 Block 卡片

1) 拼接普通 Block 卡片。在 Block Dataset 中,选中 Block 卡片,拖动至中心编辑区。将鼠标靠近需要拼接的一边,如图 2-2-30 所示。当鼠标箭头位于目标 Block 卡片的圆形拼接点浅色半圆内时,放开鼠标。此时,两张 Block 卡片的拼接点连接在一起,形成一个完整的、单色的圆形,表示拼接成功,如图 2-2-31 所示。按照同样的方式,可以继续拼接多个卡片,构建需要的场地。

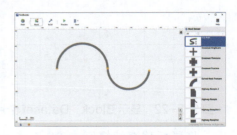

图 2-2-29　生成连续弯道

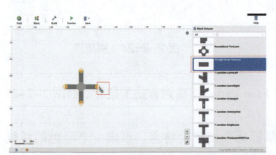

图 2-2-30　拼接 Block 卡片

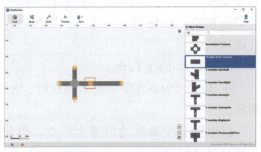

图 2-2-31　拼接成功

如果拼接后,形成的拼接点,不是颜色单一的(图 2-2-32),或者不是完整的圆(图 2-2-33),则表示拼接失败。

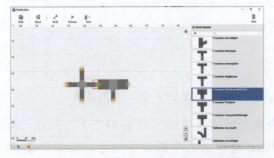

图 2-2-32　拼接点不是颜色单一的圆

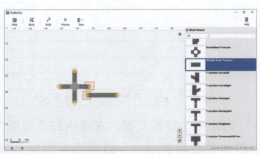

图 2-2-33　拼接点不是完整的圆

2）Free Path 拼接两个已经存在的卡片。在 Block Dataset 中，选中 Free Path，拖动至中心编辑区。将鼠标靠近需要拼接的一边。当鼠标箭头位于目标 Block 卡片的圆形拼接点浅色半圆内时，放开鼠标。移动鼠标向目标拼接点移动，此时形成绿色的弧线，如图 2-2-34 所示。

移动到目标拼接点，如果可以正确连接到目标拼接点，则绿色弧线变成蓝色显示，如图 2-2-35 所示。

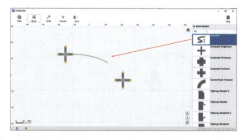 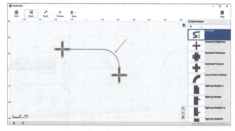

图 2-2-34 Free Path 拼接 Block　　　　图 2-2-35 Free Path 以蓝色显示

此时单击目标拼接点，生成平滑的弯道，Free Path 自动退出编辑模式，如图 2-2-36 所示。

移动到目标拼接点，如果与目标点无法生成平滑的曲线，则绿色弧线改为红色显示，如图 2-2-37 所示。

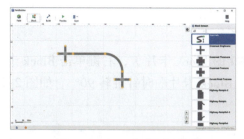

图 2-2-36 生成平滑弯道　　　　图 2-2-37 Free Path 以红色显示

此时单击目标点，则表示舍弃目标点画弧线，如图 2-2-38 所示。这种情况下，建议用户采用多段连接，平滑过渡到目标点。

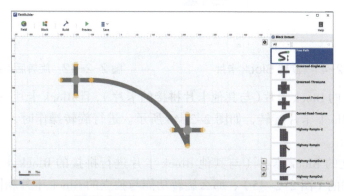

图 2-2-38 与目标拼接点拼接失败

（6）Free Path 与普通 Block 卡片拼接

当 Free Path 主动拼接到其他 Block 卡片上时，Lane Type 属性值会根据被拼接点的道路类型，自动匹配合适的 Lane Type。

当 Free Path 被动拼接到其他 Block 卡片上，即先添加 Free Path，再将普通 Block 拼接到 Free Path 上（图 2-2-39），此时，Free Path 的 Lane Type 保持原有的 Lane Type 类型，不会进行自动匹配，如图 2-2-40 所示。

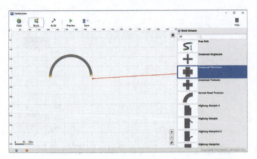

图 2-2-39　普通 Block 卡片拼接到 Free Path

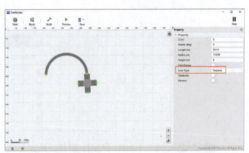

图 2-2-40　Free Path 原有的 Lane Type 不变

（7）Block 右键菜单功能

Block 卡片添加到中心编辑区后，可以通过右键菜单，实现旋转、删除和查看属性功能。

（8）旋转（Rotate）

Free Path 不支持右键旋转功能。

Field 中，独立的 Block 卡片（未进行拼接的 Block 卡片），右键单击 Block 卡片，选择 "Rotate" 选项（图 2-2-41），单击后，Block 卡片顺时针旋转 90°，如图 2-2-42 所示。Block 卡片支持多次旋转。

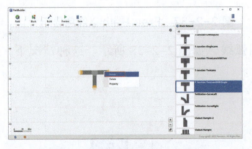

图 2-2-41　旋转 Block 卡片

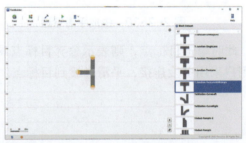

图 2-2-42　旋转后效果

对于非独立的 Block 卡片（与其他卡片拼接的卡片），且 Block 卡片不是最新添加的，那么不允许此 Block 卡片旋转，如图 2-2-43 所示。进行旋转操作时，系统显示提示信息（图 2-2-44）。

对于非独立的 Block 卡片（与其他 Block 卡片进行拼接的 Block 卡片），且 Block 卡片是最新添加的（图 2-2-45），那么旋转功能与独立的 Block 卡片相同，允许旋转，如图 2-2-46 所示。

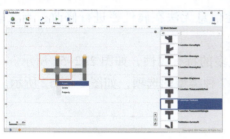
图 2-2-43 旋转被拼接的 Block 卡片

图 2-2-44 系统提示信息

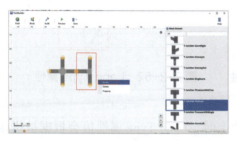
图 2-2-45 旋转最新拼接的 Block 卡片
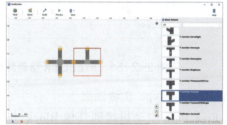
图 2-2-46 最新拼接的 Block 卡片旋转成功

（9）删除（Delete）

右键单击 Block 卡片，选择 Delete 选项（图 2-2-47），Block 卡片删除，如图 2-2-48 所示。

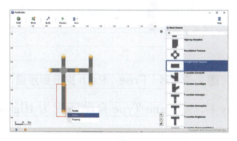
图 2-2-47 删除 Block 卡片
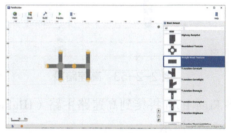
图 2-2-48 删除 Block 卡片成功

（10）修改属性

右键单击 Block 卡片，选择 Property 选项（图 2-2-49），右侧窗口展示新的属性（Property）窗口。属性窗口主要用于显示当前 Block 卡片属性的数值等信息，还可为用户提供编辑、修改 Block 参数等操作，如图 2-2-50 所示。

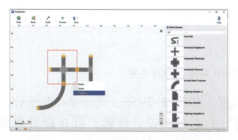
图 2-2-49 查看 Block 卡片属性

图 2-2-50 Block 属性页面

当界面文本框是灰色时，表明该项属性信息无法在属性栏进行修改；当文本框是白色时，用户可以对文本框内信息进行修改。

Free Path 卡片除常规属性外，还拥有更多的特有属性，如图 2-2-51 所示。

Free Path 的 Lane Type 属性，当前支持 7 种类型的选项，如图 2-2-52 所示。

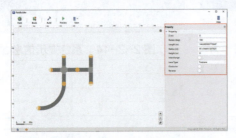

图 2-2-51　FreeLink 特有属性　　图 2-2-52　Lane Type 属性

（11）Lane Type 自动匹配

当 Free Path 主动拼接到其他 Block 卡片上时，Lane Type 属性值会根据被拼接点的道路类型，自动匹配合适的 Lane Type。图 2-2-53 所示为带有离开匝道的高速路段。

将 Free Path 拼接到匝道，则 Lane Type 自动匹配为匝道（Ramp），如图 2-2-54 所示。

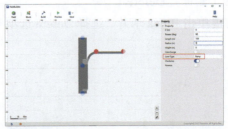

图 2-2-53　高速路段　　图 2-2-54　Free Path 拼接到匝道

将 Free Path 拼接到高速路主路（Highway），则 Lane Type 自动匹配为 Highway，如图 2-2-55 所示。

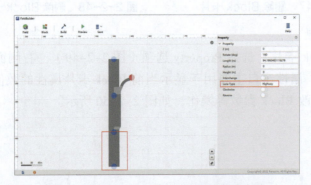

图 2-2-55　Free Path 拼接到高速主路

FieldBuilder 支持设置场地整体旋转角度，如图 2-2-56、图 2-2-57 所示。新建或加载一个已经保存的 Field，单击编辑窗口右上角的设计按键，打开设置界面，如图 2-2-58 所示。

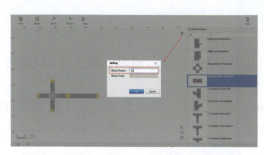
图 2-2-56　设置 Field 整体旋转角度

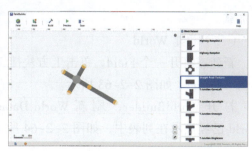
图 2-2-57　Field 整体旋转效果

（12）Field 预览

在上方快捷工具栏，单击"Preview"选项，可以预览当前 Field 效果，如图 2-2-59 所示。

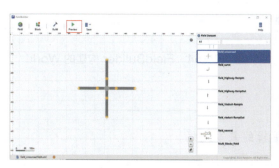
图 2-2-58　打开设置界面

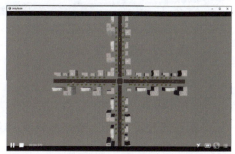
图 2-2-59　预览 Field 效果

（13）Field 保存

在上方快捷工具栏，单击 Save → Save/Save As 选项（图 2-2-60），在弹出的对话框中输入 Field 名称，单击 Confirm 保存，如图 2-2-61 所示。

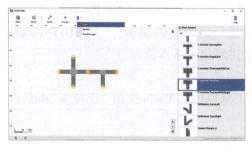
图 2-2-60　单击 Save/Save As 选项

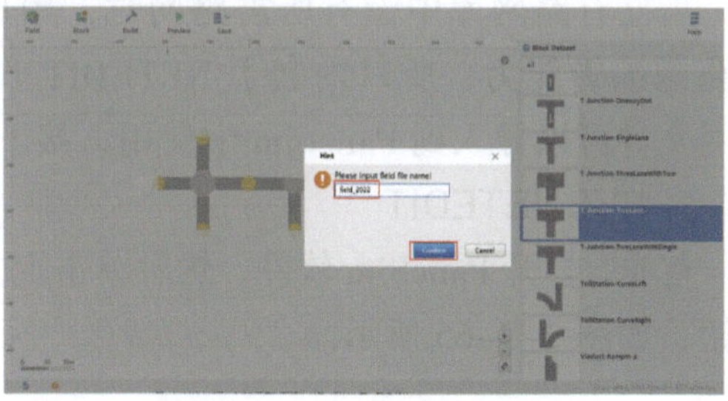

图 2-2-61　保存 Field

（14）查看并加载 Field

在上方快捷工具栏，单击"Filed"选项，右侧显示 Field Dataset 窗口。单击 Field Dataset 窗口上的刷新按键，刷新 Field 列表。图 2-2-61 保存的 Field 已经显示在 Field 列表中，如图 2-2-62 所示。

可以通过选中文件并长按拖动到窗口完成文

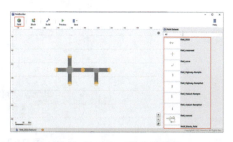
图 2-2-62　Field 列表

件加载。

（15）构建 World

新建或打开一个 Field，单击上方快捷工具栏中的"Build"选项，输入 World 名称，单击 Confirm，如图 2-2-63 所示。

打开 WorldBuilder，刷新 World Dataset，由 FieldBuilder 的 Build 功能生成的 World 已经显示在列表中，如图 2-2-64 所示。

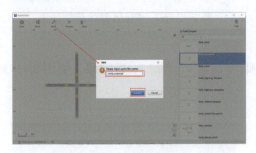

图 2-2-63　构建 World

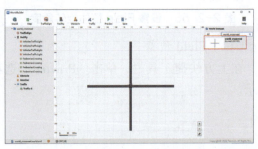

图 2-2-64　FieldBuilder 构建的 World

> **引导问题 5**
>
> 请查阅相关资料，简述路网文件编辑的基本流程。
> _____
> _____
> _____

NETEDIT 路网编辑器

当已有路网库中没有所需路网时，用户可以进行自定义。由于 PanoSim 本身并没有路网编辑能力，所以内嵌了 NETEDIT 软件进行路网文件编辑，NETEDIT 中编辑的路网文件可以导入到 PanoSim 中使用，接下来讲解相关基本流程。

1. 打开 NETEDIT

首先，打开 PanoSim 软件，然后单击上方工具栏中的 Tools 按钮，选择 WorldBuilder 按钮，如图 2-2-65 所示。

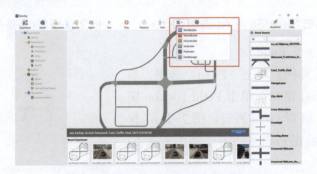

图 2-2-65　PanoSim 主界面

进入 WorldBuilder 按钮后，进入 WorldBuilder 界面（图 2-2-66），此界面可对场景相关信息进行设置。单击 MAP 地图按钮，然后单击 Creat 创建按钮，进入 NETEDIT 软件。

图 2-2-66　WorldBuilder 界面

2.创建路网

进入 NETEDIT 软件界面后，单击 File 文件按钮，选择 New Network 按钮。如图 2-2-67、图 2-2-68 所示。NETEDIT 有三种主要编辑模式，可以单击路网编辑界面上方的 Network、Demand 和 Data 进行切换。它们分别对应路网边界、交通编辑和数据编辑模式。本章我们主要关注路网边界编辑，也就是 Network 模式。

图 2-2-67　NETEDIT 初始界面　　图 2-2-68　NETEDIT 路网编辑界面

在 NETEDIT 的 Network 模式下，上方有多个重要按钮，可进行路网编辑基本操作。由于本章主要进行基本操作介绍，所以只对最重要的按钮进行介绍。若希望了解更多功能，可以参考相关软件的帮助文档。在软件上方第二排，默认放置着最常用的按钮，如图 2-2-69 所示。

图 2-2-69　Network 模式下的主要按钮

①视图重置：以整个路网的中心作为聚焦点重置视图。

②视角编辑：通过编辑数值，控制界面放大倍数、中心坐标等，如图 2-2-70 所示。用户也可以通过调节滚轮控制主界面显示的区域。

③选择和视角编辑：单击此按钮，会退出此前编辑模式，并通过左键选择希望编辑的对象。

④对象筛选：通过此按钮，可以筛选不同道路结构，如十字路口、节点、红绿灯等，如图 2-2-71 所示。单击后会进入一个界面，该界面中显示所有该类型路面结构。当路

网结构较为复杂的时候，可以使用此界面筛选相关对象。

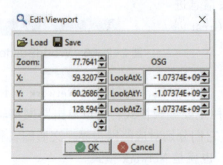

图 2-2-70　视角编辑

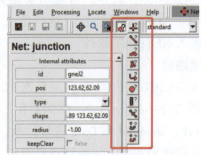

图 2-2-71　对象筛选

⑤视图模式：本按钮可以选择视图模式，包括 standard 标准模式、faster standard 快速标准模式、real world 真实模式、rail 轨道模式，如图 2-2-72 所示。一般情况下，使用默认的 standard 模式即可满足需求。

⑥颜色显示设置：单击此按钮，将进入颜色显示设置（图 2-2-73）。在此界面内，可设置背景颜色、道路颜色、车辆颜色、行人颜色、十字路口颜色等。一般情况下使用默认设置即可。

图 2-2-72　视图模式

⑦截图：单击此按钮后，会进入图片保存界面，从而保存当前界面的截图，如图 2-2-74 所示。

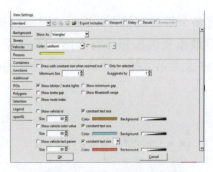

图 2-2-73　颜色显示设置

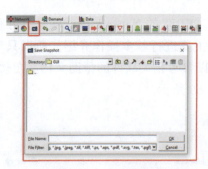

图 2-2-74　截图界面

⑧撤销操作：撤销最新操作。
⑨恢复操作：恢复最新操作。
⑩选择按钮：单击此按钮，可进入选择模式。
⑪删除：单击此按钮后，鼠标左键单击任何对象，都会将其删除。
⑫选择道路：单击此按钮后，鼠标左键单击，可选择道路。
⑬移动节点：单击此按钮后，鼠标左键按住后，可拖动节点。
⑭编辑节点：单击此按钮，可进入节点编辑模式。单击即可固定某一节点，再次单击可确定下一节点。节点总是成对确定。

⑮编辑行车路线：此按钮可用于编辑道路行驶路线，一般默认生成即可。

⑯禁止通行：本按钮可用于禁止某一路线通行车辆，一般不使用。

⑰红绿灯：单击此按钮后，鼠标左键单击某一路口，接口确定。

⑱公交车站点：设置公交车停车站点。

⑲人行道：单击本按钮并选择道路和路口后，接口生成人行道。

3. 保存 NETEDIT 路网

编辑完 NETEDIT 路网后，可单击左上角的 File 文件按钮，并选择 Save Network 按钮，保存路网，如图 2-2-75 所示。保存路径选择默认位置即可，命名尽量使用英文名称，以避免由于中文字符造成的错误，如图 2-2-76 所示。

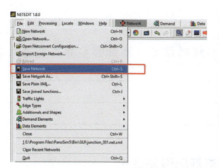 

图 2-2-75　保存路网文件　　　　图 2-2-76　为路网文件命名

4. 导入 PanoSim

保存好 NETEDIT 文件后，可单击右上角关闭按钮，关闭 NETEDIT 软件。若软件显示出是否结束路网编辑界面，如图 2-2-77 所示，当希望保存路网文件编辑结果，则单击 Save 保存；若不希望保存做出的修改，则单击 Quit 按钮。

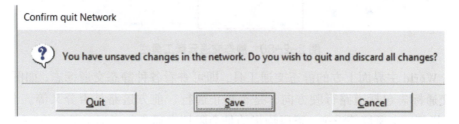

图 2-2-77　退出 NETEDIT

然后，需要在 PanoSim 软件的 WorldBuilder 中导入相关路网。单击左上角的 Map 按钮，选择 Import 按钮，开始导入路网，如图 2-2-78 所示。

图 2-2-78　导入路网

在弹出的 Hint 窗口中，选择文件浏览按钮，进入文件选择界面。选择此前建立的路网文件后，即可完成路网导入，如图 2-2-79 所示。

图 2-2-79　选择路网文件

引导问题 6

请查阅相关资料，简述 WorldBuilder 世界编辑器可以添加哪些静态交通元素。

_____

_____

_____

基于 PanoSim 的静态基础设施建模

在 WorldBuilder 世界编辑器界面的上方有 "TrafficSign"（交通标志）、"Facility"（设施）、"Obstacle"（障碍物）三个按钮，如图 2-2-80 所示。用户可以通过以上按钮在车道上添加交通标志、交通信号灯、斑马线、停车位、锥桶、护栏等多种静态交通元素，这些静态交通元素均基于世界坐标系，具体说明如下。

图 2-2-80　静态交通元素工具栏

单击 World 主界面上方的静态交通工具，即可查看各种静态交通标志，如图 2-2-81 所示。交通标志包括道路行驶方向、是否禁止通行、前方道路是否分叉等。设施指的是墙面、栏杆、交通灯等设施。障碍物指的是会阻挡交通参与者运动的物体，如减速带、锥形桶、柱子等。

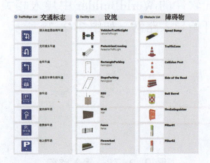

图 2-2-81　交通标志

1. TrafficSign 交通标志

用户可以通过该功能在道路上添加交通标志。PanoSim 中内置了我国常见的交通标志，如指示标志、禁止标志等，详细种类和数量参见表 2-2-2。

表 2-2-2　交通标志信息表

标志类型	警告标志	指示标志	告示标志	禁止标志	辅助标志	施工安全标志	指路标志	旅游标志	交通标志	基础标志
数量	67	28	11	55	19	7	118	16	7	10

用户可以依据需求自行设计交通标志位置信息，长按交通标志并拖动到道路上即可在道路上完成添加，如图 2-2-82 所示。

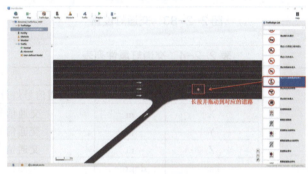

图 2-2-82　添加静态交通标志

可通过单击左边 World 模型中对应交通标志的 Property，在面板上设置交通标志属性。可调整的交通标志属性信息见表 2-2-3。

表 2-2-3　交通标志属性列表

大类	类型	单位	释义
交通标志（Traffic Sign）	X	m	交通标志 X 坐标
	Y	m	交通标志 Y 坐标
	Z	m	交通标志 Z 坐标
	Yaw	degree	交通标志横摆角
	Pitch	degree	交通标志俯仰角
	Roll	degree	交通标志侧倾角

2. Facility 设施

用户可以通过该功能在道路上添加交通设施。PanoSim 中内置的交通设施有交通信号灯、人行横道、停车位、停车栅栏、路侧单元、天花板、高架、提示类贴图以及墙体和分隔栏等。用户可以根据需求自行设计交通设施，长按交通设施并拖动到道路上即可在道路上完成添加。

（1）交通信号灯设置

单击"Facility"，将右侧栏"VehiclesTrafficLight"拖到场景中需要配置红绿灯的道路上，然后再次拖拽红绿灯到布置位置。对交通灯的位置及角度进行设置（图2-2-83），设置"Cycle Time"，单击"Select Light"后灯的颜色，在下方时间柱上滑过即可设置对应颜色的时长，交通灯属性列表见表2-2-4。

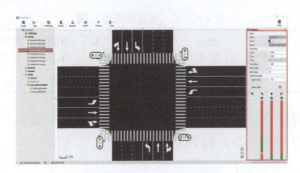

图 2-2-83　交通灯设置

表 2-2-4　交通灯属性列表

大类	子类	单位	释义
交通信号灯 （Vehicles Traffic Light）	Timer	—	交通信号灯计时器可视化开关
	X	m	交通信号灯 X 坐标
	Y	m	交通信号灯 Y 坐标
	Z	m	交通信号灯 Z 坐标
	Yaw	degree	交通信号灯横摆角
	Pitch	degree	交通信号灯俯仰角
	Roll	degree	交通信号灯侧倾角
	CycleTime	s	交通信号灯周期时间

（2）人行横道设置（图2-2-84）

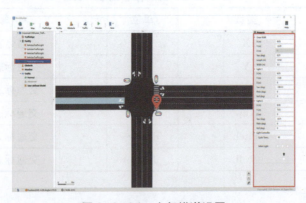

图 2-2-84　人行横道设置

单击"Facility"，将右侧栏"PedestrianCrossing"拖到场景中，布置方法与"VehiclesTrafficLight"布置方法相似，分两次拖拽 Crossing 两端分别布置其位置。对 Cross Walk/Light-1/Light-2 的位置及角度进行设置，设置"Cycle Time"，单击"Select Light"后灯的颜色，在下方时间柱上滑过即可设置对应颜色的时长，人行横道属性列表见表2-2-5。

表 2-2-5　人行横道属性列表

大类	子类	单位	释义
人行横道（Pedestrian Crossing）	X（Cross Walk）	m	人行横道 X 坐标
	Y（Cross Walk）	m	人行横道 Y 坐标
	Z（Cross Walk）	m	人行横道 Z 坐标
	Yaw（CrossWalk）	degree	人行横道横摆角
	Length	m	人行横道长度
	Width	m	人行横道宽度
	X（Light）	m	人行道信号灯 X 坐标
	Y（Light）	m	人行道信号灯 Y 坐标
	Z（Light）	m	人行道信号灯 Z 坐标
	Yaw（Light）	degree	人行道信号灯横摆角
	Pitch	degree	人行道信号灯俯仰角
	Roll	degree	人行道信号灯侧倾角
	CycleTime	s	人行道信号灯周期时间

（3）停车位设置

单击"Facility"，将右侧栏"RectangleParking"或者"SlopeParking"拖到场景中，可以对其线型、摆放位置、摆放角度、尺寸大小、车位线颜色进行设置，如图2-2-85所示。停车位属性列表见表2-2-6。

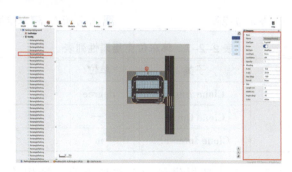

图 2-2-85　停车位设置

表 2-2-6　停车位属性列表

大类	子类	单位	释义
停车位（Parking）	LineType	—	停车位线形
	Arrow	—	停车位箭头
	BarType	—	停车限位
	LockType	—	停车位地锁
	LockStatus	—	停车位地锁状态
	Opacity	—	停车位透明度

（续）

大类	子类	单位	释义
停车位（Parking）	X	m	停车位 X 坐标
	Y	m	停车位 Y 坐标
	Yaw	degree	停车位 Yaw
	Permit	—	停车位限制属性（专属停车位）
	Length	m	停车位长度
	Width	m	停车位宽度
	Angle	degree	停车位角度
	Color	—	停车位颜色

按住 Ctrl 键的同时单击垂直停车位，可以实现自动对齐东南西北正方向的道路。右键单击场景中的停车位，选择"Clone"，可以设置"Clone Angle""Clone Count"和"Clone Interval"，如图 2-2-86、图 2-2-87 所示。停车位克隆属性列表见表 2-2-7。

图 2-2-86　停车位克隆　　　　　　　图 2-2-87　停车位克隆设置

表 2-2-7　停车位克隆属性列表

大类	子类	单位	释义
停车位克隆（Parking spot clone）	Clone Angle	degree	停车位复制角度
	Clone Count	—	停车位复制个数
	Clone Interval	m	停车位复制间隔

PanoSim 的"World"功能中还提供了地上与地下停车场相关地图 ParkingBuilding（停车场）和 ParkingUnderground（地下停车场）的轨迹视角，如图 2-2-88、图 2-2-89 所示。

图 2-2-88　地下停车场轨迹视角　　　　图 2-2-89　地上停车场轨迹视角

（4）路测设备设置

单击"Facility"，将右侧栏"RSU"拖到场景中，可以对其摆放位置、摆放角度、探测范围和探测角度进行设置，如图2-2-90所示。路测单元属性列表见表2-2-8。

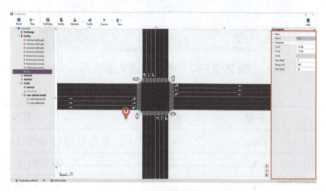

图2-2-90　路测单元设置

表2-2-8　路测单元属性列表

大类	子类	单位	释义
路测装置 （RSU）	X	m	路测装置 X 坐标
	Y	m	路测装置 Y 坐标
	Z	m	路测装置 Z 坐标
	Yaw	degree	路测装置 Yaw
	Range	m	路测装置探测范围
	FOV	degree	路测装置探测视角

（5）停车栏栅设置

单击"Facility"，将右侧栏"ParkingBarrir"拖到场景中，布置方法与"VehiclesTrafficLight"布置方法相同。对停车栏栅的位置及角度进行设置，设置"Cycle Time"，单击"Select Light"后灯的颜色，在下方时间柱上滑过即可设置对应颜色的时长，如图2-2-91、图2-2-92所示。停车栏栅属性列表见表2-2-9。

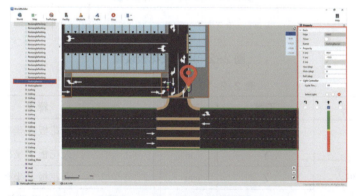

图2-2-91　停车栏栅设置

图 2-2-92　停车栏栅轨迹视角

表 2-2-9　停车栏栅属性列表

大类	子类	单位	释义
停车栏栅 （ParkingBarrir）	Timer	—	停车栏栅信号灯计时器可视化开关
	X	m	停车栏栅 X 坐标
	Y	m	停车栏栅 Y 坐标
	Z	m	停车栏栅 Z 坐标
	Yaw	degree	停车栏栅横摆角
	Pitch	degree	停车栏栅俯仰角
	Roll	degree	停车栏栅侧倾角
	CycleTime	s	停车栏栅信号灯周期时间

（6）天花板设置

单击"Facility"，将右侧栏"Ceiling_Floor"拖到场景中，布置方法与"PedestrianCrossing"布置方法类似。可以对其摆放位置、摆放角度、尺寸大小、高度和纹理材质进行设置，如图 2-2-93 所示。天花板属性列表见表 2-2-10。

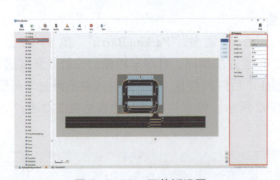

图 2-2-93　天花板设置

表 2-2-10　天花板属性列表

大类	子类	单位	释义
天花板 （Ceiling_Floor）	X	m	天花板 X 坐标
	Y	m	天花板 Y 坐标
	Z	m	天花板 Z 坐标
	Width	m	天花板宽度

（续）

大类	子类	单位	释义
天花板 （Ceiling_Floor）	Length	m	天花板长度
	Height	m	天花板宽度
	Yaw	degree	天花板横摆角
	FloorTexture	—	天花板材质

（7）天桥设置

单击"MAP"按钮会弹出两个选项："Create""Import"，然后单击"Create"打开 NETEDIT，路网编辑器 NETEDIT 使用方法参见 https://sumo.dlr.de/docs/Netedit/index.html。

NETEDIT 道路结构海拔设置如图 2-2-94 所示，简要步骤如下。

①单击节点元素设置。

②单击海拔设置。

③单击节点向上向下拖动鼠标设置海拔。

单击"MAP"按钮会弹出两个选项："Create"和"Import"，然后单击"Import"打开导入修改后的路网地图，重新命名，勾选 Elevation，如图 2-2-95 所示。

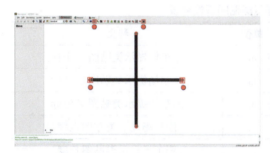

图 2-2-94　NETEDIT 道路结构海拔设置　　图 2-2-95　导入海拔属性的路网地图

将右侧栏"Interchange"分别拖到提高海拔的道路方向两侧，如图 2-2-96 所示。

右键单击左侧栏树状目录文件名，选择"Generate Heightmap"并左键单击，完成高架地图生成，如图 2-2-97 所示。

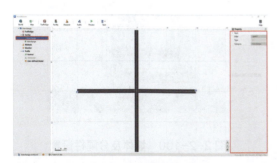
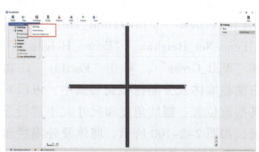

图 2-2-96　天桥位置设置　　图 2-2-97　天桥地图生成设置

单击"Run"运行高架场景文件,用"Interchange"设置在 Unity 中显示的"Tracking View"视角效果。

(8)停车场提示类贴图设置

停车场提示类贴图包括限速限高贴图、出口贴图、行驶方向提示贴图和禁止区域贴图,如图 2-2-98 所示。

单击"Facility",将右侧栏停车场提示类贴图拖到场景中,可以对其摆放位置、摆放角度和尺寸大小进行设置,如图 2-2-99 所示。停车场提示类贴图属性列表见表 2-2-11。

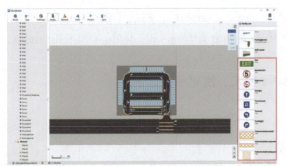

图 2-2-98　停车场提示类贴图　　　　图 2-2-99　停车场提示类贴图设置

表 2-2-11　停车场提示类贴图属性列表

大类	子类	单位	释义
停车场提示类贴图	X	m	停车场提示类贴图 X 坐标
	Y	m	停车场提示类贴图 Y 坐标
	Z	m	停车场提示类贴图 Z 坐标
	Width	m	停车场提示类贴图宽度
	Length	m	停车场提示类贴图长度
	Yaw	degree	停车场提示类贴图横摆角
	Pitch	degree	停车场提示类贴图俯仰角

(9)墙体及分隔栏设置

墙体及分隔栏包括"Wall""Fence""Flowerbed""Flowerbed_Heighway""FenceNet_Heighway""Fence_Heighway"和"Wall_Green"。单击"Facility",将右侧栏墙体及分隔栏拖到场景中,可以对其摆放位置、摆放角度和尺寸大小进行设置,如图 2-2-100 所示。墙体及分隔栏属性列表见表 2-2-12。

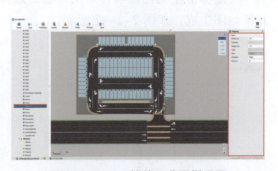

图 2-2-100　墙体及分隔栏设置

表 2-2-12 墙体及分隔栏属性列表

大类	子类	单位	释义
墙体及分隔栏	X	m	墙体及分隔栏 X 坐标
	Y	m	墙体及分隔栏 Y 坐标
	Z	m	墙体及分隔栏 Z 坐标
	Width	m	墙体及分隔栏宽度
	Length	m	墙体及分隔栏长度
	Height	m	墙体及分隔栏高度
	Yaw	degree	墙体及分隔栏横摆角

3. Obstacle 静态障碍物

用户可以通过该功能在道路上添加静态障碍物。目前，PanoSim 中内置包括锥桶、护栏、减速带等静态障碍物。用户可以根据需求选用静态障碍物，并长按将其拖动到道路上即可完成添加。

任务分组

学生任务分配表见表 2-2-13。

表 2-2-13 学生任务分配表

班级		组号		指导老师	
组长		学号			
组员角色分配					
信息员		学号			
操作员		学号			
记录员		学号			
安全员		学号			
任务分工					
（就组织讨论、工具准备、数据采集、数据记录、安全监督、成果展示等工作内容进行任务分工）					

工作计划

根据前面所了解的知识内容和小组内部讨论的结果，制定工作方案，落实各项工作负责人，如任务实施前的准备工作、实施中主要操作及协助支持工作、实施过程中相关要点及数据的记录工作等，见表 2-2-14。

表 2-2-14 工作计划表

步骤	工作内容	负责人
1		
2		
3		
4		
5		
6		
7		
8		

进行决策

1）各组派代表阐述资料查询结果。
2）各组就各自的查询结果进行交流，并分享技巧。
3）教师对各组的计划方案进行点评。
4）各组长对组内成员进行任务分工，教师确认分工是否合理。

任务实施

引导问题 7

扫描二维码观看视频，了解如何进行此次实训，并简述操作要点。

_____
_____
_____

参考操作视频，按照规范作业要求完成操作步骤，完成数据采集并记录。实训准备见表 2-2-15。

表 2-2-15 实训准备

序号	设备及工具名称	数量	设备及工具是否完好
1	计算机	1 台	□是 □否
2	实训工作页	1 本	□是 □否
3	笔	1 支	□是 □否
质检意见	原因：		□是 □否

基于 FieldBuilder 的场地创建实验

请基于 FieldBuilder 创建任意 Field。

基于 NETEDIT 的路网创建实验

根据指导，使用 NETEDIT 创建路网，并导入 PanoSim 中。

1）进入 PanoSim 主界面，并单击 Tools 中的 WorldBuilder 按钮，进入世界编辑器界面，如图 2-2-101 所示。

图 2-2-101　PanoSim 主界面进入 WorldBuilder 界面

2）进入 WorldBuilder 界面后，单击 Create 创建按钮，进入 NETEDIT 路网编辑软件界面，如图 2-2-102 所示。

图 2-2-102　进入 NETEDIT 界面

3）进入 NETEDIT 软件主界面后，单击 File 文件按钮（图 2-2-103），选择 New Network 新路网，进入 Network 界面（图 2-2-104）。

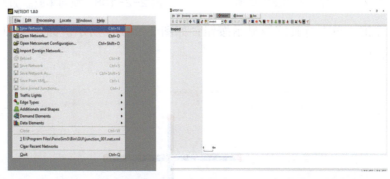

图 2-2-103　进入 File 文件界面　　图 2-2-104　Network 界面

4）单击节点按钮，鼠标左键变为节点，并使用左键绘制如图 2-2-105 所示五个节点。相同的节点重复单击，会自动合并节点。

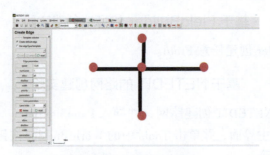

图 2-2-105　节点确定

5）单击上方第二排的道路选择按钮。选择后，可以使用鼠标左键选择道路或节点，也可直接选择道路选择按钮（图 2-2-106）。

图 2-2-106　道路选择按钮

6）鼠标左键，选择四个 edge 边后，在任意一条边上，鼠标左键。选择 edge operations 边界操作后，选择 Add reverse direction for 4 edges 为所选择的边添加反向车道，如图 2-2-107 所示。在进行左键选择时，被选中的对象都会显示为蓝色，再次单击，会取消选择，变回黑色，如图 2-2-108 所示。

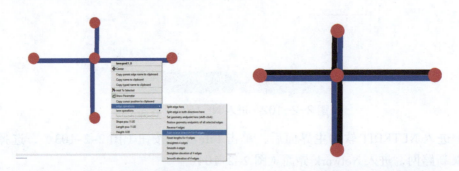

图 2-2-107　添加反向车道　　　　图 2-2-108　反向车道添加完成

7）鼠标左键，单击行驶路线显示按钮，如图 2-2-109 所示。路网中的交叉口会自动发生路网合并。

图 2-2-109　显示行驶方向

8）鼠标左键，单击红绿灯按钮。左侧会弹出交通灯编辑界面，如图 2-2-110 所示。单击 Create 按钮后，道路中间会自动生成带有多个颜色的路线，如图 2-2-111 所示。在左侧的红绿灯属性界面，可以设置交通灯相位，如图 2-2-112 所示。本案例中对交通灯不做修改。

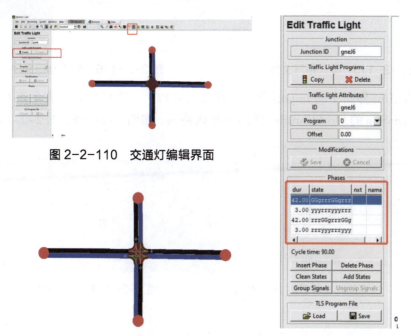

图 2-2-110　交通灯编辑界面

图 2-2-111　添加交通灯后　　　图 2-2-112　设置交通灯相位

9）单击左上角 File 文件按钮，单击 Save Network as 按钮（图 2-2-113），保存路网文件。此处路网名称为 junction_001，如图 2-2-114 所示。保存之后，单击右上角的关闭按钮，关闭 NETEDIT 软件。

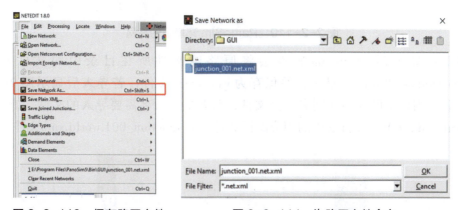

图 2-2-113　保存路网文件　　　图 2-2-114　为路网文件命名

10）将路网导入 PanoSim 中。单击 PanoSim 软件的 Worldbuilder 界面中的 Map 按钮，单击 Import 按钮，导入和选择此前保存的路网文件，如图 2-2-115、图 2-2-116 所示。

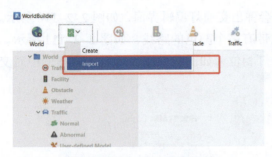

图 2-2-115　导入路网文件

图 2-2-116　选择路网文件

11）单击 Hint 界面中的 Import 界面（图 2-2-117），完成导入。若单击 Open，打开，则会在 PanoSim 的 WorldBuilder 界面打开该路网，如图 2-2-118、图 2-2-119 所示。

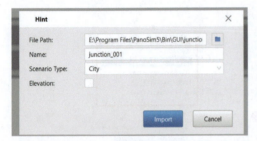

图 2-2-117　选择路网文件后的 Hint 界面

图 2-2-118　导入成功

图 2-2-119　PainoSim 环境下的路网

注意：导入后，PanoSim 软件会将原路网文件所在目录中的文件复制到 PanoSimDatabase\World 目录中，并保存为 world.xml 文件，若导入后显示图 2-2-120 所示信息，则说明已经存在同名路网文件，需要重新命名需要导入的文件，或者删除 PanoSimDatabase\World 目录中的相应路网文件，如 junction_001.world.xml 文件。

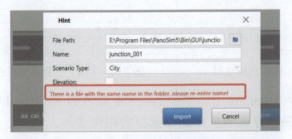

图 2-2-120　已有同名路网文件时会显示的警告信息

基于 PanoSim 的静态场景元素仿真实验

1）打开 PanoSim 软件，单击上方 Tools 按钮，选择 WorldBuilder，如图 2-2-121 所示。

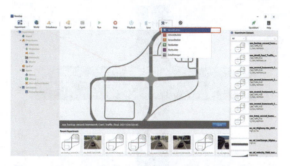

图 2-2-121　打开 WorldBuilder

2）单击 World Data 世界数据库栏中的 Crossroad 环境模板（图 2-2-122），拖拉到主界面中。打开后的十字路口模板如图 2-2-123 所示。也可通过单击 Open 按钮打开世界模板。

注意：只有第一次选择世界模板的时候会显示预览图片。当不显示预览时，直接拖拉右侧地图模板到主界面即可。

 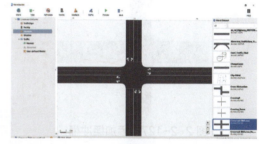

图 2-2-122　选择 Crossroad 环境模板　　　图 2-2-123　打开后的十字路口模板

3）选择上方 TrafficSign 按钮，会在右侧看到 TrafficSign List 交通标志列表。选择"允许掉头车道"，拖拉到右侧车道中间位置，如图 2-2-124 所示。添加完成后，选择该标志，可以在右侧看到相关信息。将 Yaw 标志牌角度修改为 90°，如图 2-2-125 所示。

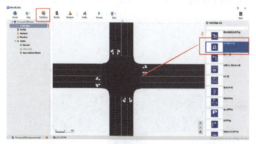 

图 2-2-124　添加选择允许掉头车道标志　　　图 2-2-125　交通标志属性

4）添加交通灯。单击 Facility 设施按钮，右侧会显示 Facility List 设施列表。鼠标左键拖拉 VehiclesTrafficLight 车辆交通灯到右侧车道上方车道交叉口处，如图 2-2-126

所示。如果自动选择的位置不准确，则鼠标左键单击交通灯蓝线位置点进行移动。

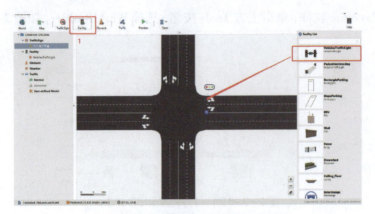

图 2-2-126　添加交通灯

5）添加缓冲桶。单击上侧的 Obstacle 障碍物按钮，鼠标左键单击 Bull Barrel 缓冲桶，拖拉到图 2-2-127 所示位置。本实验中添加了三个。添加完成后，单击左侧项目列表中 Obstacle 中的 Bull Barrel，可在地图中看到相应缓冲桶的位置，如图 2-2-128 所示。

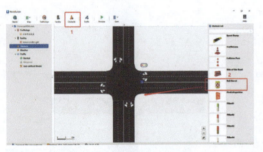 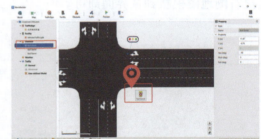

图 2-2-127　添加缓冲桶　　　　　　图 2-2-128　查看缓冲桶的位置

6）设置天气。本实验中主要设置降雨。选择左侧项目栏中的 Weather 天气。在右侧会显示天气属性栏，单击 Precipitation 降水中的第一个 Type 类型选项，选择 Rain 降雨，如图 2-2-129 所示。

7）设置正常交通。单击左侧项目栏中 Traffic 交通下的 Normal 正常交通。右侧会显示正常交通属性栏，如图 2-2-130 所示。将 Seed 种子设置为 5；将 Vehicle Density 车辆密度设置为 10。

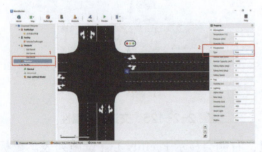 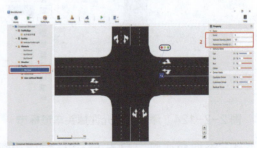

图 2-2-129　设置天气　　　　　　图 2-2-130　设置正常交通

8）保存交通环境。单击界面上方的 Save 按钮，选择 Save As 保存为，如图 2-2-131 所示。软件会在原来世界模板的名称后面添加修改时间，作为默认的新文件名称，该名称可以自由修改，如图 2-2-132 所示。但不建议使用中文名称。

图 2-2-131　保存交通环境　　　　　　图 2-2-132　为新交通环境命名

9）预览。单击 Preview 预览按钮，即可预览当前设置的交通环境，如图 2-2-133 所示。在预览的虚拟环境中可以看到此前添加的交通灯、掉头标志、缓冲桶，如图 2-2-134 所示。

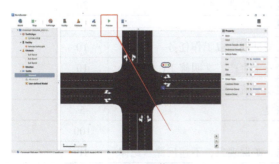 

图 2-2-133　预览设置　　　　　　　　图 2-2-134　逼真的交通环境

10）载入建立的交通环境。关闭 WorldBuilder 世界编辑器后，再次打开，即可在右侧看到此前建立的交通环境（图 2-2-135）。将其拖拉到主界面，即可完成该交通环境世界的加载。

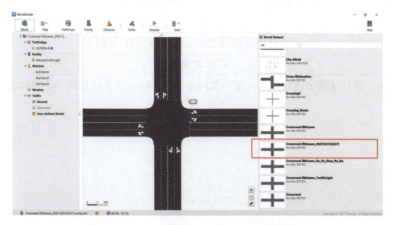

图 2-2-135　重新加载建立的新交通环境

评价反馈

1)各组代表展示汇报 PPT,介绍任务的完成过程。

2)请以小组为单位,对各组的操作过程与操作结果进行自评和互评,并将结果填入表 2-2-16 中的小组评价部分。

3)教师对学生工作过程与工作结果进行评价,并将评价结果填入表 2-2-16 中的教师评价部分。

表 2-2-16 综合评价表

班级		组别		姓名		学号	
实训任务							
评价项目		评价标准			分值		得分
小组评价	计划决策	制定的工作方案合理可行,小组成员分工明确			10		
	任务实施	能够正确检查并设置实训工位			5		
		能够准备和规范使用工具设备			5		
		能够正确创建路网文件并保存			20		
		能够正确完成静态场景元素仿真实验			20		
		能够规范填写任务工单			10		
	任务达成	能按照工作方案操作,按计划完成工作任务			10		
	工作态度	认真严谨、积极主动,安全生产,文明施工			10		
	团队合作	小组组员积极配合、主动交流、协调工作			5		
	6S 管理	完成竣工检验、现场恢复			5		
		小计			100		
教师评价	实训纪律	不出现无故迟到、早退、旷课现象,不违反课堂纪律			10		
	方案实施	严格按照工作方案完成任务实施			20		
	团队协作	任务实施过程互相配合,协作度高			20		
	工作质量	能准确完成实训任务			20		
	工作规范	操作规范,三不落地,无意外事故发生			10		
	汇报展示	能准确表达、总结到位、改进措施可行			20		
		小计			100		
综合评分		小组评价分 ×50%+ 教师评价分 ×50%					
总结与反思							
(如:学习过程中遇到什么问题→如何解决的 / 解决不了的原因→心得体会)							

任务三　动态元素仿真之车辆动力学建模

学习目标

➢ 知识目标

- 掌握车辆动力学的基本概念。
- 了解车辆动力学对于智能网联汽车仿真的重要性。
- 了解车辆动力学模型的建立方法。

➢ 技能目标

- 能够在没有指导的情况下正确建立简单的车辆动力学模型。
- 能够根据指导正确使用复杂的车辆动力学模型。

➢ 素养目标

- 了解车辆动力学模型，提升学习新知识的能力。
- 用自己的语言总结相关理论知识，培养观点表达能力。
- 养成定期反思与总结的习惯，改进不足，精益求精。

知识索引

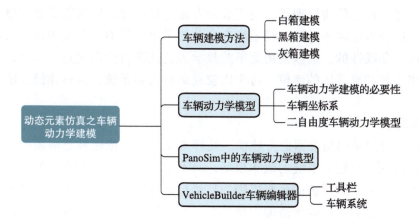

情境导入

　　车辆动力学建模是汽车理论基础知识，也是智能网联汽车开发测试的核心之一。准确的车辆动力学模型能够有效模拟真实车辆，减少实车实验投入，节约研发和测试成本。作为仿真或测试工程师，你需要学会利用车辆动力学知识解决智能网联汽车仿真中的每个车辆的动力学仿真问题，理解智能驾驶仿真软件中的那些车辆为什么可以逼真地行驶。

获取信息

引导问题 1

请查阅相关资料，简述三种建模方式的特点。

_____

_____

车辆建模方法

车辆建模的最终目的是获得各系统的数学描述，该描述既需要考虑系统特性相关方面的研究，也要考虑系统组件之间的相互影响。一方面，系统越复杂，其行为的建模难度越大。对于同一个系统，考虑的细节越多，所得模型的仿真精度越高。另一方面，复杂模型常常需要使用复杂的非线性方程进行描述，因此需要较多的计算资源。而且系统相关参数越多，所得模型会越复杂。

根据对系统运行原理的显性表达程度可以将建模方法分为白箱建模、黑箱建模和灰箱建模。

1. 白箱建模

白箱建模或理论建模指的是利用数学表达式进行机理建模。其特点是通过分析系统的结构特点和运行规律，运用已知的物理定律、定理或原理，如力学原理、牛顿定理、能量平衡方程、传热传质原理等，使用数学方法进行推导，使用数学公式建立的系统数学模型。这种方法需要对被建模系统有充分的了解。然而，现实中被建模的系统常常是高维度、非线性的，难以使用简单的数学表达式进行全面表达。因此，白箱建模一般只能用于较简单系统的建模。对于比较复杂的实际系统，这种建模方法实施较为困难。

2. 黑箱建模

黑箱建模指的是利用数据进行建模。其特点就是完全依赖被建模系统的输入和输出数据所提供的信息建立系统的数学模型，而不是其真实物理意义模型。这种方法的优点是不需要彻底了解系统的运行机理，且运行速度一般较快。但是，这种方法要求设计一个合理的实验以获取所需的大量信息。对于复杂系统，这种实验的设计是较为困难的。此外，对于黑箱模型，当输入数据不在此前建模的数据范围之内时，可能无法获得正确的输出。

3. 灰箱建模

考虑到白箱建模和黑箱建模的优缺点，在实际研究中，往往将两种建模方法相结合，机理已知部分（名义模型）采用白箱建模，机理未知部分采用黑箱建模，这种建模方法就是灰箱建模。这种建模方法的实现比一味追求从结构特点和运行规律出发建立机理模型的白箱建模要容易，也比只依赖数据的黑箱建模在可靠性、精度以及实际的利用价值等方面都要高很多。

车辆动力学建模的主要方法是使用数学方程表达车辆行驶原理，属于白箱模型。

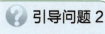 **引导问题 2**

请查阅相关资料，简述自由度的定义与其数量对车辆动力学模型的影响。

_____
_____
_____

车辆动力学模型

1. 车辆动力学建模的必要性

力学主要研究作用于物体的力与物体运动的关系。车辆动力学是车辆力学的一个重要分支，主要分析车辆在道路上行驶过程中的运动行为和受力情况。车辆动力学模型在 20 世纪已经相对成熟，并运用在了车辆设计和测试中。人们运用复杂车辆数学模型来仿真、开发车辆系统，在车辆动态控制系统的研发过程中就用到了车辆数学模型。

随着车辆技术的不断成熟，人们对车辆各个子系统的认知程度也在不断加深，车辆动力学建模精度也在不断提升。汽车市场日益激烈的竞争迫使生产商和供应商在研发阶段通过采用替代模型、模拟测试和虚拟样机等方法控制成本。车辆动力学模型的应用可以在研发初期进行大量测试工作，如测试制动系统的控制算法。

车辆动力学建模精度提升的另一个原因可以归结为不断嵌入车辆系统中的新技术。通过集成来自不同技术领域的软硬件技术，车辆的品质也在不断提升。但是，随着车辆系统变得越来越复杂，需要进行的测试工作也越来越多。这些系统中许多是机电一体化系统，其功能和产品价值的增加不仅基于机械、电气、电子组件及子系统在功能和硬件上的组合，还基于其各自的操作系统和功能软件。设计和测试复杂系统需要高标准的设计和程序测试方法，这就要用到建模和仿真技术。

建立的模型应尽可能真实地描述真实车辆的动态特性。尽管物理规律对于机动车与非机动车都是统一的，但是车辆动力学主要研究机动车及其子系统，如转向系统、传动系统、轮胎系统等。简言之，车辆动力学模型是通过理论分析和抽象，建立整车、发动机、行驶系统、传动系统、悬架系统、路面与车轮相互作用等的模型方案。为了实现这一点，模型必须满足以下条件。

1）整车及其子系统的空间动力学和运动学。

2）车辆悬架的非线性运动学。

3）力元素的非线性及动态表达。

4）轮胎动态受力分析。

力学系统中，自由度指的是力学系统的独立坐标的个数。车辆动力学模型的自由度越高，说明其可描述的物理特性越多，结构越复杂，所得结果也越接近实际车辆。例如，2 自由度车辆动力学模型只考虑车身的横向平动和横摆转动。对于 7 自由度整车模型，其主要研究悬架特征，涉及车身绕着 X、Y、Z 轴的转动和四个轮胎的 Z 方向运动，如图 2-3-1 所示。

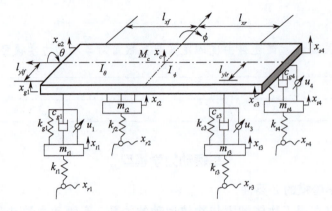

图 2-3-1　7 自由度车辆动力学模型

为了保证所得的车辆动力学模型可以用于实时计算，仿真模型必须能够在硬件闭环测试台和驾驶模拟器中加载，只有这样才能保证计算机可以在一定时间内根据输入数据，快速计算得到输出数据。根据不同任务，可采用不同复杂程度的车辆模型。

1）线性单轨道模型（自由度 =2）。
2）非线性单轨道模型（自由度 =3~7）。
3）双轨道模型（自由度 =14~30）。
4）复杂多体系统模型（自由度 >20）。
5）有限元模型（自由度 >500）。
6）混合模型（自由度 >500）。

一个完整的车辆动力学模型一般由底盘、传动、悬架、车轮、制动和转向等子系统组成。模型的输入包括制动踏板与加速踏板的位置、转向盘的角度。对于较为复杂的车辆动力学模型，还需要考虑空气动力学特征，道路坡度和路面不平度。二自由度车辆动力学模型虽然只有两个自由度，但是其已经具备车辆运动的基本特征。下面将对简单的二自由度车辆动力学模型进行讲解。

2. 车辆坐标系

在车辆动力学中，为了更好地描述车辆的运动，需要建立一个基于车辆的局部坐标系。车辆坐标系的原点常常定义为车辆的质心，或者后轴中点，如图 2-3-2 所示。Yaw 为横摆角，Roll 为侧倾滚角，Pitch 为俯仰角。一般称 x 方向为纵向，y 方向为横向，z 为垂向。

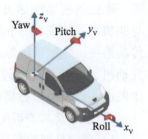

图 2-3-2　车辆坐标系

3. 二自由度车辆动力学模型

二自由度车辆动力学模型的两个自由度指的是横向上 y 轴的运动和绕 z 轴的转动，忽略了纵向 x 轴的运动。二自由度车辆动力学模型忽略车辆悬架，将整车简化为两个轮子，并假设轮胎的侧偏特性是线性的；车辆所受空气阻力只会对车身坐标系 x 轴方向上的运动有影响，y 轴方向和沿着 z 轴的旋转不会受到空气动力的影响；车辆在二维平面中运动，也就是在 z 轴方向上无速度。图 2-3-3 为二自由度车辆动力学模型简图。

（1）轮胎侧偏特性

轮胎侧偏力 F_2 是路面的侧向倾斜、侧向风或曲线运动时的向心力等造成的，如图 2-3-4 所示。当汽车的侧向加速度小于 4m/s^2 时，轮胎的侧偏特性接近于线性。因此

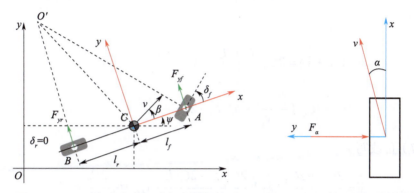

图 2-3-3 二自由度车辆动力学模型简图   图 2-3-4 轮胎侧偏特性简图

$$F_\alpha = C\alpha$$

式中，F_α 为侧偏力；α 为侧偏；C 为侧偏刚度。

方向方面，将轮胎侧偏刚度定为负数，侧偏角在轮胎坐标 x 轴的左侧为正。

（2）动力学方程

以下将涉及较为复杂的数学推导，由于动力学相关公式涉及的内容难度较大，以下内容仅供感兴趣的学生研读。

根据动力学知识，建立方程

$$\begin{aligned} ma_y &= F_{\alpha_r} + F_{\alpha_f}\cos(\delta) \\ I\ddot{\psi} &= F_{\alpha_f}l_f\cos(\delta) - F_{\alpha_r}l_r \end{aligned} \tag{1}$$

根据前后轮胎的侧偏特性可得

$$F_\alpha = 2C\alpha \tag{2}$$

因此，可将式（2）代入式（1）中，可得

$$\begin{aligned} ma_y &= 2C_{\alpha_r}\alpha_r + 2C_{\alpha_f}\alpha_f\cos(\delta) \\ I\ddot{\psi} &= 2C_{\alpha_f}\alpha_f l_f\cos(\delta) - 2C_{\alpha_r}\alpha_r l_r \end{aligned} \tag{3}$$

根据数学知识可知，当前轮转角 δ_f 很小时，以下公式成立

$$\begin{aligned} \cos(\delta_f) &\approx 1 \\ \sin(\delta_f) &\approx \delta_f \end{aligned} \tag{4}$$

因此，式（3）可简化为

$$\begin{aligned} ma_y &= 2C_{\alpha_r}\alpha_r + 2C_{\alpha_f}\alpha_f \\ I\ddot{\psi} &= 2C_{\alpha_f}\alpha_f l_f - 2C_{\alpha_r}\alpha_r l_r \end{aligned} \tag{5}$$

结合三角函数关系以及运动学知识，可将式（5）写为

$$m(v_x\dot{\psi}+\ddot{y}) = 2C_{a_r}\frac{\dot{y}-\dot{\psi}l_r}{v_x} - 2C_{a_f}(\frac{\dot{\psi}l_f-\dot{y}}{v_x}-\delta_f)$$
$$I\dot{\psi} = 2C_{a_f}(\frac{\dot{\psi}l_f-\dot{y}}{v_x}-\delta_f)l_f - 2C_{a_r}\frac{\dot{y}-\dot{\psi}l_r}{v_x}l_r \quad (6)$$

化简为

$$m(v_x\dot{\psi}+\ddot{y}) = 2C_{a_r}\frac{\dot{y}-\dot{\psi}l_r}{v_x} - 2C_{a_f}(\frac{\dot{\psi}l_f-\dot{y}}{v_x}-\delta_f)$$
$$I\ddot{\psi} = 2C_{a_f}(\frac{\dot{\psi}l_f-\dot{y}}{v_x}-\delta_f)l_f - 2C_{a_r}\frac{\dot{y}-\dot{\psi}l_r}{v_x}l_r \quad (7)$$

式（7）可改写为

$$\ddot{y} = \frac{2C_{a_r}+2C_{a_f}}{mv_x}\dot{y} + \left(\frac{2C_{a_f}l_f - 2C_{a_r}l_r}{mv_x} - v_x\right)\dot{\psi} - \frac{2C_{a_f}}{m}\delta_f$$
$$\ddot{\psi} = \frac{2C_{a_f}l_f - 2C_{a_r}l_r}{Iv_x}\dot{y} + \frac{2C_{a_r}l_r^2 + 2C_{a_f}l_f^2}{Iv_x}\dot{\psi} - \frac{2C_{a_f}l_f}{I}\delta_f \quad (8)$$

通过以上公式即可得出车辆横向位移 y、横向速度 $\dot{y}$、航向角 ψ、航向角速度 $\dot{\psi}$ 与纵向速度 v_x、质量 m、侧偏刚度 C 等参数之间的关系。根据式（8）可通过计算每个步长车辆的横纵向运动情况，更新其位置、速度、加速度等参数。从而实现逼真的车辆动力学仿真。

引导问题 3

请查阅相关资料，简述 PanoSim 中的车辆动力学建模涉及整车的哪些部分。
_____
_____
_____

PanoSim 中的车辆动力学模型

PanoSim 车辆动力学为 27 自由度的高置信度车辆动力学仿真软件，是充分考虑了车身、动力传动、悬架、转向、制动、轮胎的整车基础架构的车辆动力学建模，包含车身 6 个自由度、车轮上跳 4 个自由度、车轮旋转 4 个自由度、轮胎纵滑 4 个自由度、轮胎侧偏 4 个自由度、轮缸压力 4 个自由度、动力传动 1 个自由度。PanoSim 车辆动力学开放了丰富的输入、输出接口，为 ADAS 算法或电控算法开发提供载体，目前支持 34 个输入控制信号接口及其对应的使能接口，228 个状态变量输出接口。PanoSim 车辆动力学模型的 Simulink 模型如图 2-3-5 所示。

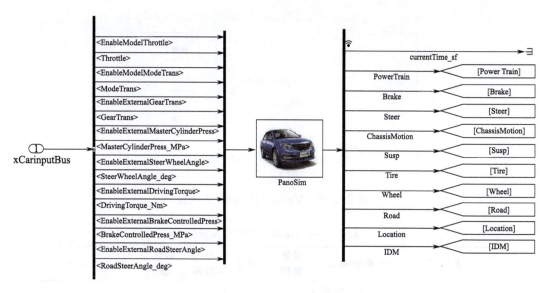

图 2-3-5　Simulink 模型

车辆动力学控制输入接口包括节气门（Throttle）、变速器档位（Mode Trans）、制动主缸压力（MasterCylinderPress_MPa）、转向盘转角（Steer）及其分别对应的使能信号输入。另外，为支持线控底盘开发，模型目前支持车轮转向、轮边驱动和轮缸压力控制接口及其使能开关。它的输出接口分类为 8 个子系统，分别是动力总成、制动系统、转向系统、簧上质量运动、悬架、轮胎、轮轴、路面。

车辆动力学输入、输出接口的名称及其属性分别列于表 2-3-1 与表 2-3-2 中，表中的"—"表示状态变量计算范围需根据车辆行驶行为确定，比如极限驾驶翻车后，相关变量值可能出现数值异常。

> **引导问题 4**
>
> 请查阅相关资料，简述 VehicleBuilder 车辆编辑器的作用。
> _____
> _____
> _____

VehicleBuilder 车辆编辑器

为了方便用户使用，PanoSim 软件已经对车辆动力学模型进行封装，并在 VehicleBuilder 中给出了修改重要参数的接口，用户仅需要修改基本参数即可获得逼真的仿真结果。

双击 PanoSim 5 安装包中的图标，或从 PanoExp 界面单击"Tools-VehicleBuilder"启动 VehicleBuilder GUI 界面。VehicleBuilder 启动时显示的屏幕及车辆参数主界面功能分区如图 2-3-6 所示。VehicleBuilder 目前支持的所有参数列于表 2-3-3。使用时所有的参数建议由专业工程师进行设计并匹配。

图 2-3-6　VehicleBuilder 主界面

表 2-3-1　车辆动力学输入接口

英文名称	参数说明	数据类型	单位	取值范围	默认值	备注
EnableModelThrottle	节气门控制使能	int8_T	—	0|1	0	
Throttle	节气门开度	double	—	[0,1]	0	
EnableModelModeTrans	变速器模式使能	int8_T	—	0|1	0	
ModeTrans	变速器模式	int8_T	—	-1|0|1	0	
EnableExternalGearTrans	手动档模式使能	int8_T	—	0|1	0	
GearTrans	档位	int8_T	—	[1,9]	0	参考范围，实际范围请查阅对应车辆模型参数
EnableModelMasterCylinderPress	制动主缸压力使能	int8_T	—	0|1	0	
MasterCylinderPress_MPa	制动主缸压力	double	MPa	[0,15]	0	参考范围，实际范围请查阅对应车辆模型参数
EnableModelSteerWheelAngle	方向盘转角使能	int8_T	—	0|1	0	
Steer	方向盘转角	double	deg	[-720, 720]	0	参考范围，实际范围请查阅对应车辆模型参数
EnableExternalDrivingTorque[0]	左前车轮驱动转矩使能	int8_T	—	0|1	0	
EnableExternalDrivingTorque[1]	右前车轮驱动转矩使能	int8_T	—	0|1	0	
EnableExternalDrivingTorque[2]	左后车轮驱动转矩使能	int8_T	—	0|1	0	
EnableExternalDrivingTorque[3]	右后车轮驱动转矩使能	int8_T	—	0|1	0	
DrivingTorque_Nm[0]	左前车轮驱动转矩	double	N·m	[0, 1750]	0	参考范围，实际范围请查阅对应车辆模型参数

（续）

英文名称	参数说明	数据类型	单位	取值范围	默认值	备注
DrivingTorque_Nm[1]	右前车轮驱动转矩	double	N·m	[0, 1750]	0	参考范围，实际范围请查阅对应车辆模型参数
DrivingTorque_Nm[2]	左后车轮驱动转矩	double	N·m	[0, 1750]	0	参考范围，实际范围请查阅对应车辆模型参数
DrivingTorque_Nm[3]	右后车轮驱动转矩	double	N·m	[0, 1750]	0	参考范围，实际范围请查阅对应车辆模型参数
EnableExternalBrakeControlledPress[0]	左前外部制动控制压力使能	int8_T	—	0|1	0	
EnableExternalBrakeControlledPress[1]	右前外部制动控制压力使能	int8_T	—	0|1	0	
EnableExternalBrakeControlledPress[2]	左后外部制动控制压力使能	int8_T	—	0|1	0	
EnableExternalBrakeControlledPress[3]	右后外部制动控制压力使能	int8_T	—	0|1	0	
BrakeControlledPress_MPa[0]	左前外部制动控制压力	double	MPa	[0,4]	0	
BrakeControlledPress_MPa[1]	右前外部制动控制压力	double	MPa	[0,4]	0	
BrakeControlledPress_MPa[2]	左后外部制动控制压力	double	MPa	[0,4]	0	
BrakeControlledPress_MPa[3]	右后外部制动控制压力	double	MPa	[0,4]	0	
EnableExternalRoadSteerAngle[0]	左前车轮转向使能	int8_T	—	0|1	0	
EnableExternalRoadSteerAngle[1]	右前车轮转向使能	int8_T	—	0|1	0	
EnableExternalRoadSteerAngle[2]	左后车轮转向使能	int8_T	—	0|1	0	
EnableExternalRoadSteerAngle[3]	右后车轮转向使能	int8_T	—	0|1	0	
RoadSteerAngle_deg[0]	左前车轮转向角度	double	deg	[-40, 40]	0	
RoadSteerAngle_deg[1]	右前车轮转向角度	double	deg	[-40, 40]	0	
RoadSteerAngle_deg[2]	左后车轮转向角度	double	deg	[-40, 40]	0	
RoadSteerAngle_deg[3]	右后车轮转向角度	double	deg	[-40, 40]	0	

表 2-3-2 车辆动力学输出接口

英文名称	参数	参数说明	数据类型	单位	取值范围
CurrTime_sf	Time	当前仿真时间	double	s	[0, +inf]
PowerTrainBus.Throttle_sf	Throttle	节气门开度	double	—	[0,1]
PowerTrainBus.TargetGear_sf	GearState	当前档位	double	—	[-1, 9]
PowerTrainBus.AV_Trans_out_sf	AV_Trans	变速器转速	double	rad/s	—
PowerTrainBus.AV_Engine_sf	AV_Eng	发动机转速	double	rad/s	—
PowerTrainBus.AV_TC_Out_sf	AV_TC	变矩器转速	double	rad/s	—
PowerTrainBus.AA_Engine_sf	AA_Eng	发动机角加速度	double	rad/s^2	—
PowerTrainBus.AA_TC_Out_sf	AA_TC	变矩器角加速度	double	rad/s^2	—
PowerTrainBus.Torque_Engine_sf	M_EngOut	发动机转矩	double	N·m	—
PowerTrainBus.Torque_TC_out_sf	M_TC	变矩器转矩	double	N·m	—
PowerTrainBus.Torque_Trans_Out_sf	M_Trans	变速器转矩	double	N·m	—
PowerTrainBus.CurrentGearRatio_sf	Rgear_Tr	当前变速器传动比	double	—	—
PowerTrainBus.UpShift_AV_Trans_out_sf	UpShift_AV	升档转速	double	rad/s	—
PowerTrainBus.DownShift_AV_Trans_out_sf	DownShift_AV	降档转速	double	rad/s	—
PowerTrainBus.T_Drive_sf[0]	My_Dr_L1	左前车轮驱动力矩	double	N·m	—
PowerTrainBus.T_Drive_sf[1]	My_Dr_R1	右前车轮驱动力矩	double	N·m	—
PowerTrainBus.T_Drive_sf[2]	My_Dr_L2	左后车轮驱动力矩	double	N·m	—
PowerTrainBus.T_Drive_sf[3]	My_Dr_R2	右后车轮驱动力矩	double	N·m	—
BrakeBus.MasterCylinderPress_sf	Pbk_Con	主缸压力	double	Pa	—
BrakeBus.Brake_ActuatorPress_sf[0]	PbkCh_L1	左前轮缸压力	double	Pa	—
BrakeBus.Brake_ActuatorPress_sf[1]	PbkCh_R1	右前轮缸压力	double	Pa	—

（续）

英文名称	参数	参数说明	数据类型	单位	取值范围
BrakeBus.Brake_ActuatorPress_sf[2]	PbkCh_L2	左后轮缸压力	double	Pa	—
BrakeBus.Brake_ActuatorPress_sf[3]	PbkCh_R2	右后轮缸压力	double	Pa	—
BrakeBus.T_Brake_sf[0]	My_Bk_L1	左前车轮制动力矩	double	N·m	—
BrakeBus.T_Brake_sf[1]	My_Bk_R1	右前车轮制动力矩	double	N·m	—
BrakeBus.T_Brake_sf[2]	My_Bk_L2	左后车轮制动力矩	double	N·m	—
BrakeBus.T_Brake_sf[3]	My_Bk_R2	右后车轮制动力矩	double	N·m	—
SteerBus.SteerWheelAngle_sf	Steer_SW	方向盘转角	double	rad	—
SteerBus.SteerWheelAngleVelocity_sf	StrAV_SW	方向盘转速	double	rad/s	—
SteerBus.RackDisplacement_sf	Y_Rack	齿条位移	double	m	—
SteerBus.RoadSteerAngle_sf[0]	Steer_L1	左前车轮转角	double	rad	—
SteerBus.RoadSteerAngle_sf[1]	Steer_R1	右前车轮转角	double	rad	—
SteerBus.RoadSteerAngle_sf[2]	Steer_L2	左后车轮转角	double	rad	—
SteerBus.RoadSteerAngle_sf[3]	Steer_R2	右后车轮转角	double	rad	—
SteerBus.M_Kingpin_sf[0]	Mz_KP_L1	左前转向主销力矩	double	N·m	—
SteerBus.M_Kingpin_sf[1]	Mz_KP_R1	右前转向主销力矩	double	N·m	—
SteerBus.M_Kingpin_sf[2]	Mz_KP_L2	左后转向主销力矩	double	N·m	—
SteerBus.M_Kingpin_sf[3]	Mz_KP_R2	右后转向主销力矩	double	N·m	—
SteerBus.SteerAngle_KP_sf[0]	AStKP_L1	左前转向主销转角	double	rad	—
SteerBus.SteerAngle_KP_sf[1]	AStKP_R1	右前转向主销转角	double	rad	—
SteerBus.SteerAngle_KP_sf[2]	AStKP_L2	左后转向主销转角	double	rad	—
SteerBus.SteerAngle_KP_sf[3]	AStKP_R2	右后转向主销转角	double	rad	—
ChassisMotionBus.R_eo2FCtcC_coE_sf[0]	tire CTC_x	前轴接地点中心位置 x	double	m	—

（续）

英文名称	参数	参数说明	数据类型	单位	取值范围
ChassisMotionBus.R_eo2FCtcC_coE_sf[1]	tire CTC_y	前轴接地点中心位置 y	double	m	—
ChassisMotionBus.R_eo2FCtcC_coE_sf[2]	tire CTC_z	前轴接地点中心位置 z	double	m	—
ChassisMotionBus.R_eo2scg_coE_sf[0]	CG_SM_x	簧上质量质心位置 x	double	m	—
ChassisMotionBus.R_eo2scg_coE_sf[1]	CG_SM_y	簧上质量质心位置 y	double	m	—
ChassisMotionBus.R_eo2scg_coE_sf[2]	CG_SM_z	簧上质量质心位置 z	double	m	—
ChassisMotionBus.EulerAngles_sf[0]	Roll_E	侧倾角	double	rad	—
ChassisMotionBus.EulerAngles_sf[1]	Pitch	俯仰角	double	rad	—
ChassisMotionBus.EulerAngles_sf[2]	Yaw	横摆角	double	rad	—
ChassisMotionBus.V_scg2eo_coV_sf[0]	Vx_SM	簧上质量质心处速度 x（车辆坐标系）	double	m/s	—
ChassisMotionBus.V_scg2eo_coV_sf[1]	Vy_SM	簧上质量质心处速度 y（车辆坐标系）	double	m/s	—
ChassisMotionBus.V_scg2eo_coV_sf[2]	Vz_SM	簧上质量质心处速度 z（车辆坐标系）	double	m/s	—
ChassisMotionBus.V_acg2eo_coI_sf[0]	Vx	整车质心处速度 x（水平坐标系）	double	m/s	—
ChassisMotionBus.V_acg2eo_coI_sf[1]	Vy	整车质心处速度 y（水平坐标系）	double	m/s	—
ChassisMotionBus.V_acg2eo_coI_sf[2]	Vz	整车质心处速度 z（水平坐标系）	double	m/s	—
ChassisMotionBus.AV_V2E_coV_sf[0]	AVx	车身侧倾角速度	double	rad/s	—
ChassisMotionBus.AV_V2E_coV_sf[1]	AVy	车身俯仰角速度	double	rad/s	—
ChassisMotionBus.AV_V2E_coV_sf[2]	AVz	车身横摆角速度	double	rad/s	—
ChassisMotionBus.A_scg2eo_coV_sf[0]	Ax_SM	簧上质量质心处加速度 x（车辆坐标系）	double	m/s²	—
ChassisMotionBus.A_scg2eo_coV_sf[1]	Ay_SM	簧上质量质心处加速度 y（车辆坐标系）	double	m/s²	—
ChassisMotionBus.A_scg2eo_coV_sf[2]	Az_SM	簧上质量质心处加速度 z（车辆坐标系）	double	m/s²	—

（续）

英文名称	参数	参数说明	数据类型	单位	取值范围
ChassisMotionBus.A_acg2eo_coI_sf[0]	Ax	整车质心处加速度 x（水平坐标系）	double	m/s^2	—
ChassisMotionBus.A_acg2eo_coI_sf[1]	Ay	整车质心处加速度 y（水平坐标系）	double	m/s^2	—
A_acg2eo_coI_sf[2]	Az	整车质心处加速度 z（水平坐标系）	double	m/s^2	—
ChassisMotionBus.DAV_V2E_coV_sf[0]	AAx	车身侧倾角加速度	double	rad/s^2	—
ChassisMotionBus.DAV_V2E_coV_sf[1]	AAy	车身俯仰角加速度	double	rad/s^2	—
ChassisMotionBus.DAV_V2E_coV_sf[2]	AAz	车身横摆角加速度	double	rad/s^2	—
ChassisMotionBus.R_eo2FCtcCinBody_coE_sf[0]	Body CTC_x	车身上前轴接地点中心位置 x	double	m	—
ChassisMotionBus.R_eo2FCtcCinBody_coE_sf[1]	Body CTC_y	车身上前轴接地点中心位置 y	double	m	—
ChassisMotionBus.R_eo2FCtcCinBody_coE_sf[2]	Body CTC_z	车身上前轴接地点中心位置 z	double	m	—
ChassisMotionBus.V_FCtcCinBody2eo_coV_sf[0]	Vx_Body CTC	车身上前轴接地点中心处速度 x（车辆坐标系）	double	m/s	—
ChassisMotionBus.V_FCtcCinBody2eo_coV_sf[1]	Vy_Body CTC	车身上前轴接地点中心处速度 y（车辆坐标系）	double	m/s	—
ChassisMotionBus.V_FCtcCinBody2eo_coV_sf[2]	Vz_Body CTC	车身上前轴接地点中心处速度 z（车辆坐标系）	double	m/s	—
ChassisMotionBus.A_FCtcCinBody2eo_coV_sf[0]	Ax_Body CTC	车身上前轴接地点中心处加速度 x（车辆坐标系）	double	m/s^2	—
ChassisMotionBus.A_FCtcCinBody2eo_coV_sf[1]	Ay_Body CTC	车身上前轴接地点中心处加速度 y（车辆坐标系）	double	m/s^2	—
ChassisMotionBus.A_FCtcCinBody2eo_coV_sf[2]	Az_Body CTC	车身上前轴接地点中心处加速度 z（车辆坐标系）	double	m/s^2	—
SuspBus.CmpS_sf[0]	CmpS_L1	左前弹簧变形量	double	m	—
SuspBus.CmpS_sf[1]	CmpS_R1	右前弹簧变形量	double	m	—
SuspBus.CmpS_sf[2]	CmpS_L2	左后弹簧变形量	double	m	—
SuspBus.CmpS_sf[3]	CmpS_R2	右后弹簧变形量	double	m	—

（续）

英文名称	参数	参数说明	数据类型	单位	取值范围
SuspBus.DCmpS_sf[0]	CmpRS_L1	左前弹簧变形速度	double	m/s	—
SuspBus.DCmpS_sf[1]	CmpRS_R1	右前弹簧变形速度	double	m/s	—
SuspBus.DCmpS_sf[2]	CmpRS_L2	左后弹簧变形速度	double	m/s	—
SuspBus.DCmpS_sf[3]	CmpRS_R2	右后弹簧变形速度	double	m/s	—
SuspBus.F_spring_sf[0]	Fs_L1	左前弹簧力	double	N	—
SuspBus.F_spring_sf[1]	Fs_R1	右前弹簧力	double	N	—
SuspBus.F_spring_sf[2]	Fs_L2	左后弹簧力	double	N	—
SuspBus.F_spring_sf[3]	Fs_R2	右后弹簧力	double	N	—
SuspBus.F_damper_sf[0]	Fd_L1	左前减振器力	double	N	—
SuspBus.F_damper_sf[1]	Fd_R1	右前减振器力	double	N	—
SuspBus.F_damper_sf[2]	Fd_L2	左后减振器力	double	N	—
SuspBus.F_damper_sf[3]	Fd_R2	右后减振器力	double	N	—
SuspBus.M_AntiRollBar_sf[0]	Mx_A1	前稳定杆抗侧倾力矩	double	N·m	—
SuspBus.M_AntiRollBar_sf[1]	Mx_A2	后稳定杆抗侧倾力矩	double	N·m	—
SuspBus.SuspCmp_sf[0]	Jnc_L1	左前悬架变形量	double	m	—
SuspBus.SuspCmp_sf[1]	Jnc_R1	右前悬架变形量	double	m	—
SuspBus.SuspCmp_sf[2]	Jnc_L2	左后悬架变形量	double	m	—
SuspBus.SuspCmp_sf[3]	Jnc_R2	右后悬架变形量	double	m	—
SuspBus.CmpJSt_sf[0]	CmpJStL1	左前上缓冲块变形量	double	m	—
SuspBus.CmpJSt_sf[1]	CmpJStR1	右前上缓冲块变形量	double	m	—
SuspBus.CmpJSt_sf[2]	CmpJStL2	左后上缓冲块变形量	double	m	—
SuspBus.CmpJSt_sf[3]	CmpJStR2	右后上缓冲块变形量	double	m	—

（续）

英文名称	参数	参数说明	数据类型	单位	取值范围
SuspBus.CmpRSt_sf[0]	CmpRStL1	左前下缓冲块变形量	double	m	—
SuspBus.CmpRSt_sf[1]	CmpRStR1	右前下缓冲块变形量	double	m	—
SuspBus.CmpRSt_sf[2]	CmpRStL2	左后下缓冲块变形量	double	m	—
SuspBus.CmpRSt_sf[3]	CmpRStR2	右后下缓冲块变形量	double	m	—
SuspBus.F_JNC_STOP_sf[0]	FJSt_L1	左前上缓冲块受力	double	N	—
SuspBus.F_JNC_STOP_sf[1]	FJSt_R1	右前上缓冲块受力	double	N	—
SuspBus.F_JNC_STOP_sf[2]	FJSt_L2	左后上缓冲块受力	double	N	—
SuspBus.F_JNC_STOP_sf[3]	FJSt_R2	右后上缓冲块受力	double	N	—
SuspBus.F_REB_STOP_sf[0]	FRSt_L1	左前下缓冲块受力	double	N	—
SuspBus.F_REB_STOP_sf[1]	FRSt_R1	右前下缓冲块受力	double	N	—
SuspBus.F_REB_STOP_sf[2]	FRSt_L2	左后下缓冲块受力	double	N	—
SuspBus.F_REB_STOP_sf[3]	FRSt_R2	右后下缓冲块受力	double	N	—
SuspBus.Camber_sf[0]	CamberL1	左前轮外倾角	double	rad	—
SuspBus.Camber_sf[1]	CamberR1	右前轮外倾角	double	rad	—
SuspBus.Camber_sf[2]	CamberL2	左后轮外倾角	double	rad	—
SuspBus.Camber_sf[3]	CamberR2	右后轮外倾角	double	rad	—
TireBus.RadiusTire_sf[0]	Radius_L1	左前轮胎半径	double	m	—
TireBus.RadiusTire_sf[1]	Radius_R1	右前轮胎半径	double	m	—
TireBus.RadiusTire_sf[2]	Radius_L2	左后轮胎半径	double	m	—
TireBus.RadiusTire_sf[3]	Radius_R2	右后轮胎半径	double	m	—
TireBus.CmpT_sf[0]	CmpT_L1	左前轮胎变形	double	m	—
TireBus.CmpT_sf[1]	CmpT_R1	右前轮胎变形	double	m	—
TireBus.CmpT_sf[2]	CmpT_L2	左后轮胎变形	double	m	—

（续）

英文名称	参数	参数说明	数据类型	单位	取值范围
TireBus.CmpT_sf[3]	CmpT_R2	右后轮胎变形	double	m	—
TireBus.kappa_sf[0]	Kappa_L1	左前轮胎滑移率	double	—	—
TireBus.kappa_sf[1]	Kappa_R1	右前轮胎滑移率	double	—	—
TireBus.kappa_sf[2]	Kappa_L2	左后轮胎滑移率	double	—	—
TireBus.kappa_sf[3]	Kappa_R2	右后轮胎滑移率	double	—	—
TireBus.alpha_sf[0]	Alpha_L1	左前轮胎侧偏角	double	rad	—
TireBus.alpha_sf[1]	Alpha_R1	右前轮胎侧偏角	double	rad	—
TireBus.alpha_sf[2]	Alpha_L2	左后轮胎侧偏角	double	rad	—
TireBus.alpha_sf[3]	Alpha_R2	右后轮胎侧偏角	double	rad	—
TireBus.F_Ground2tire_ctc_coT_fl_sf[0]	Fx_L1	左前轮胎力纵向（轮胎坐标系）	double	N	—
TireBus.F_Ground2tire_ctc_coT_fl_sf[1]	Fy_L1	左前轮胎力侧向（轮胎坐标系）	double	N	—
TireBus.F_Ground2tire_ctc_coT_fl_sf[2]	Fz_L1	左前轮胎力垂向（轮胎坐标系）	double	N	—
TireBus.F_Ground2tire_ctc_coT_fr_sf[0]	Fx_R1	右前轮胎力纵向（轮胎坐标系）	double	N	—
TireBus.F_Ground2tire_ctc_coT_fr_sf[1]	Fy_R1	右前轮胎力侧向（轮胎坐标系）	double	N	—
TireBus.F_Ground2tire_ctc_coT_fr_sf[2]	Fz_R1	右前轮胎力垂向（轮胎坐标系）	double	N	—
TireBus.F_Ground2tire_ctc_coT_rl_sf[0]	Fx_L2	左后轮胎力纵向（轮胎坐标系）	double	N	—
TireBus.F_Ground2tire_ctc_coT_rl_sf[1]	Fy_L2	左后轮胎力侧向（轮胎坐标系）	double	N	—
TireBus.F_Ground2tire_ctc_coT_rl_sf[2]	Fz_L2	左后轮胎力垂向（轮胎坐标系）	double	N	—
TireBus.F_Ground2tire_ctc_coT_rr_sf[0]	Fx_R2	右后轮胎力纵向（轮胎坐标系）	double	N	—
TireBus.F_Ground2tire_ctc_coT_rr_sf[1]	Fy_R2	右后轮胎力侧向（轮胎坐标系）	double	N	—
TireBus.F_Ground2tire_ctc_coT_rr_sf[2]	Fz_R2	右后轮胎力垂向（轮胎坐标系）	double	N	—
TireBus.My_tire_sf[0]	My_Wc_L1	左前轮胎滚动力矩	double	N·m	—

（续）

英文名称	参数	参数说明	数据类型	单位	取值范围
TireBus.My_tire_sf[1]	My_Wc_R1	右前轮胎滚动力矩	double	N·m	—
TireBus.My_tire_sf[2]	My_Wc_L2	左后轮胎滚动力矩	double	N·m	—
TireBus.My_tire_sf[3]	My_Wc_R2	右后轮胎滚动力矩	double	N·m	—
TireBus.gamma_sf[0]	Gamma_L1	左前轮内倾角	double	rad	—
TireBus.gamma_sf[1]	Gamma_R1	右前轮内倾角	double	rad	—
TireBus.gamma_sf[2]	Gamma_L2	左后轮内倾角	double	rad	—
TireBus.gamma_sf[3]	Gamma_R2	右后轮内倾角	double	rad	—
WheelBus.Omega_Wheel_sf[0]	Avy_L1	左前车轮角速度	double	rad/s	—
WheelBus.Omega_Wheel_sf[1]	Avy_R1	右前车轮角速度	double	rad/s	—
WheelBus.Omega_Wheel_sf[2]	Avy_L2	左后车轮角速度	double	rad/s	—
WheelBus.Omega_Wheel_sf[3]	Avy_R2	右后车轮角速度	double	rad/s	—
WheelBus.Wheel_state_sf[0]	Wheel_state_L1	左前调试接口车轮运动状态	double	—	−1|0|1
WheelBus.Wheel_state_sf[1]	Wheel_state_R1	右前调试接口车轮运动状态	double	—	−1|0|1
WheelBus.Wheel_state_sf[2]	Wheel_state_L2	左后调试接口车轮运动状态	double	—	−1|0|1
WheelBus.Wheel_state_sf[3]	Wheel_state_R2	右后调试接口车轮运动状态	double	—	−1|0|1
WheelBus.VerticalSpeed_Wheel_coV_sf[0]	Vz_Wc_L1	左前车轮垂向速度（车辆坐标系）	double	m/s	—
VerticalSpeed_Wheel_coV_sf[1] WheelBus.	Vz_Wc_R1	右前车轮垂向速度（车辆坐标系）	double	m/s	—
WheelBus.VerticalSpeed_Wheel_coV_sf[2]	Vz_Wc_L2	左后车轮垂向速度（车辆坐标系）	double	m/s	—
WheelBus.VerticalSpeed_Wheel_coV_sf[3]	Vz_Wc_R2	车右后轮垂向速度（车辆坐标系）	double	m/s	—
RoadBus.DZDX_sf[0]	dZdX_L1	左前道路纵向坡度	double	—	—
RoadBus.DZDX_sf[1]	dZdX_R1	右前道路纵向坡度	double	—	—
RoadBus.DZDX_sf[2]	dZdX_L2	左后道路纵向坡度	double	—	—

（续）

英文名称	参数	参数说明	数据类型	单位	取值范围
RoadBus.DZDX_sf[3]	dZdX_R2	右后道路纵向坡度	double	—	—
RoadBus.DZDY_sf[0]	dZdY_L1	左前道路横向坡度	double	—	—
RoadBus.DZDY_sf[1]	dZdY_R1	右前道路横向坡度	double	—	—
RoadBus.DZDY_sf[2]	dZdY_L2	左后道路横向坡度	double	—	—
RoadBus.DZDY_sf[3]	dZdY_R2	右后道路横向坡度	double	—	—
RoadBus.mu_sf[0]	Mu_L1	左前附着系数	double	—	—
RoadBus.mu_sf[1]	Mu_R1	右前附着系数	double	—	—
RoadBus.mu_sf[2]	Mu_L2	左后附着系数	double	—	—
RoadBus.mu_sf[3]	Mu_R2	右后附着系数	double	—	—
RoadBus.Z_eo2ctc_coE_by_Road_sf[0]	Zgnd_L1	左前车轮接地点道路高度	double	m	—
RoadBus.Z_eo2ctc_coE_by_Road_sf[1]	Zgnd_R1	右前车轮接地点道路高度	double	m	—
RoadBus.Z_eo2ctc_coE_by_Road_sf[2]	Zgnd_L2	左后车轮接地点道路高度	double	m	—
RoadBus.Z_eo2ctc_coE_by_Road_sf[3]	Zgnd_R2	右后车轮接地点道路高度	double	m	—
LocationBus.S_scg	S_scg	簧上质量车道线纵向位置	double	m	—
LocationBus.L_scg	L_scg	簧上质量车道线侧向位置	double	m	—
LocationBus.S_ctc[0]	S_ctc_L1	左前车轮接地点纵向位置	double	m	—
LocationBus.S_ctc[1]	S_ctc_R1	右前车轮接地点纵向位置	double	m	—
LocationBus.S_ctc[2]	S_ctc_L2	左后车轮接地点纵向位置	double	m	—
LocationBus.S_ctc[3]	S_ctc_R2	右后车轮接地点纵向位置	double	m	—
LocationBus.L_ctc[0]	L_ctc_L1	左前车轮接地点侧向位置	double	m	—
LocationBus.L_ctc[1]	L_ctc_R1	右前车轮接地点侧向位置	double	m	—
LocationBus.L_ctc[2]	L_ctc_L2	左后车轮接地点侧向位置	double	m	—

（续）

英文名称	参数	参数说明	数据类型	单位	取值范围
LocationBus.L_ctc[3]	L_ctc_R2	右后车轮接地点侧向位置	double	m	—
LocationBus.X_eo2ctc_coE[0]	X_eo2ctc_coE_L1	左前车轮接地点 x 坐标	double	m	—
LocationBus.X_eo2ctc_coE[1]	X_eo2ctc_coE_R1	右前车轮接地点 x 坐标	double	m	—
LocationBus.X_eo2ctc_coE[2]	X_eo2ctc_coE_L2	左后车轮接地点 x 坐标	double	m	—
LocationBus.X_eo2ctc_coE[3]	X_eo2ctc_coE_R2	右后车轮接地点 x 坐标	double	m	—
LocationBus.Y_eo2ctc_coE[0]	Y_eo2ctc_coE_L1	左前车轮接地点 y 坐标	double	m	—
LocationBus.Y_eo2ctc_coE[1]	Y_eo2ctc_coE_R1	右前车轮接地点 y 坐标	double	m	—
LocationBus.Y_eo2ctc_coE[2]	Y_eo2ctc_coE_L2	左后车轮接地点 y 坐标	double	m	—
LocationBus.Y_eo2ctc_coE[3]	Y_eo2ctc_coE_R2	右后车轮接地点 y 坐标	double	m	—
LocationBus.k_scg	k_scg	根据簧上质量质心坐标确定第 k 段 sl	double	—	—
LocationBus.k_ctc[0]	k_ctc_L1	左前车轮接地点确定第 k 段 sl	double	—	—
LocationBus.k_ctc[1]	k_ctc_R1	右前车轮接地点确定第 k 段 sl	double	—	—
LocationBus.k_ctc[2]	k_ctc_L2	左后车轮接地点确定第 k 段 sl	double	—	—
LocationBus.k_ctc[3]	k_ctc_R2	右后车轮接地点确定第 k 段 sl	double	—	—
LocationBus.Z_eo2ctc_coE_by_RadiusTire[0]	Z_eo2ctc_coE_by_RadiusTire_L1	左前车轮接地点道路高度（根据轮胎半径计算）	double	m	—
LocationBus.Z_eo2ctc_coE_by_RadiusTire[1]	Z_eo2ctc_coE_by_RadiusTire_R1	右前车轮接地点道路高度（根据轮胎半径计算）	double	m	—
LocationBus.Z_eo2ctc_coE_by_RadiusTire[2]	Z_eo2ctc_coE_by_RadiusTire_L2	左后车轮接地点道路高度（根据轮胎半径计算）	double	m	—
LocationBus.Z_eo2ctc_coE_by_RadiusTire[3]	Z_eo2ctc_coE_by_RadiusTire_R2	右后车轮接地点道路高度（根据轮胎半径计算）	double	m	—

（续）

英文名称	参数	参数说明	数据类型	单位	取值范围
LocationBus.R_eo2uwc_coE_fl[0]	R_eo2uwc_coE_fl_x	左前车轮轮心 x 坐标	double	m	—
LocationBus.R_eo2uwc_coE_fl[1]	R_eo3uwc_coE_fl_y	左前车轮轮心 y 坐标	double	m	—
LocationBus.R_eo2uwc_coE_fl[2]	R_eo4uwc_coE_fl_z	左前车轮轮心 z 坐标	double	m	—
LocationBus.R_eo2uwc_coE_fr[0]	R_eo2uwc_coE_fr_x	右前车轮轮心 x 坐标	double	m	—
LocationBus.R_eo2uwc_coE_fr[1]	R_eo3uwc_coE_fr_y	右前车轮轮心 y 坐标	double	m	—
LocationBus.R_eo2uwc_coE_fr[2]	R_eo4uwc_coE_fr_z	右前车轮轮心 z 坐标	double	m	—
LocationBus.R_eo2uwc_coE_rl[0]	R_eo2uwc_coE_rl_x	左后车轮轮心 x 坐标	double	m	—
LocationBus.R_eo2uwc_coE_rl[1]	R_eo3uwc_coE_rl_y	左后车轮轮心 y 坐标	double	m	—
LocationBus.R_eo2uwc_coE_rl[2]	R_eo4uwc_coE_rl_z	左后车轮轮心 z 坐标	double	m	—
LocationBus.R_eo2uwc_coE_rr[0]	R_eo2uwc_coE_rr_x	右后车轮轮心 x 坐标	double	m	—
LocationBus.R_eo2uwc_coE_rr[1]	R_eo3uwc_coE_rr_y	右后车轮轮心 y 坐标	double	m	—
LocationBus.R_eo2uwc_coE_rr[2]	R_eo4uwc_coE_rr_z	右后车轮轮心 z 坐标	double	m	—
IDMBus.s_preview_sf	s_preview	预瞄点 s 坐标	double	m	—
IDMBus.l_preview_sf	l_preview	预瞄点 l 坐标	double	m	—
IDMBus.x_preview_sf	x_preview	预瞄点 x 坐标	double	m	—
IDMBus.y_preview_sf	y_preview	预瞄点 y 坐标	double	m	—
IDMBus.delta_sf	delta	预瞄点距离	double	m	—

表 2-3-3 车辆参数说明

	英文名称	参数说明	数据类型	单位	取值范围	默认值
Body	Wheel base	轴距	double	mm	—	—
	Hg	质心高度	double	mm	—	—
	a	质心到前轴距离	double	mm	—	—
	Sprung mass	簧上质量	double	kg	—	—
	Roll inertia (Ixx)	侧倾转动惯量	double	kg·m^2	—	—
	Pitch inertia (Iyy)	俯仰转动惯量	double	kg·m^2	—	—
	Yaw inertia (Izz)	横摆转动惯量	double	kg·m^2	—	—
	Length	车长	double	mm	—	—
	Width	车宽	double	mm	—	—

（续）

	英文名称	参数说明	数据类型	单位	取值范围	默认值
Body	Height	车高	double	mm	—	—
Areadynamics	X	空气动力学参考点 X 坐标	double	mm	—	—
	Y	空气动力学参考点 Y 坐标	double	mm	—	—
	Z	空气动力学参考点 Z 坐标	double	mm	—	—
	Frontal area	迎风面积	double	m^2	—	—
	Reference length	参考长度	double	mm	—	—
	Air density	空气密度	double	kg/m^3	—	—
	CFx	纵向风阻系数	double[]	—	—	—
	CFy	横向风阻系数	double[]	—	—	—
	CFz	垂向风阻系数	double[]	—	—	—
	CMx	侧倾风阻系数	double[]	—	—	—
	CMy	俯仰风阻系数	double[]	—	—	—
	CMz	横摆风阻系数	double[]	—	—	—
Powertrain	Powertrain type	动力总成类型	enum	—	1	1
Engine	Rotation inertia of crankshaft	曲轴转动惯量	double	$kg \cdot m^2$	—	—
	Idle speed	怠速	double	rpm	—	—
	Engine torque	发动机转矩	double	$N \cdot m/(r/min)$	—	—
Transmission	Shift duration	换档时间	double	s	—	—
	Forward gears	档位数	unsigned int	—	[1,10]	6
	Gear ratio	各档速比	double	—	—	—
	Inertial	转动惯量	double	$kg \cdot m^2$	—	—
	Natural efficiencies	前进档传动机械效率	double	—	[0,1]	0.99
	Inverse efficiencies	倒档传动机械效率	double	—	[0,1]	0.99
	Internal shift schedule	换档策略	double	r/min	—	—
Torque Converter	Input shaft	输入轴转动惯量	double	$kg \cdot m^2$	—	—
	Output shaft	输出轴转动惯量	double	$kg \cdot m^2$	—	—
	Inverse capacity factor 1/K	液力变矩器容量特性	double[][2]	$N \cdot m/(r/min)$	—	—
	Torque ratio output/input	液力变矩器转矩特性	double[][2]	—/—	—	—
	Gear ratio	主减速比	double	—	—	—

（续）

	英文名称	参数说明	数据类型	单位	取值范围	默认值
Brake	Left front:Brake torque	左前效能因数	double	N·m/MPa	—	—
	Right front:Brake torque	右前效能因数	double	N·m/MPa	—	—
	Left rear:Brake torque	左后效能因数	double	N·m/MPa	—	—
	Right rear:Brake torque	右后效能因数	double	N·m/MPa	—	—
	Left front:Prop./limit.valve	左前比例阀特性	double	MPa/MPa	—	—
	Right front:Prop./limit.valve	右前比例阀特性	double	MPa/MPa	—	—
	Left rear:Prop./limit.valve	左后比例阀特性	double	MPa/MPa	—	—
	Right rear:Prop./limit.valve	右后比例阀特性	double	MPa/MPa	—	—
	Fuild dynamics time constant: Front	前管路液压延时	double	s	—	—
	Fuild dynamics time constant: Rear	后管路液压延时	double	s	—	—
Steer	Column inertia	转向管柱转动惯量	double	kg·m^2	—	—
	System inertia	中间传动轴转动惯量	double	kg·m^2	—	—
	Column damping	转向管柱阻尼	double	Ns·s/deg	—	—
	Column hysteresis	转向迟滞力	double	N·m	—	—
	Hyseresis ref. angle	转向迟滞角	double	deg	—	—
	Steering gear kinematics	方向盘到转向齿条传动比	double[] [2]	mm/deg	—	—
	Lateral offset	主销侧向偏置距	double[2]	mm	—	—
	Kingpin inclination	主销后倾角	double[2]	deg	—	—
	Longitudinal offset	主销纵向偏置距	double[2]	mm	—	—
	Caster	后倾角	double[2]	deg	—	—
	Road wheel vs Steering gear output [left]	转向齿条到左前轮传动比	double[] [2]	deg/mm	—	—

（续）

	英文名称	参数说明	数据类型	单位	取值范围	默认值
Steer	Road wheel vs Steering gear output [right]	转向齿条到右前轮传动比	double[] [2]	deg/mm	—	—
	Steering compliance	转向柔性	double	N·m	—	—
	Parking torque	驻车力矩	double	N·m	—	—
	Power assist force	转向助力	double[][]	N/N·m	—	—
	Steering damping	转向阻尼	double	N·s/deg	—	—
	Torque bar stiffness	转向扭杆刚度	double	N·m/deg	—	—
Suspension (Front)	Unsprung mass	前簧下质量	double	kg	—	—
	Fraction steered	等效转动惯量占比	doublle	—	—	—
	Spin inertia left	左前轮转动惯量	double	kg	—	—
	Spin inertia right	右前轮转动惯量	double	kg	—	—
	Track width	轮距	double	mm	—	—
	Spring left	左前弹簧杠杆比	double	—	[0,1]	—
	Spring right	右前弹簧杠杆比	double	—	[0,1]	—
	Damper left	左前减振器杠杆比	double	—	[0,1]	—
	Damper right	右前减振器杠杆比	double	—	[0,1]	—
	Jounce stops left	左前上限位块杠杆比	double	—	[0,1]	—
	Jounce stops right	右前上限位块杠杆比	double	—	[0,1]	—
	Rebound stops left	左前下限位块杠杆比	double	—	[0,1]	—
	Rebound stops right	右前下限位块杠杆比	double	—	[0,1]	—
	Front left spring (Spring rate)	左前弹簧刚度	double	N/mm	—	—
	Front right spring (Spring rate)	右前弹簧刚度	double	N/mm	—	—
	Front left damper (Spring rate)	左前减振器阻尼	double	N·s/mm		

（续）

	英文名称	参数说明	数据类型	单位	取值范围	默认值
	Front right damper (Spring rate)	右前减振器阻尼	double	N·s/mm	—	—
	Left jounce / rebound stops	左前限位块刚度	double	N/mm	—	—
	Right jounce / rebound stops	右前限位块刚度	double	N/mm	—	—
	Front stabilizer bar	前横向稳定杆侧倾刚度	double	N·m/deg	—	—
	Front stabilizer damping	前横向稳定杆侧倾阻尼系数	double	N·m/deg	—	—
	Camber left	左前外倾角	double	deg	—	—
	Camber right	右前外倾角	double	deg	—	—
	Toe left	左前束角	double	deg	—	—
Suspension (Front)	Toe right	右前束角	double	deg	—	—
	Camber kinematics left	左前外倾角 K 特性	double	deg/mm	—	—
	Camber kinematics right	右前外倾角 K 特性	double	deg/mm	—	—
	Lateral movement kinematics left	左前侧向位移 K 特性	double	mm/mm	—	—
	Lateral movement kinematics right	右前侧向位移 K 特性	double	mm/mm	—	—
	Dive angle kinematics left	左前俯冲角 K 特性	double	deg/mm	—	—
	Dive angle kinematics right	右前俯冲角 K 特性	double	deg/mm	—	—
	Longitudinal movement kinematics left	左前纵向位移 K 特性	double	mm/mm	—	—
	Longitudinal movement kinematics right	右前纵向位移 K 特性	double	mm/mm	—	—
	Toe kinematics left	左前束角 K 特性	double	deg/mm	—	—
	Toe kinematics right	右前前束角 K 特性	double	deg/mm	—	—
	Toe vs Fx left	左前束角 C 特性	double	deg/N	—	—
	Toe vs Fx right	右前束角 C 特性	double	deg/N	—	—

（续）

	英文名称	参数说明	数据类型	单位	取值范围	默认值
Suspension (Front)	Steer vs Fy left	左前轮转向C特性	double	deg/N	—	—
	Steer vs Fy right	右前轮转向C特性	double	deg/N	—	—
	Steer vs Mz left	左前轮转向C特性	double	deg/(N·m)	—	—
	Steer vs Mz right	右前轮转向C特性	double	deg/(N·m)	—	—
	Camber vs Fx left	左前外倾角C特性	double	deg/N	—	—
	Camber vs Fx right	右前外倾角C特性	double	deg/N	—	—
	Inclination vs Fy left	左前内倾角C特性	double	deg/N	—	—
	Inclination vs Fy right	右前内倾角C特性	double	deg/N	—	—
	Inclination vs Mz left	左前内倾角C特性	double	deg/(N·m)	—	—
	Inclination vs Mz right	右前内倾角C特性	double	deg/(N·m)	—	—
	Longitudinal displacement vs Fx left	左前纵向位移C特性	double	mm/N	—	—
	Longitudinal displacement vs Fx right	右前纵向位移C特性	double	mm/N	—	—
	Lateral displacement vs Fx left	左前侧向位移C特性	double	mm/N	—	—
	Lateral displacement vs Fx right	右前侧向位移C特性	double	mm/N	—	—
Suspension (Rear)	Unsprung mass	后簧下质量	double	kg	—	—
	Fraction steered	等效转动惯量占比	doublle	—	—	—
	Spin inertia left	左后轮转动惯量	double	kg	—	—
	Spin inertia right	右后轮转动惯量	double	kg	—	—
	Track width	轮距	double	mm	—	—
	Spring left	左后弹簧杠杆比	double	—	[0,1]	—
	Spring right	右后弹簧杠杆比	double	—	[0,1]	—

（续）

	英文名称	参数说明	数据类型	单位	取值范围	默认值
	Damper left	左后减振器杠杆比	double	—	[0,1]	—
	Damper right	右后减振器杠杆比	double	—	[0,1]	—
	Jounce stops left	左后上限位块杠杆比	double	—	[0,1]	—
	Jounce stops right	右后上限位块杠杆比	double	—	[0,1]	—
	Rebound stops left	左后下限位块杠杆比	double	—	[0,1]	—
	Rebound stops right	右后下限位块杠杆比	double	—	[0,1]	—
	Rear left spring (Spring rate)	左后弹簧刚度	double	N/mm	—	—
	Rear right spring (Spring rate)	右后弹簧刚度	double	N/mm	—	—
	Rear left damper (Spring rate)	左后减振器阻尼	double	N·s/mm	—	—
	Rear right damper (Spring rate)	右后减振器阻尼	double	N·s/mm	—	—
Suspension (Rear)	Left jounce / rebound stops	左后限位块刚度	double	N/mm	—	—
	Right jounce / rebound stops	右后限位块刚度	double	N/mm	—	—
	Rear stabilizer bar	后横向稳定杆侧倾刚度	double	N·m/deg	—	—
	Rear stabilizer damping	后横向稳定杆侧倾阻尼系数	double	N·m/deg	—	—
	Camber left	左后外倾角	double	deg	—	—
	Camber right	右后外倾角	double	deg	—	—
	Toe left	左后束角	double	deg	—	—
	Toe right	右后束角	double	deg	—	—
	Camber kinematics left	左后左外倾角K特性	double	deg/mm	—	—
	Camber kinematics right	右后外倾角K特性	double	deg/mm	—	—
	Lateral movement kinematics left	左后侧向位移K特性	double	mm/mm	—	—
	Lateral movement kinematics right	右后侧向位移K特性	double	mm/mm	—	—

（续）

	英文名称	参数说明	数据类型	单位	取值范围	默认值
Suspension (Rear)	Dive angle kinematics left	左后俯冲角 K 特性	double	deg/mm	—	—
	Dive angle kinematics right	右后俯冲角 K 特性	double	deg/mm	—	—
	Longitudinal movement kinematics left	左后纵向位移 K 特性	double	mm/mm	—	—
	Longitudinal movement kinematics right	右后纵向位移 K 特性	double	mm/mm	—	—
	Toe kinematics left	左后束角 K 特性	double	deg/mm	—	—
	Toe kinematics right	右后束角 K 特性	double	deg/mm	—	—
	Toe vs Fx left	左后束角 C 特性	double	deg/N	—	—
	Toe vs Fx right	右后束角 C 特性	double	deg/N	—	—
	Steer vs Fy left	左后轮转向 C 特性	double	deg/N	—	—
	Steer vs Fy right	右后轮转向 C 特性	double	deg/N	—	—
	Steer vs Mz left	左后轮转向 C 特性	double	deg/(N·m)	—	—
	Steer vs Mz right	右后轮转向 C 特性	double	deg/(N·m)	—	—
	Camber vs Fx left	左后外倾角 C 特性	double	deg/N	—	—
	Camber vs Fx right	右后外倾角 C 特性	double	deg/N	—	—
	Inclination vs Fy left	左后内倾角 C 特性	double	deg/N	—	—
	Inclination vs Fy right	右后内倾角 C 特性	double	deg/N	—	—
	Inclination vs Mz left	左后内倾角 C 特性	double	deg/(N·m)	—	—
	Inclination vs Mz right	右后内倾角 C 特性	double	deg/(N·m)	—	—
	Longitudinal displacement vs Fx left	左后纵向位移 C 特性	double	mm/N	—	—
	Longitudinal displacement vs Fx right	右后纵向位移 C 特性	double	mm/N	—	—

（续）

英文名称		参数说明	数据类型	单位	取值范围	默认值
Suspension (Rear)	Lateral displacement vs Fx left	左后侧向位移C特性	double	mm/N	—	—
	Lateral displacement vs Fx right	右后侧向位移C特性	double	mm/N	—	—
Tire (LF)	Maximum allowed force	最大承载力	double	N	—	—
	L for Fx	纵向迟滞长度	double	mm	—	—
	L for Fy and Mz	侧向迟滞长度	double	mm	—	—
	Cut-off speed	截止车速	double	km/h	—	—
	Effective rolling radius	有效滚动半径	double	mm	—	—
	Free radius	自由半径	double	mm	—	—
	Spring rate	垂向刚度	double	N/mm	—	—
	Rr_c	滚动阻力系数	double	—	—	—
	Rr_v	滚动阻力速度系数	double	h/km	—	—
	Longitudinal force:Tire:Fx	轮胎纵向力	double[][]	N/—	—	—
	Lateral force:Tire:Fy	轮胎侧向力	double[][]	N/deg	—	—
	Aligning moment:Tire:Mz	轮胎回正力矩	double[][]	N·m/deg	—	—
	Camber thrust	外倾推力	double[][]	N/deg	—	—
Tire (RF)	Maximum allowed force	最大承载力	double	N	—	—
	L for Fx	纵向迟滞长度	double	mm	—	—
	L for Fy and Mz	侧向迟滞长度	double	mm	—	—
	Cut-off speed	截止车速	double	km/h	—	—
	Effective rolling radius	有效滚动半径	double	mm	—	—
	Free radius	自由半径	double	mm	—	—
	Spring rate	垂向刚度	double	N/mm	—	—

（续）

	英文名称	参数说明	数据类型	单位	取值范围	默认值
Tire (RF)	Rr_c	滚动阻力系数	double	—	—	—
	Rr_v	滚动阻力速度系数	double	h/km	—	—
	Longitudinal force:Tire:Fx	轮胎纵向力	double[][]	N/—	—	—
	Lateral force:Tire:Fy	轮胎侧向力	double[][]	N/deg	—	—
	Aligning moment:Tire:Mz	轮胎回正力矩	double[][]	N·m/deg	—	—
	Camber thrust	外倾推力	double[][]	N/deg	—	—
	Maximum allowed force	最大承载力	double	N	—	—
	L for Fx	纵向迟滞长度	double	mm	—	—
	L for Fy and Mz	侧向迟滞长度	double	mm	—	—
	Cut-off speed	截止车速	double	km/h	—	—
Tire (LR)	Effective rolling radius	有效滚动半径	double	mm	—	—
	Free radius	自由半径	double	mm	—	—
	Spring rate	垂向刚度	double	N/mm	—	—
	Rr_c	滚动阻力系数	double	—	—	—
	Rr_v	滚动阻力速度系数	double	h/km	—	—
	Longitudinal force:Tire:Fx	轮胎纵向力	double[][]	N/—	—	—
	Lateral force:Tire:Fy	轮胎侧向力	double[][]	N/deg	—	—
	Aligning moment:Tire:Mz	轮胎回正力矩	double[][]	N·m/deg	—	—
	Camber thrust	外倾推力	double[][]	N/deg	—	—
Tire (RR)	Maximum allowed force	最大承载力	double	N	—	—
	L for Fx	纵向迟滞长度	double	mm	—	—
	L for Fy and Mz	侧向迟滞长度	double	mm	—	—

（续）

英文名称		参数说明	数据类型	单位	取值范围	默认值
Tire (RR)	Cut-off speed	截止车速	double	km/h	—	—
	Effective rolling radius	有效滚动半径	double	mm	—	—
	Free radius	自由半径	double	mm	—	—
	Spring rate	垂向刚度	double	N/mm	—	—
	Rr_c	滚动阻力系数	double	—	—	—
	Rr_v	滚动阻力速度系数	double	h/km	—	—
	Longitudinal force:Tire:Fx	轮胎纵向力	double[][]	N/—	—	—
	Lateral force: Tire:Fy	轮胎侧向力	double[][]	N/deg	—	—
	Aligning moment: Tire:Mz	轮胎回正力矩	double[][]	N·m/deg	—	—
	Camber thrust	外倾推力	double[][]	N/deg	—	—

1. 工具栏

如图2-3-7所示，VehicleBuilder工具栏左侧中包括车辆工具、导入工具、外形工具、保存工具四个区域，工具栏右侧为帮助设置，具体介绍如下。

图2-3-7　VehicleBuilder工具栏

（1）Vehicle Tools 车辆工具

"Vehicle Tools"界面用于从系统数据库加载已有车辆信息。用户可以单击"Vehicle"按钮来加载车辆信息。单击后，会在右侧"Vehicle Dataset"属性面板显示PanoExp数据库中所含的所有车辆名称，用户通过选中车辆名称并长按拖动的方式加载车辆，如图2-3-8所示。

（2）Shape Tools 外形工具

加载车辆后，"Shape Tools"解封。选中单击"Shape"，会在右侧"Shape Dataset"属性面板显示PanoExp数据库中所含的所有车辆外形名称，用户通过选中外形名称并长按拖动的方式加载车辆外形，如图2-3-9所示。

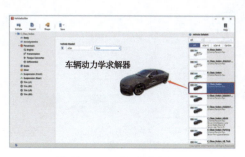

图 2-3-8　加载车辆　　　　　图 2-3-9　车辆模型加载外形界面

（3）Save Tools 保存工具

"Save"下拉工具条"Save"按钮用于保存当前车辆的车辆动力学参数，"Save as"用于在当前车辆的基础上修改后生成另外一辆新的车辆，并存储到系统车辆数据库，"DataManager"用于从数据库中删除、复制车辆，如图 2-3-10 所示。

2. 车辆系统

如图 2-3-11 所示，该区域包含当前通用车辆模型系统拓扑结构，包括车身（Body）、空气动力学（Aerodynamics）、动力总成（Powertrain）、制动（Brake）、转向（Steer）、悬架（Suspension）、轮胎（Tire）7 个子系统，其中动力总成又分为发动机（Engine）、变矩器（Torque Converter）、变速器（Transmission）、差速器（Differential）；悬架又分为前（Front）、后（Rear）分别建模；4 个轮胎（LF/RF/LR/RR）单独建模。

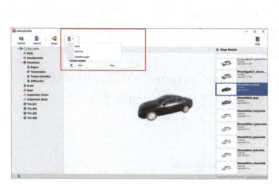

图 2-3-10　车辆数据管理界面　　　　图 2-3-11　车辆拓扑结构界面

（1）Body 车身

选中"Body"节点，中间信息区将显示当前车辆的车身尺寸，质量等相关参数信息，用户根据需要进行编辑，如图 2-3-12 所示。

（2）Aerodynamics 空气动力学

选中"Aerodynamics"节点，中间信息区将显示当前车辆的空气动力学相关参数信息，用户根据需要进行编辑，如图 2-3-13 所示。

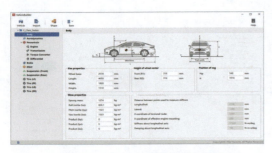

图2-3-12　车身数据编辑界面

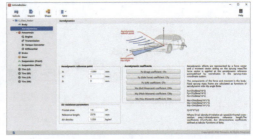

图2-3-13　空气动力学数据编辑界面

（3）Powertrain 动力总成

选中"Powertrain"节点，中间信息区将显示当前车辆的动力总成传动系统类别相关参数信息，目前的动力学模型只支持默认参数值，不需编辑，如图2-3-14所示。

1）Engine 发动机。选中"Engine"节点，中间信息区将显示当前车辆的发动机怠速转速和转矩外特性相关参数信息，用户根据需要进行编辑，如图2-3-15所示。

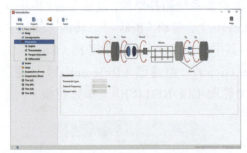

图2-3-14　动力总成数据编辑界面

图2-3-15　发动机数据编辑界面

对于电动汽车，Engine torque 表格中的数据使用驱动电机厂家提供的电机 Map 图谱。

2）Transmission 变速器。选中"Transmission"节点，中间信息区将显示当前车辆的变速器相关参数信息，用户根据需要进行编辑，如图2-3-16所示。需要注意的是，目前默认支持换档策略，档位数至少为2。

3）TorqueConverter 变矩器。选中"TorqueConverter"节点，中间信息区将显示当前车辆的变矩器相关参数信息，用户根据需要进行编辑，如图2-3-17所示。

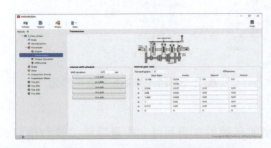

图2-3-16　变速器数据编辑界面

图2-3-17　变矩器数据编辑界面

4）Differential 差速器。选中"Differential"节点，中间信息区将显示当前车辆的差速器相关参数信息，用户根据需要进行编辑，如图2-3-18所示。

对于电动汽车，因其没有变速器和液力变矩器，需要将液力变矩器传动增益设为 1，变速器和差速器的总传动增益设为电动汽车减速器的减速比。

（4）Brake 制动系统

选中"Brake"节点，中间信息区将显示当前车辆制动系统相关参数信息，用户根据需要进行编辑，如图 2-3-19 所示。

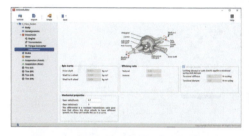 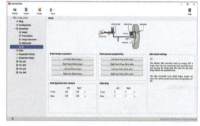

图 2-3-18　差速器数据编辑界面　　图 2-3-19　制动系统数据编辑界面

（5）Steer 转向系统

选中"Steer"节点，中间信息区将显示当前车辆转向系统相关参数信息，用户根据需要进行编辑，如图 2-3-20 所示。

（6）Suspension（Front）前悬架

选中"Suspension（Front）"节点，中间信息区将显示当前车辆前悬架相关参数信息，用户根据需要进行编辑，如图 2-3-21 所示。

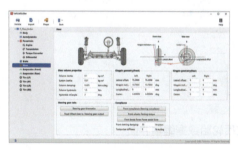

图 2-3-20　转向系统数据编辑界面　　图 2-3-21　前悬架数据编辑界面

（7）Suspension（Rear）后悬架

选中"Suspension（Rear）"节点，中间信息区将显示当前车辆后悬架相关参数信息，用户根据需要进行编辑，如图 2-3-22 所示。

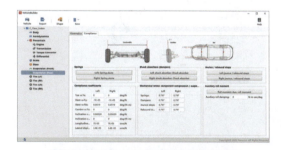

图 2-3-22　后悬架数据编辑界面

115

（8）Tire（LF）左前轮

选中"Tire（LF）"节点，中间信息区将显示当前车辆左前轮胎相关参数信息，用户根据需要进行编辑，如图2-3-23所示。

（9）Tire（RF）右前轮

选中"Tire（RF）"节点，中间信息区将显示当前车辆右前轮胎相关参数信息，用户根据需要进行编辑，如图2-3-24所示。

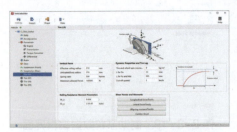
图2-3-23　左前轮胎数据编辑界面

图2-3-24　右前轮胎数据编辑界面

（10）Tire（LR）左后轮

选中"Tire（LR）"节点，中间信息区将显示当前车辆左后轮胎相关参数信息，用户根据需要进行编辑，如图2-3-25所示。

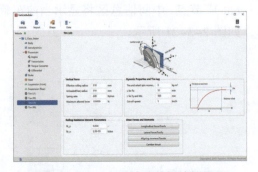
图2-3-25　左后轮胎数据编辑界面

（11）Tire（RR）右后轮

选中"Tire（RR）"节点，中间信息区将显示当前车辆右后轮胎相关参数信息，用户根据需要进行编辑，如图2-3-26所示。

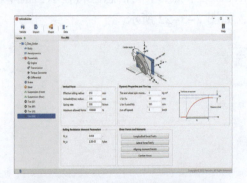
图2-3-26　右后轮胎数据编辑界面

拓展阅读

L3 级以上的自动驾驶汽车在真正商业化应用前，需要经过大量的测试，以证明由机器驾驶汽车比人驾驶更安全。相关研究表明，想要证明自动驾驶汽车完全可靠，置信水平在 95% 的情况下需要行驶 4.426 亿 km，相当于 100 辆车每天开 24 h，以 40 km/h 的速度行驶 12.5 年。所以，传统的道路测试的方法已无法满足自动驾驶安全性的测试，因此基于虚拟仿真技术的自动驾驶虚拟仿真测试成为目前市面上大多数汽车厂商选择的自动驾驶测试方法。

虚拟仿真技术的应用范围非常广泛，在我们日常的教学活动中，虚拟仿真技术也能发挥其独特的作用。虚拟仿真技术与教育教学的深度融合是推动职业教育数字化升级、促进职业教育三教改革的重要方向。

以《新能源汽车构造》这门课为例，这门课程涉及新能源汽车的各个系统的结构与工作原理，内容很多，而且这些系统每一个的结构都很复杂，工作原理也不尽相同。若是要开设相关实训，由于市面上的汽车品牌很多，每个品牌下还分了不同的型号，这都增加了教学成本。可若是不开设实训，或者开设实训但是实训教师、实践设备等配置不够，又达不到预期的教学效果。

这时候我们就可以选择虚拟仿真教学来弥补人员或设备的不足，通过运行仿真软件的方式，将真实的教学场景在计算机中展现出来，使学生在虚拟的环境中完成相应的学习过程。将三维虚拟仿真技术与理论教学、实验教学以及实训教学有机结合，能够有效弥补教学过程中设备短缺的问题，并且能够提高教学过程的直观性和可操作性，降低教学成本，提高教学质量。

举个例子，针对《新能源汽车构造》这门课程的实训需要，虚拟仿真技术可以通过计算机软件对各种模型及运动进行模拟操作（如构件的拆装等），使学生先在虚拟的环境中完成实践技能的演练学习，之后在条件允许的情况下再对实物或教学设备进行拆装等，可以收到事半功倍的效果。

任务分组

学生任务分配表见表 2-3-4。

表 2-3-4　学生任务分配表

班级		组号		指导老师	
组长		学号			
组员角色分配					
信息员		学号			

（续）

组员角色分配			
操作员		学号	
记录员		学号	
安全员		学号	
任务分工			
（就组织讨论、工具准备、数据采集、数据记录、安全监督、成果展示等工作内容进行任务分工）			

工作计划

根据前面所了解的知识内容和小组内部讨论的结果，制定工作方案，落实各项工作负责人，如任务实施前的准备工作、实施中主要操作及协助支持工作、实施过程中相关要点及数据的记录工作等，见表 2-3-5。

表 2-3-5　工作计划表

步骤	工作内容	负责人
1		
2		
3		
4		
5		
6		
7		
8		

进行决策

1）各组派代表阐述资料查询结果。

2）各组就各自的查询结果进行交流，并分享技巧。

3）教师对各组的计划方案进行点评。

4）各组长对组内成员进行任务分工，教师确认分工是否合理。

任务实施

引导问题 5

扫描二维码观看视频,了解如何进行相关实训,并简述操作要点。

_____
_____
_____

参考操作视频,按照规范作业要求完成操作步骤,完成数据采集并记录。实训准备见表 2-3-6。

表 2-3-6 实训准备

序号	设备及工具名称	数量	设备及工具是否完好
1	计算机	1 台	□是 □否
2	实训工作页	1 本	□是 □否
3	笔	1 支	□是 □否
质检意见	原因:		□是 □否

高速转弯实验

通过仿真实验了解高速过弯对车辆行驶稳定性的影响。

1)打开 PanoSim 软件,并将 Cross-Dislocation 地图加载到主界面中,如图 2-3-27 所示。

2)打开 VehicleBuilder。单击上方的 Tools 按钮,并单击 VehicleBuilder,打开车辆编辑器,如图 2-3-28 所示。

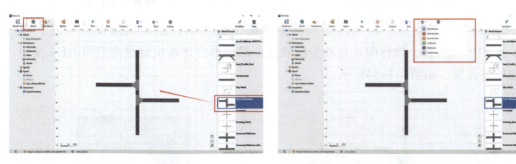

图 2-3-27 加载地图　　　　　图 2-3-28 打开 VehicleBuilder

3)打开左上角的 Vehicle 按钮,查看所有可选车辆。单击右侧车辆列表中的第一个,A_Class_Hachback,并拖拉到主界面,如图 2-3-29 所示。

4）查看车身参数。加载车辆后，从左侧列表中可以选择查看的动力学参数子系统。单击 Body 车身，即可看到车身基本参数，如图 2-3-30 所示。其中的 Sprung mass 为簧载质量。该参数近似于车身质量。在其旁边的空格中可设置车身质量参数。其他子系统参数也可以通过单击左侧子系统标签进行查看。

图 2-3-29　加载车辆　　　　　图 2-3-30　查看动力学参数

5）添加主车。关闭 VehicleBuilder 车辆编辑界面，回到主界面。单击左侧实验面板中的 EgoCar。在右侧车辆列表中选择 A_Class_Hatchback 拉入地图中，如图 2-3-31 所示。

6）查看主车基本设置。选择左侧列表中 EgoCar 下的 A_Class_Hatchback，可在右侧看到主车实验参数，如图 2-3-32 所示。最下方的参数 Initial Speed 为初始速度。将初始速度设置为 30 km/h。在 Type 类型处，可选择动力学模型类型。Raw 为简单动力学模型。本实验中使用默认模型设置即可。

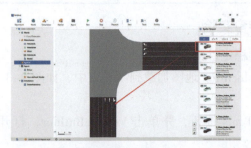 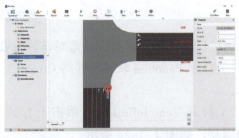

图 2-3-31　添加主车　　　　　图 2-3-32　查看主车设置

7）设置车辆轨迹。鼠标左键双击主界面中的主车，激活轨迹设置功能。单击图 2-3-33所示位置，软件即可自动生成轨迹，然后单击计算机键盘左上角的Esc按钮，完成轨迹设置，如图 2-3-34所示。

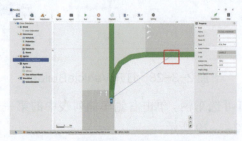 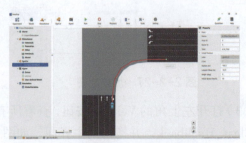

图 2-3-33　激活轨迹功能　　　　　图 2-3-34　轨迹设置完成

8）保存实验。单击主界面上方的 Save 保存按钮，显示 Save 保存和 Save as 另存为按钮，如图 2-3-35 所示。单击 Save 保存按钮，并将实验命名为 Cross-Dislocation_01，如图 2-3-36 所示。

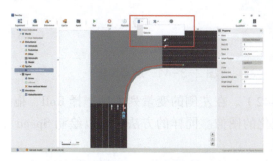

图 2-3-35　保存实验　　　　　　　　图 2-3-36　为实验命名

9）运行实验。单击主界面上方的 Run 运行按钮，开始运行实验，如图 2-3-37 所示。

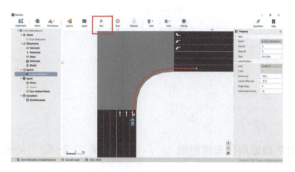

图 2-3-37　运行实验

10）停止实验。实验开始运行后，会显示仿真可视化界面，如图 2-3-38 所示。在该界面，可进行实验暂停、停止、视角切换、分辨率切换等操作。当车辆完成转弯操作后，单击左下角方块标志停止实验，然后单击右上角关闭按钮，如图 2-3-39 所示。

图 2-3-38　仿真可视化界面　　　　　　图 2-3-39　实验停止时刻的车辆位置

11）打开 PlotBuilder。回到主界面后，单击 Tools 工具按钮，并选择 PlotBuilder 图像编辑器，如图 2-3-40 所示。

12）选择实验。打开 PlotBuilder 后，在右侧 Experiment Dataset 实验数据集中的搜索栏中输入此前保存的实验的部分名称 Cross-Dislocation。软件会自动找到相关实验。选择此前保存的 Cross-Dislocation_01，拖拉到主界面中，如图 2-3-41 所示。

121

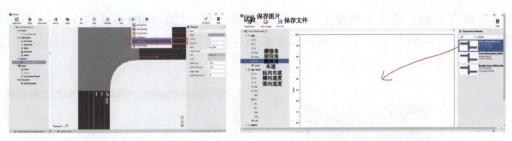

图 2-3-40　打开图像编辑器　　　　　　图 2-3-41　选择实验

13）绘制翻滚角和车速图像（图 2-3-42）。在左侧的变量列表中选择 Roll，拖入主界面中软件将自动绘制翻滚角随时间变化的图像。同样的方法，可以绘制 Speed 车速图像。

14）关闭空白图像，每个图像右上方有一个关闭按钮，单击即可关闭相应图像。为了方便查看，关闭最上方的空白图像，如图 2-3-43 所示。

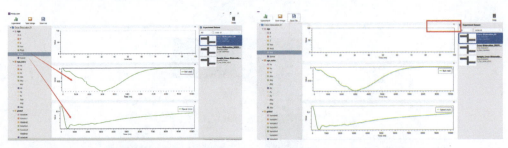

图 2-3-42　绘制翻滚角和车速图像　　　图 2-3-43　关闭空白图像

15）保存图片和数据。单击上方的 Save Image 和 Save File 按钮，可以保存图像和相关数据（图 2-3-44）。数据为 .csv 格式，可以使用 Excel 软件打开（图 2-3-45）。测试人员需要使用相关功能导出车辆动力学实验数据。

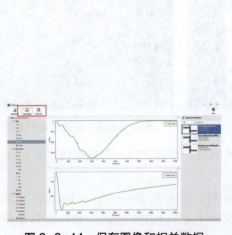
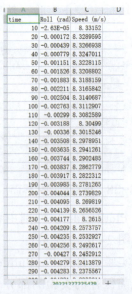

图 2-3-44　保存图像和相关数据　　　图 2-3-45　保存的数据

16）再次进行实验。关闭 PlotBuilder 图像编辑器，返回主界面。选择左侧的 EgoCar 下的车辆，在右侧设置主车初速度为 60 km/h。再次运行实验，并在 PlotBuilder 图像编辑器中导出图像和数据（图 2-3-46）。通过对比可知，在车速较大时，车辆转弯的时候会发生更大的偏斜，且速度更不易控制。感兴趣的学生可以查看其他动力学参数，分析高速过弯对车辆动力学参数的影响。

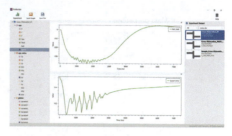

图 2-3-46　车速为 60km/h 时的翻滚角度和车速图像

悬架弹性系数修改实验

通过仿真实验了解车身重量对其制动距离的影响。

1）加载实验。打开 PanoSim 软件，导入软件自带的 Sample_Freeway-Exit-Entry_AEB_Python 实验，如图 2-3-47 所示。

2）打开 VehilceBuilder。左键选择左侧实验信息列表中 EgoCar 下的 C_Class_Sedan_ADAS，右键选择 Edit Dynamic（编辑动力学），进入车辆动力学参数设置界面，如图 2-3-48 所示。

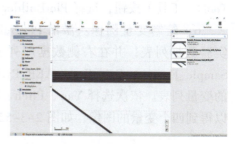

图 2-3-47　加载 Sample_Freeway-Exit-Entry_AEB_Python 实验

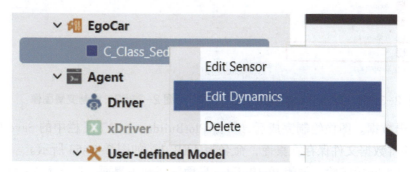

图 2-3-48　打开 VehicleBuilder 界面

3）设置簧载质量。单击 VehicleBuilder 界面左侧信息栏中的 Body（车身），并在 Mass properties（质量属性）中的 Sprung mass（簧载质量）处设为 1274kg，如图 2-3-49 所示。修改完成后单击上方的 Save（保存）按钮，从而保存此次修改。最后单击右上角的界面关闭按钮。

4）运行实验。回到主界面，单击上方的 Run 按钮，运行实验。软件弹出运行界面后，主车开始向前行驶，并遇到绿色参考车辆。当主车与参考车距离很近的时候，激活 AEB（Autonomous Emergency Braking）自动紧急制动系统进行制动。运行界面出现红色 AEB 标志。车辆制动成功，AEB 标志消失，如图 2-3-50 所示。此时单击运行界面左下角的停止实验按钮。

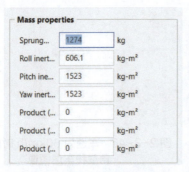
图 2-3-49　编辑簧载质量

图 2-3-50　实验停止时刻画面

5）激活 PlotBuilder。关闭仿真运行界面，回到主界面后，选择上方工具栏中的 Tools（工具）按钮，选择 PlotBuilder（绘图编辑器），如图 2-3-51 所示。

6）绘制变量图像。激活 PlotBuilder 后，单击左上角 Experiment（实验），激活实验数据列表，并在右侧数据库列表中键入 exit 关键字，并在筛选出的实验中选择 Sample_Freeway-Exit-Entry_AEB_Python 实验，左键拖拉到主界面中，从而激活左侧的变量列表。依次选择 Yaw、Pitch、Roll、Speed 几个变量，左键拖拉到主界面中，可以得到四个变量的图像，如图 2-3-52 所示。

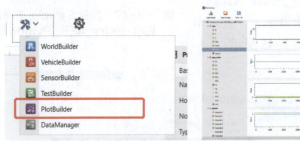
图 2-3-51　激活 PlotBuilder
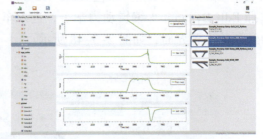
图 2-3-52　绘制变量图像

7）导出数据。图像绘制完成后，单击 PlotBuilder 上方工具栏中的 Save File（保存文件），并将数据文件保存在桌面，命名为 AEB_1，如图 2-3-53 所示。

8）另存为新的实验。关闭 PlotBuilder 界面，回到主界面。单击上方的 Save As（另存为）按钮，另存为 Sample_Freeway-Exit-Entry_AEB_Python_test_1，如图 2-3-54 所示。

图 2-3-53　导出数据

图 2-3-54　另存为新的实验

9）更换主车。删除原有主车。单击工具栏上方的 EgoCar（主车）按钮，激活车辆选择栏后，选择 A_Class_Sedan_ADAS 并拖拉到图 2-3-55 所示位置。右键单击左侧信息栏中 EgoCar 下的 A_Class_Sedan_ADAS，选择 Edit Dynamic，可查看新主车的质量为 747kg，如图 2-3-56 所示。

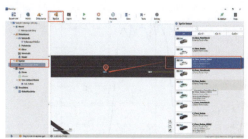

图 2-3-55　更换主车

图 2-3-56　A_Class_Sedan_ADAS 的簧载质量

10）运行实验。单击主界面上方的 Run 运行按钮，开始运行实验，直到 AEB 警告标志消失，如图 2-3-57 所示。

11）导出数据。与前述步骤相似，导出实验数据，绘制图像，如图 2-3-58 所示。保存数据文件为 AEB_2，如图 2-3-59 所示。

图 2-3-57　运行实验

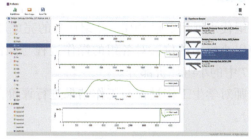

图 2-3-58　绘制图像

图 2-3-59　保存数据文件

12）数据简单分析。将两次实验中的 Pitch（俯仰角）放入一个图像中，如图 2-3-60 所示。两辆车都进行了制动，但是实验 1（蓝色）中车辆的俯仰角变化幅度大于实验 2（橙色）中车辆的俯仰角。造成该现象的原因之一是 C 级车辆比 A 级车辆更重，为了及时进行制动，不得不牺牲乘客的舒适度。感兴趣的同学可以查看其他变量的变化情况，并判断其是否与车身质量相关。

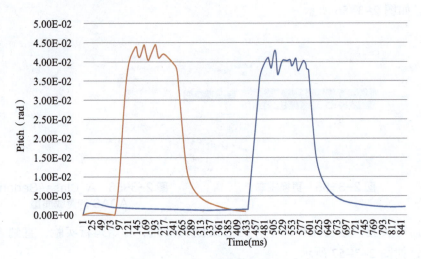

图 2-3-60　数据简单分析

评价反馈

1）各组代表展示汇报 PPT，介绍任务的完成过程。

2）请以小组为单位，对各组的操作过程与操作结果进行自评和互评，并将结果填入表 2-3-7 中的小组评价部分。

3）教师对学生工作过程与工作结果进行评价，并将评价结果填入表 2-3-7 中的教师评价部分。

表 2-3-7　综合评价表

班级		组别		姓名		学号	
实训任务							
评价项目		评价标准				分值	得分
小组评价	计划决策	制定的工作方案合理可行，小组成员分工明确				10	
	任务实施	能够正确检查并设置实训工位				5	
		能够准备和规范使用工具设备				5	
		能够掌握高速过弯对车辆行驶稳定性的影响				20	
		能够掌握车身重量对其制动距离的影响				20	
		能够规范填写任务工单				10	
	任务达成	能按照工作方案操作，按计划完成工作任务				10	
	工作态度	认真严谨、积极主动，安全生产，文明施工				10	
	团队合作	小组组员积极配合、主动交流、协调工作				5	
	6S 管理	完成竣工检验、现场恢复				5	
		小计				100	

（续）

评价项目		评价标准	分值	得分
教师评价	实训纪律	不出现无故迟到、早退、旷课现象，不违反课堂纪律	10	
	方案实施	严格按照工作方案完成任务实施	20	
	团队协作	任务实施过程互相配合，协作度高	20	
	工作质量	能准确完成实训任务	20	
	工作规范	操作规范，三不落地，无意外事故发生	10	
	汇报展示	能准确表达、总结到位、改进措施可行	20	
		小计	100	
综合评分		小组评价分 ×50%+ 教师评价分 ×50%		
总结与反思				
（如：学习过程中遇到什么问题→如何解决的 / 解决不了的原因→心得体会）				

任务四　动态元素仿真之交通流建模

学习目标

➢ 知识目标

- 了解交通流模型的概念。
- 掌握 Traffic Tools 交通工具的使用方法。
- 了解交通流对于智能驾驶测试的重要性。

➢ 技能目标

- 掌握简单交通流模型的数学原理。
- 具备根据指导在仿真软件中生成交通流的能力。
- 能够在没有指导的情况下调节交通流模型参数。

➢ 素养目标

- 了解交通与环境建模的重要性，提升学习新知识的能力。
- 养成定期反思与总结的习惯，改进不足，精益求精。
- 具有良好的团队协作精神和较强的沟通能力。

知识索引

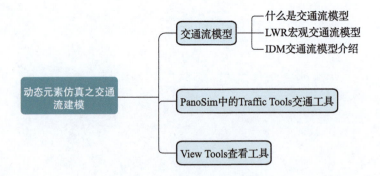

情境导入

交通流模型一方面可以模拟正常交通情况，为城市交通控制策略提供理论参考，另一方面可以用于测试智能网联车辆，检测车辆的性能。作为虚拟仿真测试工程师，你需要了解建立交通流模型的思路和调节其参数的方法，更好地进行智能网联车辆测试。

获取信息

> **引导问题 1**
>
> 请查阅相关资料，简述交通流模型的分类。
> _____
> _____
> _____

交通流模型

1. 什么是交通流模型

　　交通流模型是模拟真实世界交通的数学模型。根据仿真颗粒度的不同，可以将交通流模型分为宏观交通流和微观交通流。微观交通流模型中，每一个交通参与者都是一个独立的移动单元，因此，需要包含显性的交通参与者行为模型。宏观交通流模型的目的是获取某一区域内交通参与者的宏观变化情况，如流速与流量变化等，因此，它可能并不重视个别交通参与者的行为特征。

　　接下来会分别介绍 LWR 宏观交通流模型和 IDM 微观交通流模型。微观模拟模型是模拟每一辆车的行为的交通模型。这些模型经常被用来非常详细分析一小块区域（通常不超过一系列十字路口或上下坡道）。除了通常的交通密度、行程时间等宏观结果以外，微观模拟模型还可以生成研究区域的动画。这些动画可以显示每一辆单独车辆的行驶情况，使非专业人员也可以很容易理解。

　　评估先进驾驶辅助系统（ADAS）和进一步的高度自动化车辆（HAV）的安全性方法至关重要。人们普遍认为，虚拟测试将是其中的一部分，因为物理测试不会是详尽的。虚拟测试需要受控车辆的模型，也需要周围交通的模型，在很长一段时间内，这些交通将主要由人驾驶的车辆组成。因此，在进行自动驾驶测试时，需要使用的交通流模型应该是微观的。基于微观交通流的智能驾驶车辆测试已经成为行业内的一个研究热点。因此，希望学生以微观交通流模型为重点进行学习。

2. LWR 宏观交通流模型

　　早期的一阶宏观模型之一是由 Lighthill、Whitham 以及 Richards 开发的 LWR 模型。LWR（Lighthill-Whitham-Richards）模型使用连续性方程表示交通流的连续性行为。该模型假设交通流总是处于平衡状态。换言之，它假设流中任何点在任何时间的速度和密度值都是根据均衡关系进行的。显然，这是一个理想假设。但是，该模型在获取交通流的宏观特征方面具有里程碑式意义。

　　LWR 模型包括三个部分，即源自流体论的连续性方程、交通流基本方程（$q=uk$）和速度-密度平衡方程。以下各式即为宏观交通的守恒方程，一条道路被划分为若干路段，当没有车辆进入路段或离开该路段时遵守该守恒方程

$$\begin{cases} k_t + q_x = 0 \\ q = kv \\ u = u(k) \end{cases}$$

$$\frac{\partial k}{\partial t} + \frac{\partial q}{\partial x} = 0$$

式中，$q=q(t,x)$ 是流量；$k=k(t,x)$ 是密度。

LWR 模型中，假设交通始终保持平衡。因此，上式可以转化为下式形式

$$\frac{\partial k}{\partial t} + \frac{dq}{dk}\frac{\partial k}{\partial x} = 0$$

$u=u(k)$ 是流速，可以建立 u 与 k 之间的映射关系，因此

$$\frac{dk}{du}\frac{\partial u}{\partial t} + \frac{dq}{dk}\frac{dk}{du}\frac{\partial u}{\partial x} = 0$$

由于 $u(k)$ 并非定值，即 $\frac{dk}{du} \neq 0$，因此上式可改写如下

$$\frac{\partial u}{\partial t} + \frac{dq}{dk}\frac{\partial u}{\partial x} = 0$$

上式就是 LWR 的核心方程。

3. IDM 交通流模型介绍

微观交通模型根据具体场景可以分为换道模型、跟车模型、切入模型和切出模型。IDM 考虑了车辆自由行驶和跟车行驶的情况。实际上，IDM 可能是世界上使用最广泛的模型。IDM 模型进行了如下假设。

1）假设车辆的加速度与自身的速度是一个严格递减函数。

2）当没有车辆或障碍物进行阻挡的前提下，车辆倾向于以期望速度 v_0 行驶。

3）当前方存在前车或者障碍物时，车辆的加速度与距离呈递增关系，即距离趋近时会自动降低速度。值得注意的是，当障碍物或前车在交互范围之外，本车不会受到影响，仍然进行自由行驶。

4）本车的加速度与前车的车速呈递增关系，即本车与前车之间的距离在交互距离之内，前车的速度越大，本车也会倾向于加速，直到车速达到期望速度 v_0。

5）本车和前车或障碍物之间存在最小间隔 s_0，这导致本车与前车或障碍物之间的距离逐渐缩小到最小间隔 s_0 时，本车会倾向于急减速，以保证最小间隔。

6）在最小间隔基础上，还存在一个安全距离 s_0+vT，T 为安全时间。安全距离是在最小间隔基础上将车速和安全事件纳入安全考虑范围，从而让车辆更好地与前车或障碍物保持一定间隔，预防碰撞发生。

7）受到红绿灯等交通基础设施的约束。

8）加速度的变化率，即"加加速度"应当小于一定值，也就是加速度不可以任意变化率增大或减少。一般 $|J| \leq 1.5 \text{m/s}^2$。

IDM 模型的公式为

$$\dot{v} = a\left[1 - \left(\frac{v}{v_0}\right)^\delta - \left(\frac{s^*(v,\Delta v)}{s}\right)^2\right]$$

式中，a 为本车最大的加速度；v 为本车在此时刻的速度；v_0 为本车的期望速度；δ 为加速度指数；s 为本时刻本车与前车或障碍物距离，$s^*(v,\Delta v)$ 为期望跟车距离。

以上公式中主要包括两个部分，自由行使的减速度部分和因安全问题进行的减速度。用于衡量当前车速与期望车速之间差距的 $\left(\frac{v}{v_0}\right)^\delta$，可用于驱使车辆在当前车速与目标车速之间差距逐渐减小的时候进行减速。$\left(\frac{s^*(v,\Delta v)}{s}\right)^2$ 考虑的是期望车距与当前车距之间的差距引发的减速。$s^*(v,\Delta v)$ 期望车距的表达式如下

$$s^*(v,\Delta v)=s_0+\max\left(0,vT+\frac{v\Delta v}{2\sqrt{ab}}\right)$$

式中，T 为碰撞时间；a 为最大加速度；b 为期望减速度。

期望车距方程中的 s_0+vT 将安全间距纳入考虑，$\frac{v\Delta v}{2\sqrt{ab}}$ 将车速和加速度变化纳入考虑。

> **引导问题 2**
>
> 请查阅相关资料，简述 Traffic Tools 的功能。
> _____
> _____
> _____

PanoSim 中的 Traffic Tools 交通工具

PanoSim 内部嵌有微观交通流模型，因为软件版权原因，此处不会剖析相关数学模型，但是可以介绍相关功能。Traffic Tools 中可设置正常交通流，或称之为随机交通流。每个 World 文件有系统默认的随机交通，预览时实现有随机车辆在地图内，按照交通规则运行，可以使得场景更加逼真。如图 2-4-1 所示，单击左侧文件结构的 "Normal" 节点，可以打开随机交通的属性窗口。随机交通模型参数分为：Basic、Vehicle Ratio 和 Driver Ratio 三大类。Basic 中的 Seed 表示随机交通的生成样式，值不同对应着不同的随机交通样式（包含车辆的初始位置、比例、速度等）；将 Basic 中的 Vehicle Density 或 Pedestrian Density 设置为 0，可以在当前地图中关闭随机交通车流或人行横道的人流效果，如图 2-4-2 所示。也可以根据需要在 Vehicle Ratio 和 Driver Ratio 中修

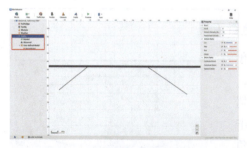

图 2-4-1　随机交通流面板

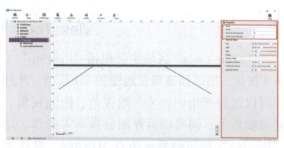

图 2-4-2　交通流参数设置

改各种驾驶员和各种车辆的比例。需要强调的是，如果采用正常交通流模型（随机交通流），在有信号灯和人行横道的场景，必须挂载 Traffic Dataset 中的 TrafficLightModel 和 CrosswalkModel，才能仿真正常合理的路口交通。

Traffic Tools 中也可设置异常交通流，如图 2-4-2 所示单击左侧文件结构的"Abnormal"节点，可以打开异常交通流的属性窗口（图 2-4-3）。异常交通流模型参数分为：Mean Speed、Emergency Ratio、Common Ratio 和 Casual Ratio 四个参数，Mean Speed 表示平均车速，Emergency Ratio 表示驾驶任务紧急比例，Commom Ratio 表示驾驶任务正常比例，Casual Ratio 表示驾驶任务轻松比例。

关于 Traffic Dataset 中，还包括三类模型 TrafficLightModel、CrosswalkModel 和 BarrierModel。TrafficLightModel 用于根据红绿灯信号控制随机车辆，实现路口交通；CrosswalkModel 根据人行横道上的随机行人控制随机车辆，避免随机车碰撞行人；BarrierModel 根据停车场出入口车辆进出，控制出入口抬杆的摆动。

如图 2-4-4 所示，除上述的默认正常交通流外，"Traffic Tools"区域主要包含"Traffic"按钮，用户可以单击该按钮打开已导入的外部交通模型。PanoSim 除了支持软件内置的交通模型外，还支持用户通过脚本的方式自定义交通模型。

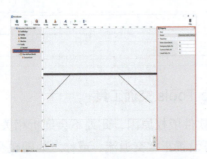

图 2-4-3　异常交通流参数设置

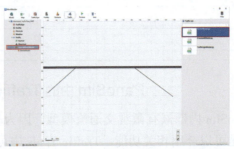

图 2-4-4　自定义交通流参数设置

> **引导问题 3**
>
> 请查阅相关资料，简述 View Tools 的功能。
> _____
> _____
> _____

View Tools 查看工具

"View Tools"区域主要包括"Preview"（预览）按钮，用以预览场景地图的 3D 模型。此外，还可以进行视角切换（鸟瞰视角、跟随视角、驾驶员视角）、调整动画界面分辨率等操作。单击"Preview"按钮会显示仿真 3D 动画，默认视角是鸟瞰视角，如图 2-4-5 所示。

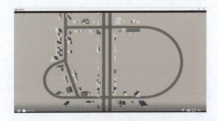

图 2-4-5　道路和交通流模型的鸟瞰图

任务分组

学生任务分配表见表 2-4-1。

表 2-4-1 学生任务分配表

班级		组号		指导老师	
组长		学号			
组员角色分配					
信息员		学号			
操作员		学号			
记录员		学号			
安全员		学号			
任务分工					
（就组织讨论、工具准备、数据采集、数据记录、安全监督、成果展示等工作内容进行任务分工）					

工作计划

根据前面所了解的知识内容和小组内部讨论的结果，制定工作方案，落实各项工作负责人，如任务实施前的准备工作、实施中主要操作及协助支持工作、实施过程中相关要点及数据的记录工作等，见表 2-4-2。

表 2-4-2 工作计划表

步骤	工作内容	负责人
1		
2		
3		
4		
5		
6		
7		
8		

进行决策

1）各组派代表阐述资料查询结果。

2）各组就各自的查询结果进行交流，并分享技巧。

3）教师对各组的计划方案进行点评。

4）各组长对组内成员进行任务分工，教师确认分工是否合理。

任务实施

引导问题 4

扫描二维码观看视频，了解如何进行相关实训，并简述操作要点。

_____

_____

参考操作视频，按照规范作业要求完成操作步骤，完成数据采集并记录。实训准备见表 2-4-3。

表 2-4-3　实训准备

序号	设备及工具名称	数量	设备及工具是否完好
1	计算机	1 台	□是 □否
2	实训工作页	1 本	□是 □否
3	笔	1 支	□是 □否
质检意见	原因：		□是 □否

在 PanoSim 中调节交通流模型，并查看仿真结果变化情况

1）进入 WorldBuilder。在 PanoSim 主界面，单击上方工具栏中的 Tools（工具栏），选择 WorldBuilder，激活 WorldBuilder 世界编辑器，如图 2-4-6 所示。

2）加载地图。单击 WorldBuilder 左上角的 World（世界）按钮，激活右侧的地图数据库。选择 Caeri_Traffic_Final 地图并拖拉到主界面中，完成地图加载，如图 2-4-7 所示。

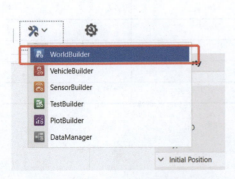

图 2-4-6　打开 WorldBuilder

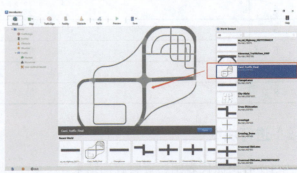

图 2-4-7　加载地图

3）设置参数。单击左侧信息栏中的Traffic（交通）下的Normal（正常）按钮，激活右侧的属性设置栏，如图2-4-8所示。该图中，Basic（基本属性）下的Seed（种子）控制的是随机种子，更大的种子值可以让产生的交通流随机性更强。VehicleDensity（车辆）可控制车辆密度；PedestrianDensity（行人密度）可控制行人密度，一般设置为0；VehicleRadio（车辆比例）下的Car（小汽车）、Van（货车）、Bus（公交）和Other（其他）可控制交通流中不同车辆的相对比例。DriverRatio为驾驶员比例，可控制不同类型，具体分成Cautious（谨慎）、Common（正常）和Radical（激进的）三类驾驶员（driver）的比例。

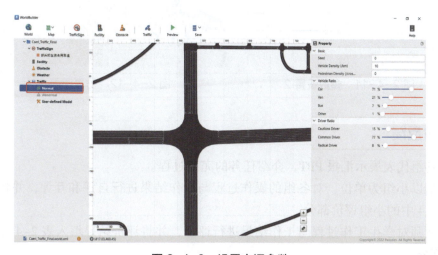

图2-4-8　设置交通参数

4）首先，将相关参数设置为图2-4-9所示形式，进行仿真实验（图2-4-10）。交通流总体稳定，且极少出现碰撞事故。

图2-4-9　参数设置1　　　图2-4-10　仿真画面1

5）进行以上实验后，将参数按照图2-4-11所示设置，并进行仿真，得到图2-4-12所示的画面。比较可知，第二次设置得到的交通流密度明显降低了。由于PanoSim模型相对保守，对参考车辆进行了事故避免手段，所以，在正常交通流仿真中很难找到事故场景。但是，PanoSim为高等级用户提供了开发接口，用于开发自定义交通流，如改进的IDM模型，详见官方阐述。

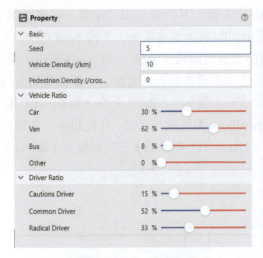 

图 2-4-11　参数设置 2　　　　图 2-4-12　仿真画面 2

评价反馈

1）各组代表展示汇报 PPT，介绍任务的完成过程。

2）请以小组为单位，对各组的操作过程与操作结果进行自评和互评，并将结果填入表 2-4-4 中的小组评价部分。

3）教师对学生工作过程与工作结果进行评价，并将评价结果填入表 2-4-4 中的教师评价部分。

表 2-4-4　综合评价表

班级		组别		姓名		学号	
实训任务							
评价项目		评价标准				分值	得分
小组评价	计划决策	制定的工作方案合理可行，小组成员分工明确				10	
	任务实施	能够正确检查并设置实训工位				5	
		能够准备和规范使用工具设备				5	
		能够掌握交通流模型各个假设所对应的具体情形				20	
		能够在 PanoSim 中调节交通流模型并查看结果的变化情况				20	
		能够规范填写任务工单				10	
	任务达成	能按照工作方案操作，按计划完成工作任务				10	
	工作态度	认真严谨、积极主动，安全生产，文明施工				10	
	团队合作	小组组员积极配合、主动交流、协调工作				5	
	6S 管理	完成竣工检验、现场恢复				5	
		小计				100	

（续）

评价项目		评价标准	分值	得分
教师评价	实训纪律	不出现无故迟到、早退、旷课现象，不违反课堂纪律	10	
	方案实施	严格按照工作方案完成任务实施	20	
	团队协作	任务实施过程互相配合，协作度高	20	
	工作质量	能准确完成实训任务	20	
	工作规范	操作规范，三不落地，无意外事故发生	10	
	汇报展示	能准确表达、总结到位、改进措施可行	20	
		小计	100	
综合评分		小组评价分 ×50%+ 教师评价分 ×50%		
总结与反思				
（如：学习过程中遇到什么问题→如何解决的 / 解决不了的原因→心得体会）				

能力模块三
车辆环境传感器构建

任务一 位姿传感器的仿真构建

学习目标

➢ 知识目标
- 掌握位姿传感器的功能。
- 了解位姿传感器发展历史。
- 了解位姿传感器的工作原理。

➢ 技能目标
- 具备简述位姿传感器工作原理的能力。
- 能够在仿真软件中展示位姿传感器功能。

➢ 素养目标
- 了解位姿传感器发展历史和工作原理,提升科学素养。
- 学会理论知识表达能力,培养观点表达能力。
- 具备良好的道德品质,尊重老师和同学。
- 养成定期反思与总结的习惯,改进不足,精益求精。

知识索引

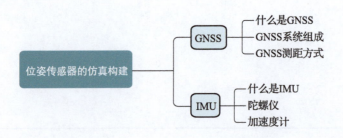

情境导入

位姿传感器（GNSS 全球导航卫星系统和 IMU 惯性导航系统）已经大规模商用。对于 4S 店销售员，需要了解位姿传感器功能的发展历史、基本工作原理及其未来发展趋势，从而在与客户交流的过程中展现自己的专业性。对于仿真工程师，GNSS 和 IMU 的基本工作原理和使用方法在智能网联汽车开发和测试中是不可或缺的。

获取信息

引导问题 1

请查阅相关资料，简述 GNSS 的测距方式。

_____
_____
_____

职业认证　智能网联汽车测试装调职业技能等级要求中的智能网联汽车智能传感器装配任务就要求报考人员能按照工艺文件正确完成传感器整车装配和装配参数测量。通过智能网联汽车测试装调职业技能等级考核可获得教育部 1+X 证书中的《智能网联汽车测试装调职业技能等级证书》。

GNSS

1. 什么是 GNSS

全球卫星导航系统（Global Navigation Satellite System，GNSS）是一种以人造卫星为基础的高精度无线电定位系统，如图 3-1-1 所示。该系统可为以全球任何地方以及近地空间提供准确的地理坐标信息、物体速度信息和精确的时间信息。GNSS 系统可以进行导航、授时和定位，为我们的日常生活带来了很大的便利。例如，手机或汽车的导航系统均依赖 GNSS 系统。此外，它还在军事、气象、农林牧渔、交通运输、航空航天等领域发挥着巨大的作用。目前，全球卫星定位系统主要有中国的北斗卫星导航系统（BDS）、美国全球定位系统（GPS）、俄罗斯全球导航卫星系统（GLONASS）

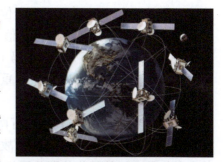

图 3-1-1　卫星导航系统依赖的导航卫星

和欧盟伽利略定位系统（Galileo）。其中，美国的 GPS 系统是全球最早的 GNSS 系统。该系统 1973 年开始搭建，1995 年全面投入运行。

2. GNSS 系统组成

每个全球卫星导航系定位系统都由以下三部分组成，即空间段（卫星星座）、地面控制段（地面监控）、用户段（接收机），如图 3-1-2 所示。

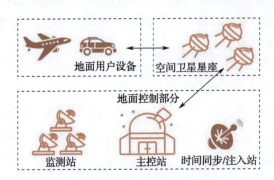

图 3-1-2　GNSS 系统组成

（1）空间段

由卫星或其他航天设备组成，传输的导航报文包括卫星轨道、位置、传输时间等信息。

（2）地面控制段

负责系统导航任务的运行控制，主要由主控站、时间同步/注入站、监测站等组成。主控站的主要任务包括收集各时间同步/注入站与监测站的导航信号监测数据、进行数据处理、生成导航电文、进行任务规划与调度、管理与控制系统运行、进行星地时间观测比对、向卫星注入导航电文参数、监测卫星有效载荷和分析异常情况等。时间同步/注入站主要功能是完成星地时间同步测量，向卫星注入导航电文参数。监测站可对卫星导航信号进行实时连续观测，为主控站提供实时观测数据。

（3）用户段

GNSS 接收机。用户的 GNSS 接收机主要功能是捕获按一定卫星截止角选择的待测卫星，并跟踪这些卫星的运行。当接收机捕获到跟踪的卫星信号后，即可测量出接收天线至卫星的伪距离与距离的变化率，解调出卫星轨道参数等数据。根据这些数据，接收机中的微处理计算机可按定位解算方法进行定位计算，计算出用户所在地理位置的经纬度、高度、速度、时间等信息。GNSS 卫星接收机接收到的是调制波信号，它包含了载波（L_1、L_2 等）、测距码（C/A 码和 P 码）和数据码（也叫导航电文），因此卫星信号经天线接收后需要进行重建载波和数据解码等工作，将导航电文从调制波中分离出来。

GNSS 检测距离的方式主要有两种：测量测距码信号到达接收机的伪距（由于各种误差，它并非真实的几何距离，故称伪距），即伪距测量；测量星载波信号与接收机的参考信号之间的相位差即载波相位测量。

3. GNSS 测距方式

本质上，GNSS 通过检测被测点与相关卫星之间的相对距离来进行定位。距离测量方法主要有两种,即伪距测距和载波相位测距。

(1)伪距测距

伪距测距利用卫星信号发出和接收时刻之间的时间差计算距离。由于 GNSS 卫星是不停运动的,测得的距值其实是接收机距离卫星飞行后方某个点的距离,所以被称为"伪距"。单个卫星测定的距离可以根据光速和时间差计算得到,如下式所示

$$\rho = c \cdot (T-T_1) = \sqrt{(X_1-X)^2+(Y_1-Y)^2+(Z_1-Z)^2}$$

式中,c 为光速。

对于三维空间,需要求解三个坐标。因此理论上至少需要三个卫星方可求得具体位置。可以看出等式左边皆为已知量,理论上只要接收到三颗卫星的数据,就可以求出定位设备的 (X,Y,Z) 这三个未知量。但是,实际上定位设备的时间(T)和卫星的时间(T_1)往往是不同步的,因此需要计算时间时需要考虑另一个未知数——钟差 [($T-T_1$)],所以我们需要再多一颗卫星,四颗卫星四个方程,解出四个未知数,从而获得较为准确的定位结果,如下面公式组所示

$$\begin{cases} c \cdot (T-T_1) = \sqrt{(X_1-X)^2+(Y_1-Y)^2+(Z_1-Z)^2} \\ c \cdot (T-T_2) = \sqrt{(X_2-X)^2+(Y_2-Y)^2+(Z_2-Z)^2} \\ c \cdot (T-T_3) = \sqrt{(X_3-X)^2+(Y_3-Y)^2+(Z_3-Z)^2} \\ c \cdot (T-T_4) = \sqrt{(X_4-X)^2+(Y_4-Y)^2+(Z_4-Z)^2} \end{cases}$$

伪距测距的定位精度一般是在几米到几十米。定位设备和卫星之间的距离 ρ,称为伪距(Pseudo Range)。之所以被称为伪距,因为其并非真实距离,而是一个近似值,与真实值之间存在各种因素造成的偏差,如卫星钟误差、星历误差;卫星信号在穿过大气层时会产生延时导致误差,如电离层延时、对流层延时;在传播过程中由于信号反射的多路径效应产生的误差等。

(2)载波相位测距

一般无线电信号需要通过调制到载波上进行传输以提升信号传播能力(图 3-1-3)。载波一般为正弦波。以 GPS 为例,其两个载波频率为 $L1$ 和 $L2$。$L1$ 为 1575.42MHz,$L2$ 为 1227.60MHz,它们的波长分别为 190mm 和 244mm。

假设卫星在某一时刻的载波相位为 φ_0,经过距离 L 后到达接收机时相位为 φ_1,那么载波所经历过的载波相位变化为 ($\varphi_1-\varphi_0$),则距离 L 可表示为

$$L = \lambda \cdot (\varphi_1 - \varphi_0)$$

($\varphi_1-\varphi_0$) 可以分解为完整的载波周期个数和不足一个载波周期的相位差两个部

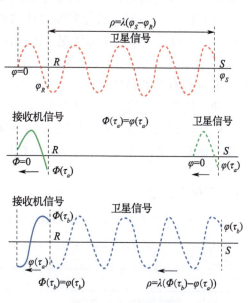

图 3-1-3 载波原理

分。由此得到下式

$$L=\lambda \cdot (N-\Delta\varphi)$$

式中，λ 为载波的波长；N 为载波相位差中的整周期部分，不可直接测量，因此被称为周整模糊度；$\Delta\varphi$ 为载波相位差中的不足一个载波周期的部分，但这部分可以精确测量。

因此，如果能得到 N，那么设备和卫星之间的距离 L 将可以被十分精确地测量。经过上一小节的学习，我们知道如何计算伪距 ρ，那么我们可以用伪距来粗略估算周整模糊度 N，公式如下

$$N=[(\rho/\lambda)-\Delta\varphi]$$

式中 $[\cdot]$ 为取整计算。

由于伪距精度较低，故求得的 N 的误差也比较大。除此之外，还有其他计算 N 的方式，如静态相对定位法。静态相对定位法一般需要数小时的观测，但其解算精度较高。由于周整模糊度理论上是整数，所以在解算中其整数解一般精度在 1~2cm 级别，在无整数解时其浮点解一般精度在 10cm 左右，已经可以满足大多数使用场合对精度的要求。

（3）基于差分的精度提升方法

因为大气、温度等因素的影响，伪距与真实值之间的误差可能很大。因此科学家尝试寻找降低该误差的方法。假设我们在地面上有一个位置已知的点，我们在此处架设一台卫星定位设备，在该点测量到的伪距为 ρ，由于该点的位置已知，我们可以计算出该点和卫星之间的真实距离 L，那么（$\rho-L$）为测量值与真实值之间的误差。该误差值即可用来对设备周围的手机、车载 GNSS 等设备进行偏差修正，从而提升定位精度。该放在已知点上的设备称为基准站，简称基站。

基站可以进行位置、伪距和载波相位三个方面的误差纠正，即可实现位置差分、伪距差分和载波相位差分。

1）位置差分。基站播发送位置偏差后，移动站将自身计算出位置机上基站播发的差值得到自身的最终位置。由于该方法要求移动站与基准站各自计算得到的位置坐标中包含相同的误差项，因此需要移动站和基准站均采用同一种定位算法和同一套卫星测量值，不符合大多数实际情况，因此比较难实现，且性能不好，实际中应用较少。

2）伪距差分。基站发出伪距之差后，移动站将自身伪距观测值加上基站播发的伪距差值得到自身的最终伪距，并进行位置解算。这种方式不要求移动站和基准站采用同一种定位算法，其精度可达分米级。

3）载波相位差分。基站播发的是载波相位差分修正项。移动站根据接收到的修正项，计算周整模糊度，从而大幅提高定位精度，其精度最高可达毫米级。

> **引导问题 2**
>
> 请查阅相关资料，简述 IMU 的结构与功能。

IMU

1. 什么是 IMU

IMU（Inertial Measurement Unit，惯性传感器）是测量物体三轴姿态角（或角速度）及加速度的装置。惯性导航系统的核心装置包括陀螺仪和加速度计。依靠内置的加速度传感器和陀螺仪，IMU 可测量来自横向、纵向、垂向三个方向的线性加速度和旋转角速度，然后通过计算可获得载体的姿态、速度和位移等信息。IMU 具有输出信息不间断、不受外界干扰等独特优势，可保证实时地以高频次输出车辆运动参数，为车辆控制器的决策提供连续的车辆位置、姿态信息，是智能网联汽车不可或缺的装置。实际上，IMU 在智能手表和手机上也有广泛应用。

2. 陀螺仪

根据不同工作原理，陀螺仪可分为 3 类：机械式陀螺仪（mechanical gyroscopes）、光学式陀螺仪（optical gyroscopes）和 MEMS 陀螺仪（MEMS gyroscopes）。

（1）机械式陀螺仪（mechanical gyroscopes）

机械式陀螺仪（图 3-1-4）的原理：根据角动量守恒原理，当陀螺仪转子高速旋转且没有任何外力矩作用在陀螺仪上时，陀螺仪的自转轴在惯性空间内的指向不会发生改变，且能够抵消任何改变转子轴向的力量。若把一个高速旋转的陀螺仪放置到被测量的物体上，当被测物体旋转时，陀螺仪的自转轴在惯性空间中的指向是不变的，因此可以将其作为恒定的参考系，随时计算得到载体的角度变化情况。

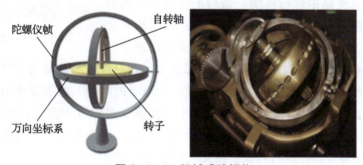

图 3-1-4　机械式陀螺仪

设质点在某时刻的动量为 mv，对固定点 O 的矢径为 r，图 3-1-5 所示为质点对固定点 O 的动量矩，即

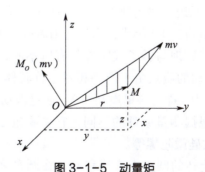

图 3-1-5　动量矩

$$M_o(mv)=r \times (mv)$$

上面的式子对时间求导，得到

$$\frac{d}{dt}[M_o(mv)]=\frac{d}{dt}[r \times (mv)]=\frac{dr}{dt} \times (mv)+r \times \frac{d(mv)}{dt}=v \times (mv)+r \times \frac{d}{dt}(mv)$$

上式右边第一项为零，根据动量定理

$$\frac{d}{dt}(mv)=F$$

因此

$$\frac{d}{dt}[M_o(mv)]=r \times F=M_o(F)$$

因此，求出质点对固定点 O 的动量矩对时间的一阶导数后，可得作用力对同一点的力矩。在没有外力作用或者作用于质点的力对于固定点 O 的力矩恒为 0 时，质点对该固定点的动量矩保持不变，即质点的转动方向不发生任何变化。

（2）光学式陀螺仪（optical gyroscopes）

光学式陀螺仪（图3-1-6）的理论基础是"萨格纳克效应"（Sagnac Effect）效应。依据物理学上的相干光学理论可计算得到旋转角速度。"萨格纳克效应"是光在相对于惯性空间转动的闭环光路中传播时存在的一种效应，即从同一光源发出的两束特征相等的光，以相反的方向在同一闭合光路中进行传播，最后汇合到同一探测点。当物体"激光器"没有发生角位移时，两束激光之间没有光程差。它们会聚在一起，不会出现干涉现象。

图 3-1-6 光学式陀螺仪

如果物体，即闭合光路本身进行了转动，那么光线会沿着光路转动的方向前进，所需要的时间大于沿着这个光路转动相反的方向前进所需要的时间，两束激光相遇时就会产生干涉，由此可出计算出物体的角速度。光学式陀螺仪可以分为激光陀螺仪和光纤陀螺仪。激光陀螺仪重量轻、尺寸小、精度高、可靠性好、动态范围大、响应时间短、耐冲击和振动、工作寿命和存放时间长。激光陀螺的最高零偏稳定性可达 1.5×10^{-4}（°）/h。

（3）MEMS 陀螺仪

MEMS（Micro Electro Mechanical Systems，微电子机械系统）是建立在微米/纳米技术基础上的前沿技术，是一种可对微米/纳米材料进行设计、加工、制造、测量和控制的技术。它可将机械构件、光学系统、驱动部件、电控系统集成为一整体单元的微型系统。

MEMS 陀螺仪起源于 20 世纪 80 年代，指的是用微机械加工工艺制造的陀螺仪，目前主流是振动式陀螺仪，其原理与转子式陀螺仪有所不同，主要利用科里奥利力原理（在旋转体系中进行直线运动的质点由于惯性相对于旋转体系会产生直线运动的偏移，这个导致偏移产生的"虚拟力"称为科里奥利力），通过振动来诱导和探测科里奥利力，从而对角速度进行测量。根据测量原理的不同，它主要包括框架式角振动陀螺、音叉式梳状谐振陀螺、振动轮式硅微陀螺等。

假设一个物体在一个旋转的圆盘上直线移动，在圆盘之外看该物体，它仿佛受到某个力的牵引，进行曲线运动，仿佛受到一个虚拟力的作用。由于这个虚拟力是由法国科学家 Coriolis 提出来的，所以被称为科里奥利力（Coriolis force），也称哥里奥利力，简称为科氏力，如图 3-1-7 所示。它是对旋转体系中进行直线运动的质点由于惯性相对于旋转体系产生的直线运动的偏移的一种描述。换言之，它可表达为下式

$$F_{\text{coriolis}}=-m^b\omega \times v$$

图 3-1-7　科里奥利力

为了产生科里奥利力，MEMS 陀螺仪通常安装有两个方向的可移动电容板，径向的电容板加振荡电压迫使物体做径向运动，横向的电容板测量由于横向科里奥利运动带来的电容变化。这样，MEMS 陀螺仪内的"陀螺物体"在驱动下就会不停地来回做径向运动或振荡，从而模拟出科里奥利力不停地在横向来回变化的运动，并可在横向做与驱动力差 90°的微小振荡。这种科里奥利力正比于物体角速度，所以由电容的变化便可以计算出 MEMS 陀螺仪的角速度。

3. 加速度计

根据原理不同，可将加速度计分为压电式和电容式。

（1）三轴加速度计

压电式加速度计（图 3-1-8）由质量块、压电材料（通常为压电陶瓷或石英晶体）、外壳组成，如图 3-1-8 所示。根据压电效应，即某些类型的晶体在受到压力时会产生电压，被测物体的加速度传输到质量块，然后在压电晶体上生成相应的力。这个力会使晶体产生电压，电压与所施加力成正比，因而也与加速度成正比。

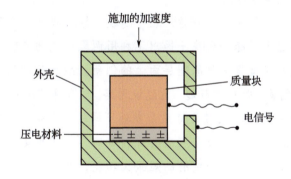

图 3-1-8　压电式加速度计

（2）电容式加速度计

电容式加速计是基于电容极距变化的原理。图 3-1-9 中，当质量块受外力作用运动，会改变质量块与两个固定电极之间的间隙（d_1 和 d_2），进而使电容值变化（C_1 和 C_2），再通过衡量电容的变化去衡量加速度的数值。随着加工工艺的提升，加速度计的体积也在不断缩小。常用的智能手机中也安装了加速度计。

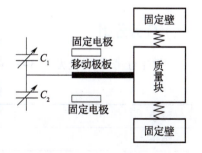

图 3-1-9　电容式加速度计

拓展阅读

"GNSS（全球导航卫星系统）将改变人们生活的方方面面，其应用仅受人类想象力的制约"。在中国科协组织的"科学家与媒体面对面"2011年首场活动现场，科学家刘经南用这样的话描述了"北斗"的应用前景。

十余年过去了，曾经的豪言壮语变成了现实。2022年11月4日，国务院新闻办发布《新时代的中国北斗》白皮书。中国卫星导航系统管理办公室主任、北斗卫星导航系统新闻发言人冉承其在新闻发布会上指出，北斗正在成为智能手机、可穿戴设备等大众消费产品标准配置。2022年上半年，中国境内申请入网的智能手机中，128款支持北斗定位，出货量超1.3亿部，占2022年上半年总出货量的98%以上。手机地图导航中，北斗定位服务日均使用量已突破1000亿次。

现在，北斗已经广泛应用于交通运输、农林渔业、水文监测、气象测报、通信授时、电力调度、救灾减灾、公共安全等领域。基于北斗系统的导航服务已广泛进入中国大众消费、共享经济和民生领域。大家日常使用的智能手机，大都支持北斗卫星导航定位。北斗地基增强功能可向用户提供实时米级、分米级、厘米级或者事后毫米级的高精度定位，时下热门的车道级导航也正在试点运用。如今，支持"北斗+5G"的无人配送车已经走入日常生活，可以为我们提供快递和外卖配送服务。

自主创新精神正是北斗的命脉，北斗建设初期，我国受到西方严密技术封锁。在这样的形势下，陈芳允院士提出了利用两颗地球同步轨道卫星开展双星定位的设想，这本身就是一种原理层面上的创新。经过长期论证，北斗团队提出了"立足自主创新，跳跃式赶超"的建设思路。这是条"小步快走、分段跨越"的路，它与GPS一步到位的建设路线是截然不同的，也是符合中国国情的。时至今日，北斗是世界上唯一包含双向有源和单向接收两种定位技术体制的卫星导航系统，拥有其他导航系统没有的短报文功能，北斗用户既能定位又能向外发送短信。这是北斗对世界导航系统的贡献。

任务分组

学生任务分配表见表3-1-1。

表3-1-1　学生任务分配表

班级		组号		指导老师	
组长		学号			

（续）

组员角色分配			
信息员		学号	
操作员		学号	
记录员		学号	
安全员		学号	
任务分工			
（就组织讨论、工具准备、数据采集、数据记录、安全监督、成果展示等工作内容进行任务分工）			

工作计划

根据前面所了解的知识内容和小组内部讨论的结果，制定工作方案，落实各项工作负责人，如任务实施前的准备工作、实施中主要操作及协助支持工作、实施过程中相关要点及数据的记录工作等，见表3-1-2。

表 3-1-2　工作计划表

步骤	工作内容	负责人
1		
2		
3		
4		
5		
6		
7		
8		

进行决策

1）各组派代表阐述资料查询结果。
2）各组就各自的查询结果进行交流，并分享技巧。
3）教师对各组的计划方案进行点评。

4）各组长对组内成员进行任务分工，教师确认分工是否合理。

任务实施

引导问题 3

扫描二维码观看视频，了解如何进行相关实训，并简述操作要点。

_____

_____

_____

参考操作视频，按照规范作业要求完成操作步骤，完成数据采集并记录。实训准备见表 3-1-3。

表 3-1-3　实训准备

序号	设备及工具名称	数量	设备及工具是否完好
1	计算机	1 台	□是□否
2	实训工作页	1 本	□是□否
3	笔	1 支	□是□否
质检意见	原因：		□是□否

IMU 实验

PanoSim 中的 IMU（Inertial Unit）惯性测量单元传感器，主要模拟具有 9 通道输出信号的三轴惯性导航单元。相关参数请参见表 3-1-4 与表 3-1-5。

表 3-1-4　IMU 模型可设置参数表

英文名称	参数说明	数据类型	单位	取值范围	默认值	备注
X	传感器在车辆坐标系上的 X 坐标	float	m	(-inf, +inf)	0	
Y	传感器在车辆坐标系上的 Y 坐标	float	m	(-inf, +inf)	0	
Z	传感器在车辆坐标系上的 Z 坐标	float	m	(-inf, +inf)	0	
Yaw	传感器在车辆坐标系下的航向角	float	degree	[0, 360)	0	
Pitch	传感器在车辆坐标系下的俯仰角	float	degree	[0, 360)	0	
Roll	传感器在车辆坐标系下的翻滚角	float	degree	[0, 360)	0	
Frequency	频率	int	Hz	[1, 60]	100	
Accelerometer X Bias	X 向加速度噪声模型偏差	float	m/s^2	(-inf, +inf)	1	
Accelerometer X Stddev	X 向加速度噪声模型标准差	float	m/s^2	[0, +inf)	0.001	

（续）

英文名称	参数说明	数据类型	单位	取值范围	默认值	备注
Accelerometer Y Bias	Y 向加速度噪声模型偏差	float	m/s^2	(-inf, +inf)	0.001	
Accelerometer Y Stddev	Y 向角速度噪声模型标准差	float	m/s^2	[0, +inf)	0.001	
Accelerometer Z Bias	Z 向加速度噪声模型偏差	float	m/s^2	(-inf, +inf)	0.001	
Accelerometer Z Stddev	Z 向加速度噪声模型标准差	float	m/s^2	[0, +inf)	0.001	
Gyroscope X Bias	X 轴角速度噪声模型偏差	float	rad/s	(-inf, +inf)	0.001	
Gyroscope X Stddev	X 轴角速度噪声模型标准差	float	rad/s	[0, +inf)	0.001	
Gyroscope Y Bias	Y 轴角速度噪声模型偏差	float	rad/s	(-inf, +inf)	0.001	
Gyroscope Y Stddev	Y 轴角速度噪声模型标准差	float	rad/s	[0, +inf)	0.001	
Gyroscope Z Bias	Z 轴角速度噪声模型偏差	float	rad/s	(-inf, +inf)	0.001	
Gyroscope Z Stddev	Z 轴角速度噪声模型标准差	float	rad/s	[0, +inf)	0.001	
Compass Bias	航向噪声模型的偏差	float	rad	(-inf, +inf)	0.001	
Compass Stddev	航向噪声模型的标准差	float	rad	[0, +inf)	0.001	

表 3-1-5　IMU 模型输出参数表

英文名称	参数说明	数据类型	单位	取值范围	备注
Timestamp	仿真时间戳	int	ms	[0, +inf)	
ACC_X	X 向加速度	double	m/s^2	[-10, 10]	
ACC_Y	Y 向加速度	double	m/s^2	[-10, 10]	
ACC_Z	Z 向加速度	double	m/s^2	[-10, 10]	
Gyro_X	X 轴角速度	double	rad/s	[-10, 10]	
Gyro_Y	Y 轴角速度	double	rad/s	[-10, 10]	
Gyro_Z	Z 轴角速度	double	rad/s	[-10, 10]	
Yaw	车辆航向角 Yaw 角	double	rad	[-π, π]	
Pitch	车辆航向角 Pitch 角	double	rad	[-π, π]	
Roll	车辆航向角 Roll 角	double	rad	[-π, π]	

1）添加车辆。在 PanoSim 软件中，打开 SensorBuilder 后，在右侧的车辆列表中选择需要使用的车辆，并左键拖拉入主界面中，即可完成车辆添加，如图 3-1-10 所示。

2）添加 IMU 传感器。车辆选择完成后，选择上方传感器工具栏中的 IMU，然后单击右侧的传感器数据集，并拖拉到主界面，即可完成相应传感器添加（图 3-1-11）。

3）查看或修改模型参数。添加传感器后，单击左侧设置列表中 IMU 下刚添加的传感器，在右侧会显示相关参数，如图 3-1-12 所示。修改这些参数然后保存，即可完成传

图 3-1-10　添加车辆

感器与车辆模型的绑定。

 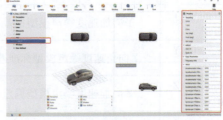

图 3-1-11　添加 IMU 传感器　　　图 3-1-12　查看或修改模型参数

GNSS 实验

PanoSim 中的 GNSS 模型可模拟发送传感模型所在位置的 GNSS 信息。输出为 WGS84 坐标系对应的经纬度。相关参数请参见表 3-1-6 与表 3-1-7。

表 3-1-6　GNSS 模型可设置参数表

英文名称	参数说明	数据类型	单位	取值范围	默认值	备注
X	传感器在车辆坐标系上的 X 坐标	float	m	(–inf, +inf)	0	
Y	传感器在车辆坐标系上的 Y 坐标	float	m	(–inf, +inf)	0	
Z	传感器在车辆坐标系上的 Z 坐标	float	m	(–inf, +inf)	0	
Yaw	传感器在车辆坐标系下的航向角	float	degree	[0, 360)	0	
Pitch	传感器在车辆坐标系下的俯仰角	float	degree	[0, 360)	0	
Roll	传感器在车辆坐标系下的翻滚角	float	degree	[0, 360)	0	
Zone	时区	int	/	[1, 60]	51	
Hemisphere (N/S)	半球（北/南）	string	/	N/S	N	
Year	年	int	/	[1980, 2080]	2000	
Month	月	int	/	[1, 12]	1	
Day	日	int	/	[1, 31]	1	
Hour	小时	int	/	[0, 24]	20	
Minute	分钟	int	/	[0, 60]	45	
Sec	秒	int	/	[0, 60]	0	
Frequency	频率	int	Hz	[0, +inf)	10	

表 3-1-7　GNSS 模型输出参数表

英文名称	参数说明	数据类型	单位	取值范围	备注
Timestamp	仿真时间戳	int	ms	[0, +inf)	
Longitude	GNSS 传感器经度	double	degree	[–180, 180]	
Latitude	GNSS 传感器纬度	double	degree	[–90, 90]	
Altitude	GNSS 传感器海拔	double	m	(–inf, +inf)	
Heading	GNSS 传感模型所在车辆行驶方向	double	degree	[0, 360)	
Velocity	GNSS 传感模型所在车辆行驶速度	double	m/s	[0, 100]	

GNSS 实验相关操作与 IMU 相似，请自行进行相关实验。

评价反馈

1）各组代表展示汇报 PPT，介绍任务的完成过程。

2）请以小组为单位，对各组的操作过程与操作结果进行自评和互评，并将结果填入表 3-1-8 中的小组评价部分。

3）教师对学生工作过程与工作结果进行评价，并将评价结果填入表 3-1-8 中的教师评价部分。

表 3-1-8　综合评价表

班级		组别		姓名		学号	
实训任务							
评价项目		评价标准			分值		得分
小组评价	计划决策	制定的工作方案合理可行，小组成员分工明确			10		
	任务实施	能够正确检查并设置实训工位			5		
		能够准备和规范使用工具设备			5		
		能够完成 IMU 传感器与车辆模型的绑定			20		
		能够使用 GNSS 模型模拟发送传感模型所在位置的 GNSS 信息			20		
		能够规范填写任务工单			10		
	任务达成	能按照工作方案操作，按计划完成工作任务			10		
	工作态度	认真严谨、积极主动，安全生产，文明施工			10		
	团队合作	小组组员积极配合、主动交流、协调工作			5		
	6S 管理	完成竣工检验、现场恢复			5		
		小计			100		
教师评价	实训纪律	不出现无故迟到、早退、旷课现象，不违反课堂纪律			10		
	方案实施	严格按照工作方案完成任务实施			20		
	团队协作	任务实施过程互相配合，协作度高			20		
	工作质量	能准确完成实训任务			20		
	工作规范	操作规范，三不落地，无意外事故发生			10		
	汇报展示	能准确表达、总结到位、改进措施可行			20		
		小计			100		
综合评分		小组评价分 ×50%+ 教师评价分 ×50%					
总结与反思							

（如：学习过程中遇到什么问题→如何解决的 / 解决不了的原因→心得体会）

智能网联汽车仿真与测试

任务二　摄像头的仿真构建

学习目标

➢ 知识目标

- 掌握摄像头的基本工作原理。
- 了解摄像头的发展历史。

➢ 技能目标

- 掌握摄像头的基本工作原理。
- 能够在仿真软件中展示摄像头功能。

➢ 素养目标

- 了解摄像头发展历史和工作原理，提升科学素养。
- 掌握理论知识表达能力，培养观点表达能力。
- 养成定期反思与总结的习惯，改进不足，精益求精。

知识索引

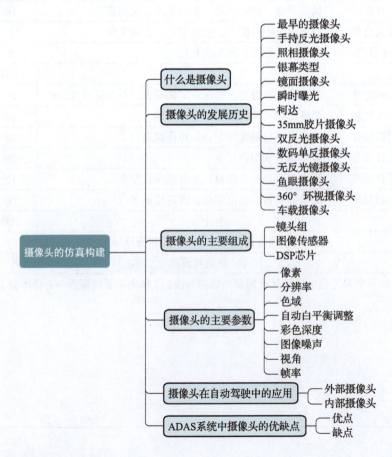

情境导入

摄像头已经成为智能网联汽车不可或缺的传感器。作为 4S 店销售人员，需要了解常见的摄像头类型以及其在智能网联汽车中的基本应用。作为虚拟仿真测试工程师，需要在掌握前述知识的基础上了解各个摄像头的基本工作原理，从而在测试智能网联汽车时正确安装和调试相关设备。

获取信息

引导问题 1

请查阅相关资料，简述摄像头的定义。

_____
_____
_____

什么是摄像头

摄像头是一种拍摄照片和录像的视觉输入设备。它由一个镜头、一个快门和一个传感器组成。当我们使用胶片摄像头拍摄照片时，摄像头镜头会暂时将胶片暴露在穿过镜头的光线下，通过胶片中的感光层的化学变化来记录图像，捕捉到图像的照片经历冲洗等一系列流程就能生成照片。在数字摄影中，光线的光子穿过光学元件，到达数字光学设备上。这些传感器由数百万个光电探测器组成，形成摄影图像。

鱼眼镜头是一种超广角镜头，它产生强烈的视觉失真，旨在创建宽全景或半球形图像，如图 3-2-1 所示。鱼眼镜头可实现极宽的视角，远远超过任何直线镜头。鱼眼镜头不是用透视的直线来产生图像（直线图像），而是使用特殊的映射，这给图像提供了一种特征的凸形非直线外观。

在摄影中，全向摄像头也被称为 360° 摄像头，是一种视野几乎覆盖整个球体或至少在水平面上覆盖一个完整圆的摄像头，如图 3-2-2 所示。全向摄像头在需要大视野覆盖的领域非常重要，例如全景摄影和机器人技术。

图 3-2-1　鱼眼镜头捕捉到的影像

图 3-2-2　一条走廊的 360° 影像

引导问题 2

请查阅相关资料，简述无线电信号如何根据频率进行分类。

_____
_____
_____

摄像头的发展历史

1. 最早的摄像头

历史上已知的第一台摄像头是暗箱摄像头。对暗箱的概念描述可以在公元前400年墨子的著作中找到，也可以在公元前330年左右亚里士多德的著作中找到。大约在公元1000年，阿拉伯学者伊本·海瑟姆提出了暗箱的概念。暗箱摄像头不拍照，而是通过透镜聚焦光线（严格来说是一个小孔），并将其投射到屏幕上。针孔摄像头是暗箱摄像头的近距离变种。这种设备是从静止摄影到电影摄像机和电影放映机的一切成像设备的先驱。

2. 手持反光摄像头

1685年，德国作家约翰·扎恩提出了一种被称为手持反光摄像头的设计方案。然而，直到大约1816年，法国发明家约瑟夫·尼科弗·尼埃普斯创造了一个原型，才有发明家真正实现了摄像头。

3. 照相摄像头

虽然摄像头的发明得益于几个世纪的贡献，但历史学家普遍认为，第一台照相摄像头是法国人约瑟夫·尼科弗·尼埃普斯于1816年发明的。尼普斯将摄影图像绘制在衬里有氯化银的纸上，他在大约1826年制作的一张照片是现存最古老的照片。这第一张照片仍然在美国奥斯汀的德克萨斯大学展出。

4. 银幕类型

路易斯·达盖尔在1829年创造了一种更实用的摄像头型号。达盖尔的摄像头拍摄的图像被称为银版，他的方法定义了19世纪中期的摄像头。银版印刷过程包括在铜板上涂上一层银，在碘中敏化它，然后在热汞上显影。亨利·福克斯·塔尔博特的银版印刷术在这个时代也很受欢迎。

5. 镜面摄像头

达盖尔摄像头系统的问题是图像褪色很快。美国发明家亚历山大·S·沃尔科特纠正了这一点，他发明了后来广为人知的镜子摄像头。这台摄像头拍的是正片，而不是反色的负片。

6. 瞬时曝光

在1871年，理查德·利奇·马多克斯发明了一种能够产生瞬时曝光的明胶干版——成为20世纪宝丽来摄像头的前身。

7. 柯达

直到美国人乔治·伊士曼率先使用胶卷摄像头，模拟摄影才达到顶峰。伊士曼从纸质胶卷开始，但很快就转向了赛璐珞胶片。1888 年，伊士曼开始销售一种盒式摄像头，他称之为柯达。一台柯达摄像头有 100 张底片，不得不送回位于纽约罗切斯特的伊士曼柯达工厂进行冲洗。1901 年，这些最初的胶片摄像头让位于柯达的 Brownie 摄像头，后者是一种更便宜的变种。

8. 35 mm 胶片摄像头

在 1905 年至 1913 年间，摄像头公司推出了独立的 35 mm 胶卷，可以插入和取出用户自己的摄像头。奥斯卡尔·巴纳克是一位德国发明家和摄影师，他被普遍认为是 35mm 胶片摄像头问世的功臣，首先是他为莱茨公司创造的徕卡摄像头。然而，柯达很快就成为世界上 35 mm 摄像头摄影胶卷的领先供应商，其他公司如富士等，后来也加入了激烈的竞争。

9. 双反光摄像头

随着镜头反光摄像头的发明，摄像头获得了重大进步，它引入了取景器、五棱镜、可变快门速度和可拆卸镜头等功能。此类摄像头中最早上市的是德国公司 Franke&Heidecke 在 20 世纪 20 年代推出的双镜头反光摄像头（简称 TLR）。TLR 摄像头很快被单镜头反光摄像头（或称单反摄像头）所取代。

10. 数码单反摄像头

第一台数码单反摄像头于 1999 年问世，经过短短几年的技术改进，基本上取代了单镜头反光摄像头。数码单反摄像头（DSLR 或数码单反）是一种提供高端图像质量的摄像头，被业余爱好者和专业人士广泛使用。单反摄像头可以让你直接通过取景器看到你正在拍摄的准确图像，让你更好地可视化和捕捉你希望的场景。

11. 无反光镜摄像头

2004 年，爱普生发布了第一款无反光镜摄像头，这是一种没有反光镜的摄像头。光线直接通过镜头到达数字传感器，然后数字传感器将你选取的图像显示在摄像头的 LCD 屏幕上，允许你在拍摄之前调整设置和预览图像。虽然以前不被认为是可更换镜头的摄像头，但改进和进步已经为更多的无反射镜镜头铺平了道路，将这种摄像头带入了可定制摄影的前沿。

12. 鱼眼摄像头

1779 年，霍勒斯·贝内迪克特·德·索绪尔发表了他的阿尔卑斯山俯视鱼眼图："所有的物体都是从中心透视绘制的。" 1924 年，罗伯恩·希尔（Robin Hill）首次描述了一种具有 180°覆盖度的透镜，该透镜曾在 1923 年 9 月用于云测量。该透镜由 Hill 和 R.&J.Beck，Ltd. 设计，于 1923 年 12 月获得专利。希尔天空透镜现在被认为是第一个鱼眼透镜。鱼眼扭曲全景图的出现早于摄影术和鱼眼镜头的发明。

13. 360°环视摄像头

全景 360°成像始于 1787 年，当时英国画家罗伯特·巴克为他在圆柱面上展示的画作创造了"全景"一词。Panorama 这个名字来源于希腊语 PAN（全部）和 Horama（视野），真正代表了巴克在伦敦莱斯特广场特意建造的全景建筑中展示的东西。进入大楼后，参观者发现自己站在一个中央平台上，周围环绕着一幅连续的画作，描绘了工业革命中的伦敦城等景色。第一次扩大了传统图像表现的范围，向广大观众展示 360°

图像，让他们感觉就像站在卡尔顿山上俯瞰爱丁堡的风景。罗伯特·巴克从这项发明中赚了一大笔钱，并随手打开了通往全景成像奇妙世界的大门。

不久之后的 1826 年，法国人约瑟夫·尼科弗发明了摄影。写实和纪实绘画，包括风景艺术和全景画，因此陷入了危机。第一台全景照相摄像头的发明并没有花太长时间。1843 年，奥地利人约瑟夫·普赫伯格发明了第一台由手摇曲柄驱动的摆动镜头全景摄像头。

但是普赫伯格先生的摄像头只记录了 150° 的视野，而不是 360° 的全景。因此，在 1857 年，英格兰的加雷拉先生申请了一种绕自己轴旋转的摄像头的专利，并完成了这项工作。这是第一个使用风扇控制的发条机械来捕捉 360° 全景的摄像头。随着 1888 年柔性胶片（而不是重玻璃板）的发明，在欧洲和美国许多全景摄像头被发明出来，使全景摄影为广大观众所知和喜爱。当时专业人士使用的最流行的摄像头是 Cirkut 摄像头，由罗切斯特全景摄像头有限公司于 1904 年开发。然而，柯达公司在几年后收购了该公司，并在几十年后进一步开发了 Cirkut。仍然有私人绅士生产自己的全景设备，其中包括巴尔的摩的弗雷德里克·穆勒先生，他申请了 360° 环照摄像头的专利，该摄像头在第一次世界大战前被用于拍摄美国海军飞机的第一张航拍照片。另一位全景摄影的先驱是来自芝加哥的乔治·劳伦斯，他从 1902 年开始制造自己的全景摄像头。他是一位才华横溢的工匠，他拍摄的 1906 年旧金山地震照片——旧金山成了废墟，成为摄影史上的传奇，显示出极高的质量。

当 35 mm 胶片在 20 世纪 50 年代成为业余摄影的标准时，更小的摄像头被引入。第一台使用 35mm 胶片的 360° 摄像头是 1958 年上市的日本 Panorax Zi-A。然而，由于大幅面胶片更好地满足了对高分辨率图像的需求，而且在专业领域，成本是次要的，直到 20 世纪 80 年代初，这款摄像头一直是唯一一台使用 35 mm 胶片的 360° 机器。当时，中国使用的是 1969 年版海鸥 RL-360，使用 203mm 黑白胶卷，美国人使用的 360° 摄像头最小的胶片为 70 mm。

20 世纪 80 年代，360° 全景摄像头终于开始投放市场。全景摄像头被开发出来，配备了高端光学设备、电动驱动和全手动控制。其中包括出色的 Globus cope 360° 35 mm 狭缝摄像头，配备了弹簧电动机驱动机构；电子驱动的 Alpa Roto 70 摄像头；1985 年的全景摄像头和 1988 年的圆形摄像头。碰巧的是，这四款摄像头都是在小国瑞士发明的。这些摄像头产生了奇妙的效果，但由于价格的原因，仍仅限于专业领域。1000 美元以下是买不到真正的 360° 全景摄像头的。

14. 车载摄像头

1991 年，丰田以后备摄像头的形式首次推出车载摄像头。摄像头也是车辆上使用的最古老的传感器类型。它也是最直观的传感器，因为它的工作原理就像人类的眼睛一样。

在几十年的后备辅助使用之后，车载摄像头在 2010 年代经历了显著的改进，因为它们被应用于车道保持和车道居中辅助。如今，摄像头已经成为自动驾驶辅助系统中最重要的部件，并且可以在每一辆车中看到。

引导问题 3

请查阅相关资料，简述车载摄像头的主要组成。

_____

_____

_____

摄像头的主要组成

对于智能网联汽车来说，传感器有很多种，而视觉传感器"摄像头"就属于传感器中价格相对便宜且功能很重要的一种，被称为"智能汽车之眼"。摄像头（CAMERA 或 WEBCAM）又称为计算机摄像头、计算机眼、电子眼等，是一种视频输入设备，它就像人的眼睛一样，可以将看到的真实环境记录，以数据形式存储。说起摄像头大家其实并不陌生，因为人类在生活中经常使用，比如手机摄像头、数码摄像头，计算机上的摄像头，汽车上的摄像头，还有马路上交通违章摄像头，小区、银行和商场监控摄像头等。

车载摄像头主要包括三个部分，镜头组、图像传感器、DSP 芯片，如图 3-2-3 所示。摄像头一般具有视频摄像和静态图像捕捉等基本功能，它借由镜头采集图像（光信号）后，由摄像头内的感光组件电路及控制组件对图像进行处理，并转换成计算机所能识别的数字信号，然后借由并行端口或 USB 连接输入到计算机后由软件再进行图像还原。

图 3-2-3　自动驾驶摄像头实物

1. 镜头组

镜头组（lens），由光学镜片、滤光片和保护膜等组成。透镜分两类，有塑料透镜（Plastic）及玻璃透镜（Glass），如图 3-2-4、图 3-2-5 所示。通常摄像头用的镜头构造有：1P、2P、1G1P、1G2P、2G2P、4G 等，透镜越多，成本越高。因此一个品质好的摄像头应该是采用玻璃镜头的，其成像效果要比塑料镜头好，在天文、军事、交通、医学、艺术等领域发挥着重要作用。

图 3-2-4　塑料透镜

图 3-2-5　玻璃透镜

2. 图像传感器

图像传感器（Image Sensor）可以分为两类：CCD 与 CMOS 传感器，如图 3-2-6、

图 3-2-7 所示。CCD 与 CMOS 传感器，两者都是利用感光二极管（photodiode）进行光电转换，将图像转换为数字数据，而其主要差异是数字数据传送的方式不同，如图 3-2-8 所示。CCD 传感器中每一行中每一个像素的电荷数据都会依次传送到下一个像素中，由最底端部分输出，再经由传感器边缘的放大器进行放大输出；而在 CMOS 传感器中，每个像素都会邻接一个放大器及 A/D 转换电路，用类似内存电路的方式将数据输出。简单讲，CMOS 的信号是以"点"为单位的电荷信号，而 CCD 是以"行"为单位的电流信号。

 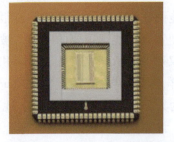

图 3-2-6　CCD 传感器实物图　　图 3-2-7　CMOS 传感器实物图

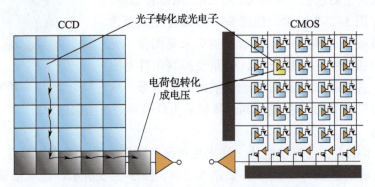

图 3-2-8　CCD 和 CMOS 传感器工作示意图

3. DSP 芯片

DSP（Digital Signal Processing）芯片，也称数字信号处理器，是一种具有特殊结构的微处理器，如图 3-2-9 所示。DSP 的功能主要是通过一系列复杂的数学算法运算，对由 CMOS 传感器来的数字图像信号进行优化处理，并把处理后的信号通过 USB 等接口传到计算机等处理设备，是摄像头的核心设备。

图 3-2-9　DSP 芯片实物图

> **引导问题 4**
>
> 请查阅相关资料，简述摄像头的主要参数有哪些。
>
> _____
>
> _____
>
> _____

摄像头的主要参数

1. 像素

像素（Resolution）是由一个数字序列表示图像中的一个最小单位。图3-2-10所示的四维图新logo就是由一个个小方格子像素组成的。

图3-2-10 清晰度较小的四维图新logo

2. 分辨率

分辨率是用于度量位图图像内数据量多少的一个参数，表示成dpi（Dots Per Inch，每英寸点或像素数）。它是衡量摄像头的一个重要指标之一，通常来说摄像头的最高分辨率越高（即像素点数量），拍摄出来的图像品质就越好。

30万像素CMOS的分辨率为640×480=307200像素。

100万像素（720p）的分辨率为1280×720=921600像素。

200万像素（1080p）的分辨率为1920×1080=2073600像素。

800万像素是1080p的四倍面积，被称为4K。

1600万像素是1080p的八倍面积，被称为8K。

仍以上面四维图新logo为例，像素低的如图3-2-11a所示，像素高的如图3-2-11b所示，可以发现最高分辨率越高，像素数越多，图像越清晰。

a）30万像素图　　　　b）200万像素图

图3-2-11　不同分辨率的四维图新logo

3. 色域

色域（ColorGamut或ColorSpace）是对一种颜色进行编码的方法，也指一个技术系统能够产生的颜色的总和，如图3-2-12所示。最常用的两种图像格式是RGB24和I420。

RGB即代表红、绿、蓝三个通道的颜色变化，以及它们相互之间的叠加来得到各式各样的颜色，这个标准几乎包括了人类视力所能感知的所有颜色，是目前运用最广的颜色系统之一。RGB24图像每个像素用8bit（比特位）表示，RGB24一帧的大小（size）=（width×height）×3 Byte（字节）。最多可表现256级浓淡，从而可以再现256×256×256种颜色。其他格式还有：RGB565、RGB444、YUV4:2:2等。

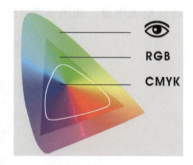

图3-2-12　色域图

4. 自动白平衡调整

定义：要求在不同色温环境下，照白色的物体，屏幕中的图像应也是白色的。色温表示光谱成分，光的颜色。色温低表示长波光成分多。当色温改变时，光源中三基色（红、绿、蓝）的比例会发生变化，需要调节三基色的比例来达到彩色的平衡。

在不同光源下，人眼对白色的识别能力很强。尽管如此，数码相机通常在自动白平衡（AWB）方面有很大的困难，而且会产生难看的蓝色、橙色或其他颜色。在数码摄影中调整白平衡将使图像看起来更自然。自动白平衡调节可让智能网联汽车获取的图像更加接近人类所得图像，如图3-2-13所示。

a）白平衡前　　b）白平衡后

图3-2-13　白平衡前后图像对比

5. 彩色深度

它反映对色彩的识别能力和成像的色彩表现能力，实际就是A/D转换器的量化精度，是指将信号分成多少个等级。常用色彩位数（bit）表示。彩色深度越高，获得的影像色彩就越艳丽动人，如图3-2-14所示。市场上的摄像头均已达到24位，有的甚至是32位。

a）8位　　　　　　　　　　b）10位

图3-2-14　8位和10位彩色深度视频画面对比

6. 图像噪声

它指的是图像中的杂点干扰。表现为图像中有固定的彩色杂点。图3-2-15中，图3-2-15a为原图，其整体带有噪声造成的黑白像素点。去除图像噪声后，图像更加清晰，特征更加明显，如图3-2-15b所示。

a）去除前　　b）去除后

图3-2-15　图像噪声去除前后

7. 视角

镜头中心点到成像平面对角线两端所形成的夹角就是镜头视角，对于相同的成像面积，镜头焦距越短，其视角就越大。这个与人的眼睛成像是相同的，人类可以试着将手掌（图 3-2-16 所示黄色方框）放于眼前正前方 10cm 处和 30cm 处，10cm 时的视角（蓝色线夹角）大于 30cm 的视角（橘黄色线夹角）。

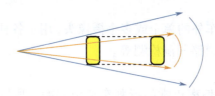

图 3-2-16　相同成像面积时的镜头视角图

8. 帧率

帧率 fps（frames per second）是指画面每秒传输帧数，通俗来讲就是指动画或视频的画面数，即每秒拍摄了多少张照片。比如人类目前看到的大部分电影都是采用 24fps（或者 23.98fps）拍摄和放映，也就是每秒拍摄 / 放映 24 张照片。

 引导问题 5

请查阅相关资料，简述摄像头在自动驾驶中的应用。
_____
_____
_____

摄像头在自动驾驶中的应用

摄像头是领先的传感器之一（相比激光雷达和毫米波雷达），用于实现先进的驾驶辅助系统（ADAS）和自动驾驶（AD），如图 3-2-17 所示。汽车制造商（OEM）以及各种一级供应商认为，摄像头在 ADAS 和 AD 中的应用将在未来几年急剧上升。分析师认为，2017~2022 年期间，基于摄像头的 ADAS 市场将以 18.7% 的年复合增长率增长。汽车上的摄像头被用作独立的传感器，有时也与其他摄像头 / 激光雷达 / 毫米波雷达传感器结合使用。

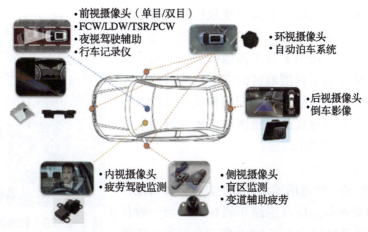

图 3-2-17　摄像头在 ADAS 系统中的应用

摄像头被用来监控车辆和驾驶员的周围环境。摄像头在自动驾驶中有各种应用。用于智能网联车辆的摄像头可以根据安装位置分为以下两类。

1. 外部摄像头

外部摄像头是指放置在车外的单个或多个摄像头，用于各种应用，如车道偏离警告、交通标志识别、停车辅助和道路漏洞检测等。

（1）车道偏离警告

许多交通事故都是汽车偏离正常的行驶车道引起的，所以坚持在一条车道上行驶是一种标准和安全的做法。车道偏离预警系统为了帮助驾驶员不偏离正常的行驶车道，在汽车的前面放置了一个摄像头，用于识别车道标记并采取必要措施控制车辆，使其保持在一条车道上，如图3-2-18所示。作为这一简单应用的扩展，智能网联汽车使用相同的感官信息来做出决定，如切换车道和调整速度以适应前面的汽车。

（2）交通标志识别

智能网联汽车与传统汽车都要遵守交通标志和红绿灯。为了帮助汽车识别各种标志和信号，智能网联汽车使用了基于摄像头的ADAS系统。从传感器捕获的视频由中央处理单元处理，该单元运行各种机器视觉算法，以识别交通标志和红绿灯，并帮助汽车做出全面的自主决策，如图3-2-19所示。

图3-2-18 车道偏离检测摄像头

图3-2-19 智能网联汽车识别交通标志

（3）辅助泊车

泊车在任何一个大都市都是一项艰巨的任务，即使是对一名经验丰富的驾驶员来说也是如此。为了帮助驾驶员泊车，车厂使用了基于摄像头的辅助泊车系统。这为驾驶员提供了周围地区的完整图像，使泊车变得更容易。在自动驾驶中，基于摄像头的ADAS系统不仅能够提供周围地区的完整图像，还能够实现自动泊车，如图3-2-20所示。

（4）道路脆弱性检测

道路脆弱性是一个通用术语，用于表示各种对象，如街道标志和交通标志以及道路车道标线。与一般目标检测类似，摄像机的输入在CNN模型上运行，该模

图3-2-20 辅助泊车示意图及其后视摄像头画面

型通常在交通标志数据库（最常用的是 GTSRB）上进行训练。ADAS 系统注意到任何错过的交通标志，并相应地调整各种参数，如车辆的速度。在自动驾驶中，这有助于自动系统识别各种交通标志和车道标记，并相应地在繁忙的街道上规划它们的速度和移动。一旦这些 CNN 模型被开发出来，在嵌入式平台上运行它们是另一个挑战。

2. 内部摄像头

基于单一摄像头的解决方案，它用于监控车辆内的所有活动，如驾驶员监控和乘员检测。

（1）驾驶员监控系统（Driver Monitoring System，DMS）

这是一种基于摄像头的高级驾驶辅助系统，其中摄像头在内部用于监控驾驶员的行为。欧盟 NCAP 要求在 2025 年前建立驾驶员监控系统。DMS 监控驾驶员的各种行为，这些行为可能会阻碍驾驶员在驾驶时做出正确反应。DMS 会跟踪各种面部特征，如眼皮和嘴巴的运动。为了使驾驶员监控解决方案能够准确地预测驾驶员的注意力集中程度，基本的 CNN 模型必须在性别、年龄、种族等方面的不同数据集上进行训练。

（2）乘客存在性检测

各种新闻报道中常提及，在炎热的夏日，儿童或宠物被留在停放的汽车中，有时会导致死亡。这个问题可以通过一个基于摄像头的解决方案来解决。它的底层系统使用 CNN 模型来识别锁定车辆后出现在车辆中的任何人或宠物。

> **引导问题 6**
> 请查阅相关资料，简述 ADAS 系统中摄像头的优缺点。
> _____
> _____
> _____

ADAS 系统中摄像头的优缺点

如前所述，基于摄像头的 ADAS 系统是为了让驾驶更安全、更简单。但是它也存在若干缺点。以下为 ADAS 系统中应用摄像头的主要优缺点。

1. 优点

1）类似视觉的感官。就像人类的视觉一样，摄像头可以很容易地区分形状、颜色，并根据这些信息快速识别对象的类型。因此，摄像头可以产生一种与人类驾驶员产生的非常相似的自动驾驶体验。

2）识别 2D 信息。由于摄像头是基于图像的，因此它是唯一能够检测 2D 形状和颜色的传感器，因此它对于读取车道和路面标线至关重要。使用更高的分辨率，即使是褪色的线条和形状也可以非常准确地读取。大多数现代摄像头还配备了红外线照明，使其在夜间识别同样容易。

3）低成本。

4）与其他类型的传感器相比，摄像头相对便宜。这使得原始设备制造商有可能在中档甚至低档汽车上引入更好的自动驾驶功能。

2. 缺点

1）在极端天气事件下视力不佳。它与人眼的相似之处也使其在暴风雪、沙尘暴或其他导致低能见度的恶劣天气条件下不能正常工作。

2）需要标定。标定是调整 ADAS 摄像头传感器以使其与车辆正确对准的过程。标定包括设置摄像头的位置和角度，以及焦距和变焦设置。如果 ADAS 摄像头没有正确标定，它可能无法正确检测和跟踪环境中的物体，这可能导致结果不准确。在某些情况下，未标定的 ADAS 摄像头甚至可能无法检测到清晰可见的物体。在拆卸或更换时，包括更换风窗玻璃后，都需要对 ADAS 摄像头进行标定。此外，座椅对齐和安全气囊部署的变化也可能是标定的原因。几家制造商要求在所有碰撞修复工作后重新标定前风窗玻璃摄像头，这比美容修复更重要。如果你注意到摄像头的性能没有达到应有的水平，那么标定摄像头可以使其达到效果。例如，如果摄像头在检测物体时出现问题，或者不能像以前那样工作，则可能需要重新标定。最近有研究确定阳光、洗车和道路行驶中的沙子/碎石是导致摄像头性能下降的原因之一。

任务分组

学生任务分配表见表 3-2-1。

表 3-2-1　学生任务分配表

班级		组号		指导老师	
组长		学号			
组员角色分配					
信息员		学号			
操作员		学号			
记录员		学号			
安全员		学号			
任务分工					
（就组织讨论、工具准备、数据采集、数据记录、安全监督、成果展示等工作内容进行任务分工）					

工作计划

根据前面所了解的知识内容和小组内部讨论的结果，制定工作方案，落实各项工作负责人，如任务实施前的准备工作、实施中主要操作及协助支持工作、实施过程中相关要点及数据的记录工作等，见表 3-2-2。

表 3-2-2 工作计划表

步骤	工作内容	负责人
1		
2		
3		
4		
5		
6		
7		
8		

进行决策

1）各组派代表阐述资料查询结果。
2）各组就各自的查询结果进行交流，并分享技巧。
3）教师对各组的计划方案进行点评。
4）各组长对组内成员进行任务分工，教师确认分工是否合理。

任务实施

实训准备见表 3-2-3。

表 3-2-3 实训准备

序号	设备及工具名称	数量	设备及工具是否完好
1	计算机	1 台	□是 □否
2	实训工作页	1 本	□是 □否
3	笔	1 支	□是 □否
质检意见	原因：		□是 □否

引导问题 7

扫描二维码观看视频，了解如何完成实训任务，并简述操作要点。

单目摄像头实验

1）加载实验。打开 PanoSim 软件，单击左上角 Experiment（实验）按钮，激活右侧的实验数据路栏，搜索 ACC 关键词进行筛选后，找到 Sample_Curve_ACC_Python 实验，并左键拖拉到主界面中，实现实验加载，如图 3-2-21 所示。

2）打开传感器编辑界面（图 3-2-22）。单击左侧 EgoCar 下的 C_Class_Sedan_ADAS 车辆模型，右键后选择 Edit Sensor，打开传感器编辑界面。

3）添加单目摄像头。进入 SensorBuilder 主界面后，单击上方工具栏中 Camera（摄像头），选择 Mono Camera Sensor（单目摄像头）添加单目摄像头（图 3-2-23）。然后，在右侧属性栏中将 Z 坐标值设置为 1.5，默认单位为 m，如图 3-2-24 所示。

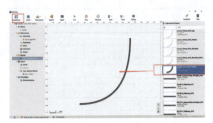

图 3-2-21　加载 Sample_Curve_ACC_Python 图像　　图 3-2-22　打开传感器编辑界面

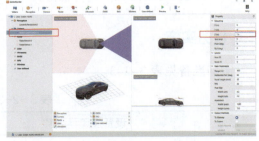

图 3-2-23　添加单目摄像头　　图 3-2-24　设置单目摄像头高度

4）保存传感器设置。单击 SensorBuilder 界面上方的 Save 按钮，保存传感器设置。若找不到该设置，可对该界面全屏，从而显示所有工具栏选项，如图 3-2-25 所示。

5）运行实验。关闭 SensorBuilder 界面，回到 PanoSim 主界面。单击上方工具栏中的 Run（运行按钮），运行实验。运行界面如图 3-2-26 所示。

图 3-2-25　保存传感器设置　　图 3-2-26　运行实验

6）查看单目摄像头捕捉的画面（图 3-2-27）。单击左下角暂停按钮，暂停仿真。单击仿真运行界面右下角的数据查看按钮，选择 Sensors（传感器），单击 Mono Camera Sensor（单目摄像头）。仿真界面右上方会此前安装的单目摄像头捕捉到的画面。该画面可以通过 PanoSim 软件内部 API 接口或通过 MATLAB/SIMULINK 软件导出，不过此功能属于高阶功能，此处不详细介绍。相关内容请通过官方渠道获取。

图 3-2-27　查看单目摄像头捕捉的画面

鱼眼摄像头实验

1）加载实验：打开 PanoSim 软件，单击左上角 Experiment 按钮，激活右侧实验数据栏，选择 AEC_Cross_EX0106 实验，并左键拖拉到主界面，如图 3-2-28 所示。

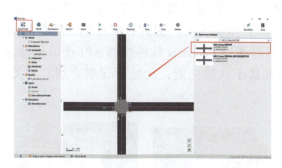

图 3-2-28　加载 AEC_Cross_EX0106 实验

2）修改车辆模型。单击左侧信息栏中 EgoCar 中的 C_Hatchback_Demo，激活右侧车辆模型属性栏。将 Type（类型）设置为 Simple（简单版），如图 3-2-29 所示。其默认的 xCar_Simulink 模型需要安装 MATLAB 软件，因此做出此修改。

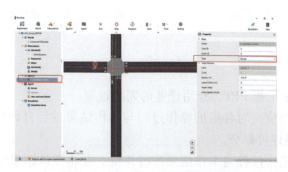

图 3-2-29　修改车辆模型类型

3）添加鱼眼摄像头。在 PanoSim 主界面，单击左侧信息栏中 EgoCar 下的 C_Hatchback_Demo，右键选择 Edit Sensor（编辑传感器），如图 3-2-30 所示。进入 SensorBuilder 界面后，单击上方工具栏中的 Camera（摄像头），选择 FisheyeCamera Sensor（鱼眼摄像头传感器），如图 3-2-31。左侧信息栏中会显示添加的鱼眼摄像头，左键单击，激活右侧鱼眼摄像头属性设置栏。将 Z 坐标设置为 1.5，默认单位为 m。设置完成后保存并关闭 SensorBuilder 界面。

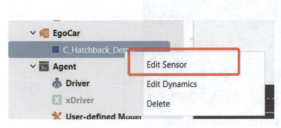

图 3-2-30　编辑传感器

图 3-2-31　添加鱼眼摄像头

4）运行实验。关闭 SensorBuilder 界面，回到 PanoSim 主界面。单击上方工具栏中的 Run（运行按钮），运行实验。运行界面如图 3-2-32 所示。

5）查看鱼眼摄像头捕捉的画面（图 3-2-33）。单击左下角暂停按钮，暂停仿真。单击仿真运行界面右下角的数据查看按钮，选择 Sensors（传感器），单击 FisheyeCameraSensor（单目摄像头）。仿真界面右上方会有此前安装的单目摄像头捕捉到的画面。该画面可以通过 PanoSim 软件内部 API 接口或通过 MATLAB/SIMULINK 软件导出，不过此功能属于高阶功能，此处不详细介绍。相关内容请通过官方渠道获取。

图 3-2-32　运行实验

图 3-2-33　查看鱼眼摄像头捕捉的画面

评价反馈

1）各组代表展示汇报 PPT，介绍任务的完成过程。

2）请以小组为单位，对各组的操作过程与操作结果进行自评和互评，并将结果填入表 3-2-4 中的小组评价部分。

3）教师对学生工作过程与工作结果进行评价，并将评价结果填入表表 3-2-4 中的教师评价部分。

表 3-2-4 综合评价表

班级		组别		姓名		学号	
实训任务							
评价项目			评价标准			分值	得分
小组评价	计划决策		制定的工作方案合理可行，小组成员分工明确			10	
	任务实施		能够正确检查并设置实训工位			5	
			能够准备和规范使用工具设备			5	
			能够完成单目摄像头的加载			20	
			能够完成鱼眼摄像头的加载			20	
			能够规范填写任务工单			10	
	任务达成		能按照工作方案操作，按计划完成工作任务			10	
	工作态度		认真严谨、积极主动，安全生产，文明施工			10	
	团队合作		小组组员积极配合、主动交流、协调工作			5	
	6S 管理		完成竣工检验、现场恢复			5	
			小计			100	
教师评价	实训纪律		不出现无故迟到、早退、旷课现象，不违反课堂纪律			10	
	方案实施		严格按照工作方案完成任务实施			20	
	团队协作		任务实施过程互相配合，协作度高			20	
	工作质量		能准确完成实训任务			20	
	工作规范		操作规范，三不落地，无意外事故发生			10	
	汇报展示		能准确表达、总结到位、改进措施可行			20	
			小计			100	
综合评分			小组评价分 ×50%+ 教师评价分 ×50%				
总结与反思							

（如：学习过程中遇到什么问题→如何解决的 / 解决不了的原因→心得体会）

任务三 雷达的仿真构建

学习目标

➢ 知识目标
- 掌握雷达的基本工作原理。
- 了解雷达的发展历史。

➢ 技能目标
- 掌握雷达的基本工作原理。
- 能够在仿真软件中展示雷达的功能。

➢ 素养目标
- 了解雷达发展历史和工作原理,提升科学素养。
- 学会理论知识表达能力,培养观点表达能力。
- 具备良好的道德品质,尊重老师和同学。

知识索引

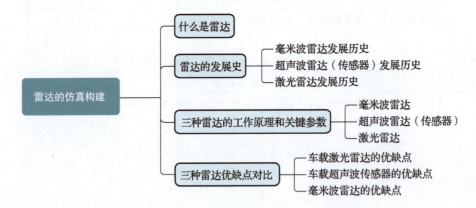

情境导入

车载雷达一般包括毫米波雷达、超声波雷达(传感器)、激光雷达。这些雷达均已在汽车领域大规模商用。作为4S店销售员,需要了解常见雷达的基本工作原理及其对应的辅助驾驶功能,从而让客户购买具备相应功能的智能网联汽车。作为虚拟仿真测试工程师,你需要了解雷达功能的发展历史、基本工作原理和未来发展趋势,一方面有利于自身进行仿真测试工作,另一方面可以在与客户交流的过程中展现自己的专业性。

获取信息

引导问题 1

请查阅相关资料,简述无线电信号如何根据频率进行分类。

_____

_____

_____

什么是雷达

1842 年,奥地利数学家和物理学家克里斯蒂安·安德烈亚斯·多普勒姆提出声波的频率取决于声源的速度,这就是"多普勒效应"。这是所有雷达的理论基础之一。雷达,是英文 Radar 的音译,源于 Radio detection and ranging 的缩写,意思为"无线电探测和测距",即用无线电的方法发现目标并测定目标的空间位置。因此,雷达也被称为"无线电定位器"。雷达是利用电磁波探测目标的电子设备。雷达发射电磁波对目标进行照射并接收其回波,由此获得目标至电磁波发射点的距离、距离变化率(径向速度)、方位、高度等信息。毫米波雷达发射的电磁波介于厘米波和红外线之间,频率范围 10~200GHz,波长为毫米级。由于雷达频率受各国政府严格管控,因此车载毫米波雷达的应用频段主要集中在 24GHz、60GHz、77GHz、79GHz 这几个频率的应用。市场上主要有 24GHz 和 77GHz 的车载毫米波雷达,其中 24GHz 的用于近距离探测(60m 以内),77GHz 的用于中远距离探测(最远可到 200m 以上)。根据频率不同,无线电信号可以分为高频(High Frequency,HF),甚高频(Very High Frequency,VHF)和超高频(Ultra-High Frequency,UHF)。高频的频段介于 3~30MHz。甚高频是指频带在 30~300MHz 之间的无线电电波。比甚高频无线电的频率高的是特高频。特高频是指波长范围为 1dm~1m,频率为 300~3000MHz 的无线电波,常用于移动通信和广播电视领域。

超声波的传播速度跟声波一样,在空气中大约 340m/s,频率一般高于 20kHz,在空气当中的波长一般短于 2cm,因为频率超出了人耳朵的听觉范围,所以被称为超声波。虽然超声波不属于电磁波,但是它也可以基于多普勒效应探测物体距离、速度等信息。因此,由于都是根据主动发生电磁波或声波并接受反射电磁波进行目标位置信息感知的,所以毫米波雷达、超声波雷达(传感器)、激光雷达都属于雷达这一范畴。

Lidar 是 Light Detection and Ranging(激光探测和测距)的缩写,是一种通过用激光瞄准物体或表面并测量反射光返回接收器的时间来确定距离(可变距离)的方法。基于该方法的传感器被称为激光雷达,为方便起见,也常被简称 Lidar。激光雷达发射的电磁波介于红外线和可见光之间,频率大致为 100000GHz,波长为纳米级。

引导问题 2

请查阅相关资料,简述激光雷达的特点。

_____

_____

_____

雷达的发展史

1. 毫米波雷达发展历史

19世纪80年代末,德国物理学家海因里希·赫兹进行的关于电磁辐射的经典实验。赫兹的实验目的是验证苏格兰物理学家詹姆斯·克莱克·麦克斯韦尔的早期理论。麦克斯韦建立了电磁场的一般方程,确定光波和无线电波服从相同的定律,均为频率不同的电磁波。麦克斯韦得出结论,与光波相同,无线电波可以从金属物体反射,并被介质折射。赫兹在1888年使用66cm波长的无线电波(相当于大约455MHz的频率)验证了这一特性。但是,赫兹的工作在物体探测方面的潜力在当时并没有得到重视。

1904年,德国工程师克里斯蒂安·胡斯迈尔获得了一项基于赫兹所证明的原理的专利,即障碍物探测器和船舶导航装置,将其制造成实物从而向德国海军展示,但是德国海军并没有意识到这项发明会在未来战争中扮演重要角色。

在20世纪30年代,美国、英国、德国、法国、苏联、意大利、荷兰和日本都在大约两年内开始实验雷达,并均在不同程度上朝着军事用途方向发展。其中几个国家在第二次世界大战开始时就拥有某种形式的现役雷达装备。

位于华盛顿特区的美国海军研究实验室(NRL)于1922年首次观测到了这种雷达效应。NRL的研究人员在波托马克河的一边安装了无线电发射器,在另一边安装了接收器。一艘在河上航行的船只在发射机和接收机之间穿行时,意外地造成了接收信号强度的波动(今天,这种配置将被称为双基地雷达)。尽管这项实验取得了很有希望的结果,但美国海军官员不愿为进一步的工作提供资助。1930年,当海兰德(Hyland)观察到一架飞机穿过发射天线的波束导致接收信号波动时,海兰德重新燃起对使用雷达探测飞机的兴趣。尽管海兰德和他在NRL的同事们对通过无线电手段探测目标的前景充满热情,并渴望认真追求其发展,但海军上级当局对此几乎没有表现出兴趣。直到人们学会如何使用单一天线进行发射和接收(现在称为单站雷达),雷达在探测和跟踪飞机和船只方面的价值才得到充分认识。

苏联在20世纪30年代开始了雷达的研究。在1941年6月德国入侵苏联时,苏联已经开发了几种不同类型的雷达,并在生产一种以75 MHz(在甚高频频段)工作的飞机探测雷达。他们的雷达设备的开发和制造因德国的入侵而中断,相关工作被拖延。

1935年,英国物理学家罗伯特·沃森·瓦特发明了第一个实用的雷达系统,以探测飞机。英国于1935年开始研究用于飞机探测的雷达。英国政府鼓励工程师进行相关研究,因为当时战争已经迫在眉睫。到1938年9月,英国的第一个雷达系统——Chain Home,已经进入24h运行,并在整个战争期间保持运行。Chain Home雷达使英国能够成功地部署其有限的空中防御系统,以抵御德国在战争早期进行的猛烈空袭。它们的工作频率约为30 MHz,也就是所谓的短波或HF频段,对于雷达来说,这实际上是一个相当低的频率。这可能不是最佳的解决方案,但英国雷达的发明者罗伯特·沃森·瓦特爵士认为,一些有效和可用的东西比一个只存在于承诺中或可能来得太晚的理想解决方案更好。

1936年,德国海军在一艘袖珍战舰上安装了超声波雷达装置。1940年末,德国人停止了雷达的研发,因为他们认为战争即将结束。同时,美国和英国加快了相关设备的研发。当德国人意识到他们的错误时，已经为时已晚。

1939年初，NRL开发的雷达系统在纽约号战列舰上进行了海上演示。美国陆军开发的第一批雷达是用于控制防空炮火的SCR-268雷达（频率为205 MHz）和用于探测飞机的SCR-270雷达（频率为100 MHz）。这两部雷达在第二次世界大战开始时都是可用的，海军的CXAM舰载监视雷达（频率为200 MHz）也是可用的。1941年12月7日，当时夏威夷的一台SCR-270雷达探测到了日本战机向夏威夷火奴鲁鲁附近的珍珠港逼近；然而，直到炸弹开始落下后，人们才意识到雷达观测的重要性。

除了一些德国雷达以375MHz和560MHz运行外，在第二次世界大战开始之前开发的所有成功的雷达系统都工作在甚高频（VHF）频段，即低于200MHz。甚高频的使用带来了几个问题。

首先，甚高频波束宽度很宽。窄波束可产生更高的精度、更高的分辨率，并排除来自地面或其他干扰物的不需要的杂波。其次，电磁频谱的VHF部分不允许短脉冲所需的宽带宽，从而在距离确定中允许更高的精度。最后，甚高频容易受到大气噪声的影响，这限制了接收器的灵敏度。尽管有这些缺点，甚高频代表了20世纪30年代无线电技术的前沿，而在这个频率范围内发展雷达是一项真正的开创性成就。雷达的早期开发者很清楚，在更高的频率下工作是可取的，特别是因为可以在没有过大天线的情况下实现窄波束宽度。

20世纪70年代初，在德国科技部的支持下，德国的研究机构NTö49研究了雷达在汽车上的应用时需要达到的基本要求。研究表明，100m探测距离是车载毫米波雷达的基本要求。

20世纪80年代初，欧洲发起"欧洲高效安全交通系统计划"，从此，一些发达国家的大学和研究机构逐步开始进行车载毫米波雷达研究。

20世纪80年代后期，丰田在自己生产的汽车上安装了毫米波雷达，随后日产和本田也推出了相似功能。

20世纪90年代初，通用汽车开发出了车载后置探测雷达。

1992年，VORAD安全系统公司（伊顿VORAD技术公司）发明了一种用于大型车辆的前置和侧置毫米波雷达。

1995年，三菱汽车在Diamante上首次使用了基于毫米波雷达的"车前距离控制"系统（Preview Distance Control）。这套系统是自适应巡航（ACC, Adaptive Cruise Control）的初始版本，它只是通过控制节气门以及降档来降低车速，无法干涉制动操作，但与真正的ACC仅仅一步之遥了。

1999年，梅赛德斯-奔驰（Mercedes-Benz）针对S级车提出了一种自动巡航控制系统（Distronic），可以跟踪车辆前方150m处的移动车辆。这是辅助驾驶的起点。福特旗下的捷豹也在当年秋季推出了一款自动巡航控制系统，售价约为1400英镑（当时约合2249美元）。

2. 超声波雷达（传感器）发展历史

1794年，意大利生理学家和生物学家拉扎罗·斯帕兰扎尼发现蝙蝠通过高频声音的反射（回声定位）在黑暗中导航。斯帕兰扎尼的发现成为超声物理学的基础。

1842 年，奥地利数学家和物理学家克里斯蒂安·安德烈亚斯·多普勒姆提出声波的频率取决于声源的速度。这一发现后来被称为"多普勒效应"。这是所有雷达的理论基础。

1876 年，英国学者弗朗西斯·高尔顿发明了高尔顿哨子，这种哨子能发出人耳听不到的高频声音（超声波）。

1877 年，英国物理学家约翰·威廉·斯特鲁特在他的教科书《声音理论》中首次给出了描述声波的数学方程式。

1880 年，法国物理学家皮埃尔·居里和兄弟雅克·居里利用电气石、石英、黄玉、蔗糖和罗谢尔盐的晶体，展示了压电效应，即某些材料在机械应力作用下产生电荷的能力。

1881 年，物理学家和发明家加布里埃尔·李普曼根据热力学原理，利用数学推导出逆压电效应。

1914 年，加拿大发明家雷金纳德·奥布里·费森登设计了美国第一个可以工作的声纳系统。声纳系统发出低频声音并监听回声。雷金纳德·费森登的声纳系统有助于探测冰山。

1917 年，法国物理学家保罗·朗之万和康斯坦丁·奇洛夫斯基使用超声波探测潜艇的存在，这是超声波在技术上的第一次应用。这种装置就是水听器。

1928 年，苏联物理学家谢尔盖·索科洛夫提议使用超声波来检测金属中的缺陷。索科洛夫后来被称为超声波检测之父。

1942 年，奥地利神经学家和维也纳大学精神病学教授卡尔·西奥多·杜西克使用通过头部传输的超声波波束诊断脑瘤（超声仪）。杜西克成为超声波诊断的先驱。从此开始了超声波在医学方面的应用。

由于超声波雷达（传感器）在汽车上主要用于盲点探测，且对于自动泊车功能非常重要，因此，车载超声波雷达也常被称为泊车雷达。20 世纪 60 年代，托尼·海斯在剑桥大学攻读物理学博士学位时，遭遇双眼视网膜脱落，一度陷入失明困境。经过多次手术后，托尼·海斯重新恢复视力。这次事故让他开始研究可以为盲人导航的装置。在进行超声波应用于盲人引导设备的研究时，海斯发现超声波技术很适合应用于汽车倒车辅助功能。但是，当他向捷豹汽车公司的高管推荐该功能的时候，并没有得到重视。

1984 年，意大利发明家 Massimo Ciccarello 和 Ruggero Lenci 申请了泊车超声波雷达的相关专利，并在 1988 年得到政府批准。

3. 激光雷达发展历史

激光雷达与其他雷达的基本原理相同，但是它使用的是激光。利用光，通过测量光往返的时间以确定距离的想法起源于一个名叫 Synge 的人，他在 1930 年使用探照灯研究大气。光脉冲在 1938 年被用来测量云的高度。使用激光的优点是它的波长很短，可以探测或测量更小的物体。激光雷达深受气象学家欢迎的原因，是因为它可以测量云层颗粒和降雨。此外，激光束非常窄，因此可以在相对较远的距离以高分辨率看到最小的细节。

成熟的激光雷达系统是在 20 世纪 60 年代开发的，最初的应用主要是在航空和航天的地形测绘中。在 20 世纪 70 年代，基于激光的遥感主要集中在机载传感器部署上，利用激光雷达进行森林、冰盖、海洋和大气的测绘。大多数人肯定不知道的是，在阿波罗 15 任务中，NASA 将激光扫描技术应用于月球表面测绘，如图 3-3-1 所示。

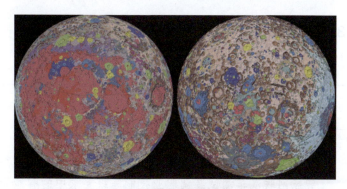

图 3-3-1　NASA 公布的激光扫描月球表面测绘图

20 世纪 80 年代，由于缺乏促进航空传感器部署所需的商业 GPS 系统，激光雷达的进一步应用受到了阻碍。当 GPS 解决方案和用于数据传输的高效卫星通信出现时，航空摄影测量成为可能，为广泛使用航空激光雷达铺平了道路。在接下来的几年里，由于其出色的分辨率，激光雷达在计算精确的地表地形数据，以及在气象学和大气研究中变得特别受欢迎。激光的短波长能够探测到云和气溶胶等微小物体，这对机载设备和地形测绘至关重要。

到 20 世纪 90 年代中期，第一台每秒 2000~25000 个脉冲的商用激光雷达被制造出来，并用于地形测绘。这些传感器坚定了这样一种信念，即激光雷达技术是所有地图应用的未来潮流。尽管当时它仍处于原始状态，但地理空间用户对激光雷达生成的用于表面测绘的密集数据非常感兴趣。由于机载激光雷达的地面覆盖范围接近航空相机，激光雷达进行的高分辨率地形测绘可能伴随着摄影测量的使用，用于特征数据和飞行计划。

2005 年，在国防高级研究计划局（Grand DARPA）挑战赛中，激光雷达（Lidar）第一次应用于自动驾驶汽车。这辆车名为斯坦利（由斯坦福大学发明），它部署了 5 个激光雷达以及摄像头和其他先进技术，如图 3-3-2 所示。

图 3-3-2　斯坦福大学的 DARPA 比赛用车

同年，Velodyne 公司进入了这一领域，并推出了一种基于 3D 激光的自动驾驶汽车系统。到 2007 年，该公司完善了 Lidar 系统的功能，并缩小了设备尺寸。那时，激光雷达已经被参加 DARPA 比赛的团队广泛使用。

  引导问题 3

请查阅相关资料，简述毫米波雷达的关键参数。
_____
_____
_____

职业认证

智能网联汽车测试装调职业技能等级要求中的智能网联汽车智能传感器标定任务就要求报考人员能按照工艺文件正确完成各传感器整车标定。通过智能网联汽车测试装调职业技能等级考核可获得教育部 1+X 证书中的《智能网联汽车测试装调职业技能等级证书》。

三种雷达的工作原理和关键参数

1. 毫米波雷达

（1）毫米波雷达工作原理

毫米波雷达工作原理见图 3-3-3。

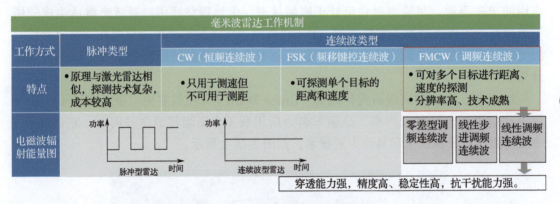

图 3-3-3　毫米波雷达工作原理

由于三种雷达的基本工作原理相似，本章以车载毫米波雷达为例进行简单介绍。车载毫米波雷达一般采用适合近距离探测的 FMCW（调频连续波）雷达系统，向外发出连续调频的毫米波（一般是连续的正弦波），并根据监测发射信号与接收信号之间的差异，计算距离、时间、方位。

（2）毫米波雷达关键参数

1）距离测量。FMCW（Frequency Modulated Continuous Wave）中文称为调频连续

波。与脉冲波形不同，它发射的波形很有特点，如图 3-3-4 所示。FMCW 的波形是正弦波，但是其频率是随时间线性变化的。图 3-3-5 中每一个完整的正弦波被称为一个 chrip。以 77GHz 毫米波雷达为例，假设斜率 S=100MHz/s，在短短的 40μs 的时间里变化 4GHz。

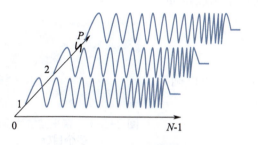

图 3-3-4　线性调频脉冲　　　图 3-3-5　一个 chrip 中毫米波的频率变化曲线

毫米波雷达通过发射天线朝着某个方向发出毫米波后，毫米波沿着直线传播，遇到障碍目标后发生反射并被雷达上的接收天线接收。根据毫米波的波段，通过公式可以计算毫米波在途中飞行的时间，毫米波经历的路程为光速乘以时间并除以 2，如下式所示。然后，再结合前车行驶速度和本车的行驶速度因素，可以计算得出毫米波雷达与障碍物之间的距离。

$$L=\frac{1}{2}\Delta tc$$

式中，L 为雷达与障碍物之间的距离；Δt 为发射波与反射波之间的时间差；c 为光速。

2）速度。车辆与障碍物之间的相对速度需要根据多普勒效应计算。

多普勒效应（Doppler effect）是为纪念奥地利物理学家及数学家克里斯琴·约翰·多普勒（Christian Johann Doppler）而命名的，他于 1842 年首先提出了这一理论。此效应的主要内容为物体辐射的波长因为波源和观测者的相对运动而产生变化。在运动的波源前面，波被压缩，波长变得较短，频率变得较高；在运动的波源后面时，会产生相反的效应，波长变得较长，频率变得较低。波源的速度越高，所产生的频移效应越大。根据波红（或蓝）移的程度，可以计算出波源循着观测方向运动的速度。根据多普勒效应，观察者与发射源的频率符合以下关系

$$f'=\left(\frac{v\pm v_0}{v\pm v_s}\right)f$$

式中，f' 为观察到的频率；f 为波原有频率；v 为波在传播介质中的传播速度；v_0 为观察者移动速度，若接近发射源则前方运算符号为 +，反之则为 -；v_s 为发射源移动速度，若接近观察者则前方运算符号为 -，反之则为 +。

毫米波雷达工作时，已知波的传播速度（近似光速），反射波频率和发射波的频率，可以计算得到本车与障碍物之间的相对速度。

3）方位角。在障碍物的方位角探测方面，毫米波雷达通过发射天线发射出毫米波后，遇到被监测物体，反射回来，通过毫米波雷达并列的接收天线，检测收到的同一监测

目标反射回来的毫米波的相位差，即可以计算出被监测目标的方位角，这就是相位差距测角，如图 3-3-6 所示。

相位法测角利用多个天线所接收回波信号之间的相位差进行测角。设在 θ 方向有远区目标，则到达接收点的目标所反射的电波近似为平面波。由于两天线间距为 d，故它们所收到的信号由于存在的波程差 ΔR 而产生相位差 ϕ

$$\phi = \frac{2\pi}{\lambda}\Delta R = \frac{2\pi}{\lambda}d\sin\theta$$

式中，λ 为雷达波长。

如用相位计进行比相，测出其相位差 ϕ，就可以确定目标方向 θ。

2. 超声波雷达（传感器）

（1）超声波雷达（传感器）工作原理

与毫米波相似，超声波雷达（传感器）与障碍物之间的距离可以根据声波传播时间计算（图 3-3-7），如下式所示

$$L = 340 \times \frac{\Delta t}{2}$$

式中，Δt 为声波从传感器信号声波发射后遇到障碍物并返回到传感器声波接收端所经历的时间。

图 3-3-6 毫米波雷达探测多个目标

图 3-3-7 车载超声波传感器探测示意图

（2）超声波雷达（传感器）关键参数

1）测量范围。超声波雷达（传感器）的测量范围取决于其使用的波长和频率；波长越长，频率越小，检测距离越大。测量汽车前后障碍物的短距超声波传感器探测距离一般为 15~250cm；安装在汽车侧面，用于测量侧方障碍物距离的长距超声波传感器探测距离一般为 30~500cm。

2）测量精度。测量精度是指传感器测量值与真实值的偏差。超声波传感器测量精度主要受被测物体体积、表面形状、表面材料等影响。被测物体体积过小、表面形状凹凸不平、物体材料吸收声波等情况都会降低超声传感器测量精度。测量精度越高，感知信息越可靠。

3）波束角。传感器产生的超声波以一定角度向外发出，超声波沿传感器中轴线方向上的超声射线能量最大，能量向其他方向逐渐减弱。以传感器中轴线的延长线为轴线，到一侧能量强度减小一半处的角度称为波束角。波束角越小，指向性越好。一些传感器具有较窄的 6° 波束角，更适合精确测量相对较小的物体。一些波束角为 12°~15° 的传感器则能够检测具有较大倾角的物体。

4）工作频率。工作频率直接影响超声波的扩散和吸收损失、障碍物反射损失、背景噪声，并直接决定传感器的尺寸。一般选择 40kHz 左右，这样传感器方向性尖锐，且避开了外界多数噪声源，提高了信噪比；虽然传播损失相对低频有所增加，但不会给发射和接收带来困难。

5）抗干扰性能。超声波为机械波，使用环境中的噪声会干扰超声波传感器接收物体反射回来的超声波，因此要求超声波传感器具有一定的抗干扰能力。

3. 激光雷达

（1）激光雷达工作原理

激光雷达是一个集激光、全球定位系统（GPS）和惯性导航系统（INS）三大技术于一体的系统（图3-3-8），用于获取数据和生成精确的数字高程模型（DEM）。这三种技术相结合，可以高精度地定位激光击中目标的光斑。它又分为目前比较成熟的获取地面DEM的地形LIDAR系统，以及已经成熟的获取水下DEM的水文LIDAR系统。这两个系统的共同特点是使用激光探测和测量，即：光探测和测距的激光雷达。

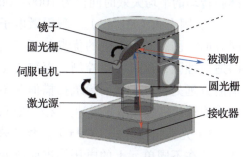

图3-3-8 激光雷达的结构

激光雷达根据测量原理可以分为三角法激光雷达、脉冲法激光雷达、相干法激光雷达。本文我们只针对脉冲法测距的激光雷达做分析。基于脉冲法的激光雷达利用光速测距。激光发射器发射激光脉冲，计时器记录发射时间；脉冲经物体反射后由接收器接收，计时器记录接收时间；时间差乘上光速即得到距离的两倍。用此方法来测量雷达到障碍物之间的距离。

激光雷达传感器包括单光束窄带激光器和接收系统。激光器产生并发射光脉冲，击中物体并光脉冲其反射回来，最终被接收器接收。接收器精确测量光脉冲从发射到反射的传播时间。因为光脉冲以光速传播，所以接收器总是在发送下一个脉冲之前接收到反射脉冲。在光速已知的情况下，旅行时间可以换算成距离的测量。结合激光高度、激光扫描角、GPS获得的激光位置和INS获得的激光发射方向，可以精确地计算出每个地面光斑的坐标X、Y、Z。激光束发射的频率范围从每秒几个脉冲到每秒数万个脉冲。例如，在频率为每秒10000个脉冲的系统中，接收器将在1min内记录600000个点。一般来说，激光雷达系统的地面光斑间距在2~4m之间。图3-3-9所示为行驶中的智能网联汽车采集到的激光数据。

图3-3-9 行驶中的智能网联汽车采集到的激光数据

激光雷达主要由激光发射部分、接收部分、扫描器、透镜天线和信号处理电路组成。激光发射部分主要有两种，一种是激光二极管，通常使用硅和砷化镓两种基底材料；另一种就是目前非常火热的垂直腔面发射（VCSEL），比如iPhone上的Lidar。VCSEL的优点是价格低廉，体积极小，功耗极低，缺点是有效距离比较短，需要多级放大才能达到车用的有效距离。激光雷达主要应用了激光测距的原理，而如何制造合适的结构使得传感器能向多个方向发射激光束，如何测量激光往返的时间，这便区分出了不同的激光雷达的结构。

1）机械式。以Velodyne 2007年推出的一款激光雷达为例，它把64个激光器垂直堆叠在一起，使整个单元每秒旋转许多次。发射系统和接收系统存在物理意义上的转动，也就是通过不断旋转发射器,将激光点变成线,并在竖直方向上排布多个激光发射器以形成面,最终达到 3D 扫描并接收信息的目的。但由于通过复杂的机械结构实现高频准确转动的平均失效时间仅为 1000~3000h,难以达到车厂最低 13000h 的要求。

2)固态式(MEMS)。利用微电子机械系统的技术驱动旋镜,反射激光束指向不同方向。固态激光雷达的优点包括了:数据采集速度快,分辨率高,对于温度和振动的适应性强;通过波束控制,探测点(点云)可以任意分布,例如在高速公路主要扫描前方远处,对于侧面稀疏扫描但并不完全忽略;在十字路口加强侧面扫描。而只能匀速旋转的机械式激光雷达是无法执行这种精细操作的。

3)光学相控阵式(OPA)。相控阵发射器由若干发射接收单元组成阵列,通过改变加载在不同单元上的电压,进而改变不同单元发射的光波相位,实现对每个单元光波相位的独立控制,通过调节从每个相控单元辐射出的光波之间的相位关系,在设定方向上产生互相加强的干涉从而实现高强度光束,而其他方向上从各个单元射出的光波彼此相消。

组成相控阵的各相控单元在程序的控制下可使一束或多束高强度光束,按设计指向实现空域扫描。但光学相控阵的制造工艺难度较大,这是由于要求阵列单元尺寸必须不大于半个波长,目前普通激光雷达的任务波长均在 $1\mu m$ 左右,这就意味着阵列单元的尺寸必须不大于 500nm。而且阵列数越多,阵列单元的尺寸越小,能量越往主瓣集中,这就对加工精度要求更高。此外,相控单元的材料选择也十分关键。

4)泛光面阵式(FLASH)。泛光面阵式是目前全固态激光雷达中最主流的技术,其原理也就是快闪,它不像 MEMS 或 OPA 的方案会去进行扫描,而是短时间直接发射出一大片覆盖探测区域的激光,再以高度灵敏的接收器,来完成对环境周围图像的绘制。

(2)激光雷达主要参数

1)探测距离。即激光雷达可探测的范围。激光雷达的测距能力与被测物体的反射率相关。反射率就是射到目标物上的激光能够被反射回来的比率。目标反射率越高,雷达能够检测到的有效回波就越多,所以能测量的距离就越远。所以,探测距离指标一般和反射率一起出现,比如 150m@10%,就是指在目标反射率为 10% 的情况下探测距离为 150m。

2)探测精度。探测精度是指探测距离的精确度,一般以厘米计,探测精度越高,3D 景深刻画得越准。

3)线束。激光雷达分为单线束和多线束。单线束激光雷达只有一个激光发射器,随着雷达转动形成一条水平扫描线,所以只能检测前方有没有障碍物。多线激光雷达在垂直方向有多个激光发射器,随着雷达转动形成多条水平扫描线,这样就能够一次扫描一个平面。

4)FOV 视场角(水平、垂直)。也就是探测视野,包括水平和垂直两个方向,就像是我们打开手电筒照一面墙,光能覆盖的范围就相当于视场角。机械式激光雷达能够 360° 旋转,所以水平 FOV 是 360°。固态激光雷达的水平 FOV 会小一些。垂直 FOV 的视野一般偏向地下一些,比如水平为 0°,那么向上 15°,向下 25°,这样垂直 FOV 就是 40°。这样做的好处是能够让车辆更多地探测到地面车辆和行人。

5）角分辨率。角分辨率分为水平和垂直两个方向。水平角分辨率是指左右两个扫描的激光点形成的夹角；由于激光雷达旋转，而激光发射器是脉冲，所以射到目标物上面的是一个个点。

激光脉冲是固定频率的，所以水平方向的角分辨率只和雷达旋转速度有关，只要速度足够慢，分辨率就可以很高，现在做到 0.01° 也是很常见的。但是扫描速度慢也会影响信息采集的速率。所以水平角分辨率要和确定的扫描速度对应，扫描速度一般用频率来表示，即 1s 来回扫描多少次。

垂直角分辨率是指上下两个线束形成的激光点的夹角。线束在垂直方向上不是均匀分布的，而是中间密集，上下稀疏。这也很好理解，因为中间位置更有可能探测到行人或者是障碍物。

6）出点数。也叫周期采集点数。例如，一个 64 线的激光雷达，水平 FOV 是 120°，水平分辨率在 10Hz 的扫描频率下是 0.2°。我们可以知道，激光雷达一次发出 64 个点，扫描一次 120° 能打出 64×120/0.2=38400 个点，1s 扫描 10 次，一共有 384000 点 /s。

> **引导问题 4**
>
> 请查阅相关资料，简述毫米波雷达的优缺点。
>
> _____
> _____
> _____

三种雷达优缺点对比

1. 车载激光雷达的优缺点

（1）优点

数据收集速度快，精度高。激光雷达是一种机载传感技术，由于位置优势，它可以快速收集数据，并具有极高的精度。曲面数据具有较高的采样密度。与摄影测量等其他数据收集方法相比，激光雷达提供了更高的探测表面密度。

可昼夜使用。由于属于主动照明传感器，激光雷达技术白天和黑夜都可以使用。它不受光线变化的影响，这提高了它的应用效率。

没有任何几何失真。与其他形式的数据收集不同，激光雷达几乎不受任何几何失真的影响，例如角度景观失真。

可以与其他数据源集成。激光雷达技术是一种多功能技术，可以与其他数据源集成，使复杂数据的自动分析变得更容易。

对人的依赖性最小。与摄影测量和其他测量不同，激光雷达技术对人的依赖性最小，因为大多数过程都是自动化的。这也确保了节省宝贵的时间，特别是在数据收集和数据分析阶段。

不受极端天气的影响。激光雷达技术在极端天气条件下，如极端强烈的阳光和其他恶劣天气情景下仍可使用。这意味着它仍然可以在这些条件下收集数据并进行分析。

（2）缺点

某些应用程序的运营成本较高。虽然在大型应用程序中使用 LiDAR 很便宜，但在较小的区域收集数据时可能会很昂贵。

在大雨或低空云层时无效。由于折射效应，激光雷达脉冲可能会受到大雨或低空云层的影响。然而，此时收集到的数据仍然可以用于分析。

在高太阳角和高反射时退化。激光雷达技术在存在高太阳角或高反射的区域情况下不能很好地工作，因为激光脉冲依赖于反射原理。

难以解释的非常庞大的数据集。激光雷达是一种收集非常庞大的数据集的技术，这些数据集需要高水平地分析和解释。因此，可能需要花费大量时间来分析数据。

在激光很强的情况下，激光可能会影响人眼。在某些情况下，激光雷达脉冲使用的激光来通常很强，这可能会影响人眼。

需要高端的数据分析技术。由于它收集的数据集庞大且数据复杂，可能需要使用高端技术来分析数据，这增加了总体成本。

2. 车载超声波传感器的优缺点

（1）优点

可探测材料多。超声波传感器对所有材料物体都可以探测。

探测精度高。超声波传感器在医学上都有广泛应用，可探测到非常细微的距离变化。

扩展性好。该传感器可与微控制器或任何类型的控制器接口。

灵敏度高。该传感器具有频率高、灵敏度高、穿透能力强等特点，可以方便地对外部或深层物体进行探测。

对天气不敏感。该传感器不受大气灰尘、雨和雪的影响。

（2）缺点

它在读取柔软、弯曲、薄以及小物体的反射时较为困难，但是这种情况在车载雷达工作环境中极为罕见。

探测距离相对于毫米波雷达小很多。

过于敏感。这是它的优点也是缺点。自然界的变化，例如温度、空气中的颗粒、重量、空气湍流，都会影响超声波反应。

3. 毫米波雷达的优缺点

（1）优点

天线口径小，窄波束。它的跟踪、制导精度高；易于进行低仰角跟踪，抗地面多路径和杂波干扰；近空目标分辨率高；区域成像和目标监控能力高；窄波束高抗干扰性能；天线增益高；易于探测包括电力线、电线杆和射弹物在内的小目标。

带宽大。信息率高，便于使用窄脉冲或宽带调频信号获取目标的细节结构特征；扩展能力广，减少多径、杂波，增强抗干扰能力；毫米波雷达工作频率易于识别，因此易于克服相互干扰；距离分辨率高，易于获得准确的目标跟踪和识别能力。

高多普勒频率。对慢速目标和振动目标有良好的探测和识别能力；易于利用目标的多普勒频率特性进行目标特征识别；对大气污染物的穿透特性好，可提供在粉尘、烟雾和干雪条件下良好的测试能力。

（2）缺点

易受天气影响。由于毫米波雷达需要能够从道路上的其他车辆上反弹，有时污染物或其他大气颗粒物的存在可能会阻碍雷达有效地识别威胁。

过于敏感。在某些情况下，这项技术的过度敏感可能是一个问题。在一些情况下，即使没有真正的威胁，该项目的警报也会激活。过于依赖机器来检测威胁可能会导致触发警报的错误。

精确度和覆盖范围依然有限。虽然雷达的使用对自动驾驶汽车至关重要，但目前的技术在准确性和探测距离方面仍然存在一定程度的限制。

易受电磁干扰。电塔或电磁热点的存在有时会对毫米波雷达造成干扰，甚至在某些情况下会导致毫米波雷达发生故障。要确保雷达不受电气干扰，还需要做更多的工作。

任务分组

学生任务分配表见表 3-3-1。

表 3-3-1　学生任务分配表

班级		组号		指导老师	
组长		学号			
组员角色分配					
信息员		学号			
操作员		学号			
记录员		学号			
安全员		学号			
任务分工					
（就组织讨论、工具准备、数据采集、数据记录、安全监督、成果展示等工作内容进行任务分工）					

工作计划

根据前面所了解的知识内容和小组内部讨论的结果，制定工作方案，落实各项工作负责人，如任务实施前的准备工作、实施中主要操作及协助支持工作、实施过程中相关要点及数据的记录工作等，见表 3-3-2。

表 3-3-2　工作计划表

步骤	工作内容	负责人
1		
2		
3		
4		
5		
6		
7		
8		

进行决策

1）各组派代表阐述资料查询结果。
2）各组就各自的查询结果进行交流，并分享技巧。
3）教师对各组的计划方案进行点评。
4）各组长对组内成员进行任务分工，教师确认分工是否合理。

任务实施

引导问题 5

扫描二维码观看视频，了解如何完成实训任务，并简述操作要点

_____

_____

参考操作视频，按照规范作业要求完成操作步骤，完成数据采集并记录。实训准备见表 3-3-3。

表 3-3-3　实训准备

序号	设备及工具名称	数量	设备及工具是否完好
1	计算机	1 台	□是 □否
2	实训工作页	1 本	□是 □否
3	笔	1 支	□是 □否
质检意见	原因：		□是 □否

毫米波雷达实验

该传感器模拟目标级毫米波雷达返回检测范围内目标信息。PanoSim中毫米波雷达相关参数请参见软件给出的附表中的相关内容。由于毫米波雷达无法可视化，此实验仅进行到传感器加载完成和基本参数设置。具体应用可参见后续章节中的算法测试实验。

1）打开SensorBuilder。打开PanoSim软件，单击上方工具栏中的Tools（工具），并选择SensorBuilder，如图3-3-10所示。

2）添加车辆。进入SensorBuilder界面后，选择左上角的Vehicle（车辆），激活右侧的车辆列表。选择A_Class_Hatchback模型并拖拉到主界面，如图3-3-11所示。

图3-3-10 打开SensorBuilder

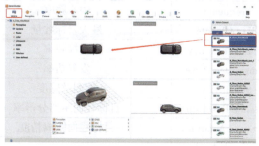

图3-3-11 添加车辆

3）添加毫米波雷达。在SensorBuilder界面单击上方工具栏中的Radar，选择Radar Sensor毫米波雷达，如图3-3-12所示。右侧会显示所有毫米波雷达传感器模型，使用左键拖拉到主界面即可完成毫米波雷达添加，如图3-3-13所示。

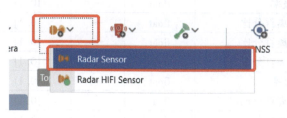

图3-3-12 从工具栏中选择毫米波雷达

图3-3-13 选择毫米波雷达模型并添加

4）设置毫米波雷达参数。单击左侧信息栏中Radar下的RadarSensor.0传感器，激活右侧属性栏。右侧信息栏中显示了安装的位置和主要参数。相关参数的含义请参见表3-3-4至表3-3-13。在这个实验中，对传感器安装位置做了修改，如图3-3-14所示。X设置为0.9，Z设置为0.6。在真实应用中需要根据实际需求设置。此外，还可以直接拖拉主界面中传感器感知区域进行位置调节。主界面右侧两个界面分别显示侧面和鸟瞰角度下传感器的安装位置。

图3-3-14 设置毫米波雷达参数

表 3-3-4　Radar Sensor 参数

英文名称	参数说明	数据类型	单位	取值范围
X	传感器在车辆坐标系上的 X 坐标	float	m	(-inf, +inf)
Y	传感器在车辆坐标系上的 Y 坐标	float	m	(-inf, +inf)
Z	传感器在车辆坐标系上的 Z 坐标	float	m	(-inf, +inf)
Yaw	传感器安装偏航角	float	degree	[0, 360)
Pitch	传感器安装俯仰角	float	degree	[0, 360)
Roll	传感器安装滚转角	float	degree	[0, 360)
Range	探测距离	float	m	[0, +inf)
Horizontal FoV	水平探测角度	float	degree	[0, 180)
Vertical FoV	垂直探测角度	float	degree	[0, 180)
Frequency	中心频率	float	GHz	[0, 100]
Max Objects	最大目标数量	int	—	[32, 256]
Scan Frequency	扫描频率	float	Hz	(0, 100)
Transmitted Power	发射功率	float	W	(0, 500)
Sensitivity	探测敏感度	float	W	(0, 500)
Distance Resolution	目标径向距离分辨率	float	m	(0, 10)
Distance Accuracy	目标径向距离精度	float	m	(0, 10)
Azimuth Angle Resolution	目标方位角分辨率	float	degree	(0, 10)
Azimuth Angle Accuracy	目标方位角精度	float	degree	(0, 10)
Velocity Resolution	目标多普勒速度分辨率	float	m/s	(0, 10)
Velocity Accuracy	目标多普勒速度精度	float	m/s	(0, 10)
Missing Probability	雷达漏报率	float	—	(0, 1)
Far Range Rate	漏报目标远距离百分比	float	—	[0, 1]
Middle Range Rate	漏报目标中距离百分比	float	—	[0, 1]
Near Range Rate	漏报目标近距离百分比	float	—	[0, 1]
Spurious Probability	雷达误报率	float	—	(0, 1)
Far Range Rate	误报目标远距离百分比	float	—	[0, 1]
Middle Range Rate	误报目标中距离百分比	float	—	[0, 1]
Near Range Rate	误报目标近距离百分比	float	—	[0, 1]
Azimuth Gaussian	传感器横向零均值高斯漂移标准差	float	degree	[0, +inf)
Azimuth Unidirectional	传感器横向单向漂移数值	float	degree/s	(-inf, +inf)
Elevation Gaussian	传感器纵向零均值高斯漂移标准差	float	degree	[0, +inf)
Elevation Unidirectional	传感器纵向单向漂移数值	float	degree/s	(-inf, +inf)
Noise	噪声参数	float	—	[0, +inf)

表 3-3-5　Radar Sensor 输出变量

英文名称	参数说明	数据类型	单位	取值范围	备注
Timestamp	仿真时间戳	int	ms	[0, +inf)	

（续）

英文名称	参数说明	数据类型	单位	取值范围	备注
OBJ_ID	目标编号	int	—	[0, +inf)	
OBJ_Class	目标类型	int	—	[0, 3]	0- 车辆 1- 行人 2- 其他（自行车、三轮车、动物）3- 障碍物（井盖，限高栏，柱子等）
OBJ_S_Azimuth	目标相对雷达的水平方位角	double	degree	[-90, 90]	
OBJ_S_Elevation	目标相对雷达的垂直高度角	double	degree	[-90, 90]	
OBJ_S_Velocity	目标相对雷达的多普勒速度	double	m/s	(-inf, +inf)	
OBJ_S_Range	目标相对雷达距离	double	m	[0, +inf)	
OBJ_RCS	目标的 RCS 值	double	dBsm	[0, +inf)	

表 3-3-6 Surround Lidar Point Cloud Sensor 参数

英文名称	参数说明	数据类型	单位	取值范围	默认值	备注
X	传感器在车辆坐标系上的 X 坐标	float	m	(-inf, +inf)	0	
Y	传感器在车辆坐标系上的 Y 坐标	float	m	(-inf, +inf)	0	
Z	传感器在车辆坐标系上的 Z 坐标	float	m	(-inf, +inf)	0	
Yaw	传感器安装偏航角	float	degree	[0, 360)	0	
Pitch	传感器安装俯仰角	float	degree	[0, 360)	0	
Roll	传感器安装滚动角	float	degree	[0, 360)	0	
Range	传感器理想测距范围（无衰减）	float	m	[0, 300]	200	
Horizontal FoV	传感器水平视场角	float	degree	[0, 360]	360	
Vertical FoV	传感器垂直视场角	float	degree	[0, 180]	41.33	
Number of Beams	激光线束数量	int	—	[0, 180]	32	
Scan Frequency	传感器水平扫描频率	float	Hz	[0, 30]	10	
Measurements per Rotation	传感器水平旋转扫描分辨率	int	—	[0, 720]	360	
Center Angle	传感器视场中线与水平方向夹角	float	degree	[-90, 90]	10	
Distance resolution	测距分辨率	float	m	[0, 1]	0.001	
Irregular beams	非均匀分布激光束定义	File	—	—	—	
Attenuation Rate	衰减系数	float	—	[0, 1]	0.004	
Dropoff General Rate	随机丢弃参数	float	—	[0, 1]	0.45	
Dropoff Intensity Limit	临界强度参数	float	—	[0, 1]	0.8	
Dropoff Zero Intensity	丢弃强度为 0 的点的概率	float	—	[0, 1]	0.4	

表 3-3-7　Surround Lidar Point Cloud Sensor 输出变量

英文名称	参数说明	数据类型	单位	取值范围	备注
Pointcloud_Timestamp	点云数据时间戳	int	ms	[0, +inf)	
Pointcloud_S_X	目标相对传感器坐标系的 X 坐标	float	m	(-inf, +inf)	
Pointcloud_S_Y	目标相对传感器坐标系的 Y 坐标	float	m	(-inf, +inf)	
Pointcloud_S_Z	目标相对传感器坐标系的 Z 坐标	float	m	(-inf, +inf)	
Intensity	归一化反射强度	float	—	[0,1)	

表 3-3-8　Solid State Lidar Point Cloud Sensor 参数

英文名称	参数说明	数据类型	单位	取值范围	默认值	备注
X	传感器在车辆坐标系上的 X 坐标	float	m	(-inf, +inf)	0	
Y	传感器在车辆坐标系上的 Y 坐标	float	m	(-inf, +inf)	0	
Z	传感器在车辆坐标系上的 Z 坐标	float	m	(-inf, +inf)	0	
Yaw	传感器安装偏航角	float	degree	[0, 360)	0	
Pitch	传感器安装俯仰角	float	degree	[0, 360)	0	
Roll	传感器安装滚动角	float	degree	[0, 360)	0	
Range	传感器理想测距范围（无衰减）	float	m	[0, 300]	200	
Horizontal FoV	传感器水平视场角	float	degree	[90,180]	120	
Vertical FoV	传感器垂直视场角	float	degree	[20, 90]	41.33	
Number of Beams	激光线束数量	int	—	[0, 180]	128	
Azimuth Angle Resolution	传感器角分辨率	int	—	[0, 10]	0.1	
Center Angle	传感器视场中线与水平方向夹角	float	degree	[-90, 90]	10	
Irregular beams	非均匀分布激光束定义	File	—	—	—	
Attenuation Rate	衰减系数	float	—	[0, 1]	0.004	
Dropoff General Rate	随机丢弃参数	float	—	[0, 1]	0.45	
Dropoff Intensity Limit	临界强度参数	float	—	[0, 1]	0.8	
Dropoff ZeroIntensity	丢弃强度为 0 的点的概率	float	—	[0, 1]	0.4	

表 3-3-9　Solid State Lidar Point Cloud Sensor 输出变量

英文名称	参数说明	数据类型	单位	取值范围	备注
Pointcloud_Timestamp	点云数据时间戳	int	ms	[0, +inf)	
Pointcloud_S_X	目标相对传感器坐标系的 X 坐标	float	m	(-inf, +inf)	
Pointcloud_S_Y	目标相对传感器坐标系的 Y 坐标	float	m	(-inf, +inf)	
Pointcloud_S_Z	目标相对传感器坐标系的 Z 坐标	float	m	(-inf, +inf)	
Intensity	归一化反射强度	float	—	[0,1)	

表 3-3-10　Ultrasonic Sensor 参数

英文名称	参数说明	数据类型	单位	取值范围	默认值	备注
X	传感器在车辆坐标系上的 X 坐标	float	m	(-inf, +inf)	0	
Y	传感器在车辆坐标系上的 Y 坐标	float	m	(-inf, +inf)	0	
Z	传感器在车辆坐标系上的 Z 坐标	float	m	(-inf, +inf)	0	
Yaw	传感器安装偏航角	float	degree	[0, 360)	0	
Pitch	传感器安装俯仰角	float	degree	[0, 360)	0	
Roll	传感器安装滚动角	float	degree	[0, 360)	0	
Range	探测距离	float	m	[0, +inf)	10	
Horizontal Fov	水平探测角度	float	degree	[0, 180)	18	
Vertical Fov	垂直探测角度	float	degree	[0, 180)	18	
Noise	雷达高斯噪声标准差	float	—	[0, +inf)	0	

表 3-3-11　Ultrasonic Sensor 输出变量

英文名称	参数说明	数据类型	单位	取值范围	备注
Timestamp	仿真时间戳	int	ms	[0, +inf)	
OBJ_S_Range	最近障碍物距离	float	m	[0, +inf)	

表 3-3-12　Ultrasonic HIFI Sensor 参数

英文名称	参数说明	数据类型	单位	取值范围	默认值	备注
X	传感器在车辆坐标系上的 X 坐标	float	m	(-inf, +inf)	0	
Y	传感器在车辆坐标系上的 Y 坐标	float	m	(-inf, +inf)	0	
Z	传感器在车辆坐标系上的 Z 坐标	float	m	(-inf, +inf)	0	
Yaw	传感器安装偏航角	float	degree	[0, 360)	0	
Pitch	传感器安装俯仰角	float	degree	[0, 360)	0	
Roll	传感器安装滚动角	float	degree	[0, 360)	0	
Range	探测距离	float	m	[0, +inf)	10	
Horizontal Fov	水平探测角度	float	degree	[0, 180)	18	
Vertical Fov	垂直探测角度	float	degree	[0, 180)	18	
TimeSliceCount	时间采样点数	int	—	[1, +inf)	100	
StartTime	采样开始时间	float	ms	[0, +inf)	0	
SamplingTimeInterval	采样时间间隔	float	ms	(0, +inf)	0.25	
Mode	工作模式	int	—	[0,1,2,3]	3	0：静默；1：发；2：收；3：发+收
Zone	工作组	int	—	[0, +inf)	0	同组可以相互接收，每组最多3个

表 3-3-13　Ultrasonic HIFI Sensor 输出变量

英文名称	参数说明	数据类型	单位	取值范围	备注
Timestamp	仿真时间戳	int	ms	[0, +inf)	
mode	模式（可读可写）	int	—	[0,1,2,3]	
energy	相对强度	double	—	[0,1）	

5）保存传感器设置。由于传感器设置与车辆是绑定的，因此，保存传感器设置等同于绑定车辆模型。在 SensorBuilder 界面单击 Save 按钮，选择 Save（保存）跳出保存选项。为了避免覆盖初始模板，这里需要重命名。将名称修改为 A_Class_Hatchback_Radar_Mount，如图 3-3-15 所示。单击 Confirm 确认并关闭 SensorBuilder 界面。如此便完成了毫米波雷达虚拟安装。

6）查看带有传感器的车辆模型。关闭 SensorBuilder 界面，回到 PanoSim 主界面。单击上方 Tools（工具）打开，选择 VehicleBuilder。在右侧的搜索栏中输入 Radar_Mount，即可搜索到此前建立的带有毫米波雷达的车辆模型，如图 3-3-16 所示。

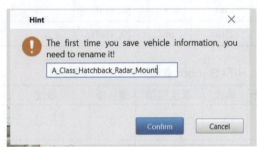

图 3-3-15　保存新车辆模型　　　　　图 3-3-16　查找新的车辆模型

激光雷达实验

1）打开 SensorBuilder。打开 PanoSim 软件，单击上方工具栏中的 Tools（工具），并选择 SensorBuilder，如图 3-3-17 所示。

图 3-3-17　打开 SensorBuilder

2）添加车辆。进入 SensorBuilder 界面后，选择左上角的 Vehicle（车辆），激活右侧的车辆列表。选择 A_Class_Hatchback 模型并拖拉到主界面，如图 3-3-18 所示。

图 3-3-18 添加车辆

3）添加激光雷达。在 SensorBuilder 界面单击上方工具栏中的 Lidar，选择 Surround Lidar Point Cloud Sensor 环绕雷达点云传感器，如图 3-3-19 所示。右侧会显示所有相应类型的激光雷达传感器模型，使用左键拖拉到主界面即可完成激光雷达添加，如图 3-3-20 所示。

图 3-3-19 选择环绕雷达点云传感器　　图 3-3-20 选择激光雷达传感器模型并添加

4）设置激光雷达传感器参数。单击左侧信息栏中 Lidar 下的 SurroundLidar-PointCloudSensor.0 传感器，激活右侧属性栏。右侧信息栏中显示了安装的位置和主要参数。相关参数的含义请参见表 3-3-4 至表 3-3-13。在这个实验中，对传感器安装位置做了修改，如图 3-3-21 所示。X 设置为 –1.5，Z 设置为 1.8。在真实应用中需要根据实际需求设置。此外，还可以直接拖拉主界面中传感器感知区域进行位置调节。主界面右侧两个界面分别显示侧面和鸟瞰角度下传感器的安装位置。

5）保存传感器设置。由于传感器设置与车辆是绑定的，因此，保存传感器设置等同于绑定车辆模型。在 SensorBuilder 界面单击 Save 按钮，选择 Save（保存）跳出保存选项。为了避免覆盖初始模板，这里需要重命名。将名称修改为 A_Class_Hatchback_Lidar_Mount，如图 3-3-22 所示。单击 Confirm 确认并关闭 SensorBuilder 界面。如此便完成了激光雷达虚拟安装。

图 3-3-21 设置激光雷达参数　　图 3-3-22 保存新的车辆模型

6）查看带有传感器的车辆模型。关闭 SensorBuilder 界面，回到 PanoSim 主界面。单击上方 Tools（工具）打开，选择 VehicleBuilder。在右侧的搜索栏中输入 Lidar_Mount，即可搜索到此前建立的带有雷达传感器的车辆模型，如图 3-3-23 所示。

图 3-3-23　查找新的车辆模型

该传感器模拟机械式点云级激光雷达输出点云信息，图 3-3-24~ 图 3-3-26 展示了在 PanoSim 场景中 Surround Lidar Point Cloud Sensor 的点云效果图和 Surround Lidar Point Cloud Sensor 的纯点云效果图。该传感器模型包含激光扫描线数、扫描频率等基本参数，支持非均匀分布的点云生成。UI 参数设置界面中，Irregular beams 项需选择 LidarCloudVerticalRayAngles.csv。点云丢弃采用两种方式，一种是随机丢弃，另一种是基于强度丢弃。Dropoff General Rate 用于管理随机丢弃，Dropoff Intensity Limit 和 Dropoff Zero Intensity 用于管理基于强度的丢弃。

图 3-3-24　PanoSim 场景中 Surround Lidar Point Cloud Sensor 的点云效果图（一）

图 3-3-25　PanoSim 场景中 Surround Lidar Point Cloud Sensor 的点云效果图（二）

图 3-3-26　Surround Lidar Point Cloud Sensor 的纯点云效果图

7）固态点云级激光雷达实验

固态点云级激光雷达实验操作与 Surround Lidar Point Cloud Sensor 的安装方法相似，此处不进行赘述。该传感器模拟固态点云级激光雷达输出点云信息，图 3-3-27~ 图 3-3-29 展示了在 PanoSim 场景中，Solid State Lidar Point Cloud Sensor 的点云效果图和 Solid State Lidar Point Cloud Sensor 的纯点云效果图（需要高性能计算机处理）。该传感器模型包含激光扫描线数、扫描频率等基本参数，支持非均匀分布的点云生成。UI 参数设置界面中，Irregular beams 项需选择 SolidStateLidarCloudVerticalRayAngles.csv。点云丢弃采用两种方式，一种是随机丢弃，另一种是基于强度丢弃。Dropoff General Rate 用于管理随机丢弃，Dropoff Intensity Limit 和 Dropoff

图 3-3-27　Solid State Lidar Point Cloud Sensor 的点云效果图（一）

Zero Intensity 用于管理基于强度的丢弃。

图 3-3-28 Solid State Lidar Point Cloud Sensor 的点云效果图（二）

图 3-3-29 Surround Lidar Point Cloud Sensor 的纯点云效果图

超声波传感器实验

超声波雷达（传感器）模拟目标级超声波传感器返回检测范围内目标信息。PanoSim 中超声波传感器相关参数请参见软件给出的附表中的相关内容。由于超声波无法可视化，此实验仅进行到传感器加载完成和基本参数设置。具体应用可参见后续章节中的算法测试实验。

1）打开 SensorBuilder。打开 PanoSim 软件，单击上方工具栏中的 Tools（工具），并选择 SensorBuilder，如图 3-3-30 所示。

2）添加车辆。进入 SensorBuilder 界面后，选择左上角的 Vehicle（车辆），激活右侧的车辆列表。选择 A_Class_Hatchback 模型并拖拉到主界面，如图 3-3-31 所示。

图 3-3-30 打开 SensorBuilder

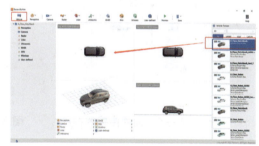

图 3-3-31 选择车辆模型

3）添加超声波传感器。在 SensorBuilder 界面单击上方工具栏中的 Ultrasonic，选择 Ultrasonic Sensor 超声波传感器，如图 3-3-32 所示。右侧会显示所有超声波传感器模型，使用左键拖拉到主界面即可完成超声波传感器的添加，如图 3-3-33 所示。

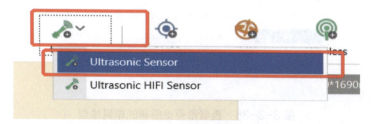

图 3-3-32 选择超声波传感器

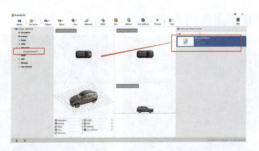

图 3-3-33　选择超声波传感器模型并添加

4）设置超声波传感器参数。单击左侧信息栏中 Ultrasonic Sensor 下的 Ultrasonic-Sensor.0 传感器，激活右侧属性栏。右侧信息栏中显示了安装的位置和主要参数。相关参数的含义请参见表 3-3-4 至表 3-3-13。在这个实验中，对传感器安装位置做了修改，如图 3-3-34 所示。X 设置为 0.5，Y 设置为 –0.8，Z 设置为 0.7，Yaw 设置为 90。在真实应用中需要根据实际需求设置。此外，还可以直接拖拉主界面中传感器感知区域进行位置调节。主界面右侧两个界面分别显示侧面和鸟瞰角度下传感器的安装位置。

5）保存传感器设置。由于传感器设置与车辆是绑定的，因此，保存传感器设置等同于绑定车辆模型。在 SensorBuilder 界面单击 Save 按钮，选择 Save（保存）跳出保存选项。为了避免覆盖初始模板，这里需要重命名。将名称修改为 A_Class_Hatchback_Ultrasonic_Mount，如图 3-3-35 所示。单击 Confirm 确认并关闭 SensorBuilder 界面。如此便完成了超声波传感器虚拟安装。

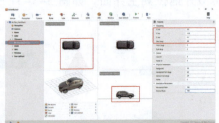

图 3-3-34　设置传感器参数

图 3-3-35　改名为 A_Class_Hatchback_Radar_Mount

6）查看带有传感器的车辆模型。关闭 SensorBuilder 界面，回到 PanoSim 主界面。单击上方 Tools（工具）打开，选择 VehicleBuilder。在右侧的搜索栏中输入 Ultrasonic_Mount，即可搜索到此前建立的带有传感器的车辆模型，如图 3-3-36 所示。

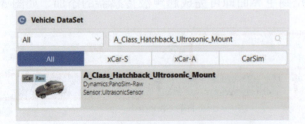

图 3-3-36　查看带有传感器的车辆模型

姓名　　　班级　　　日期

📝 评价反馈

1）各组代表展示汇报 PPT，介绍任务的完成过程。

2）请以小组为单位，对各组的操作过程与操作结果进行自评和互评，并将结果填入表 3-3-14 中的小组评价部分。

3）教师对学生工作过程与工作结果进行评价，并将评价结果填入表 3-3-14 中的教师评价部分。

表 3-3-14　综合评价表

班级		组别		姓名		学号	
实训任务							
评价项目		评价标准			分值		得分
小组评价	计划决策	制定的工作方案合理可行，小组成员分工明确			10		
	任务实施	能够正确检查并设置实训工位			5		
		能够准备和规范使用工具设备			5		
		能够完成毫米波雷达的加载			20		
		能够完成激光雷达与超声波雷达（传感器）的加载			20		
		能够规范填写任务工单			10		
	任务达成	能按照工作方案操作，按计划完成工作任务			10		
	工作态度	认真严谨、积极主动，安全生产，文明施工			10		
	团队合作	小组组员积极配合、主动交流、协调工作			5		
	6S 管理	完成竣工检验、现场恢复			5		
		小计			100		
教师评价	实训纪律	不出现无故迟到、早退、旷课现象，不违反课堂纪律			10		
	方案实施	严格按照工作方案完成任务实施			20		
	团队协作	任务实施过程互相配合，协作度高			20		
	工作质量	能准确完成实训任务			20		
	工作规范	操作规范，三不落地，无意外事故发生			10		
	汇报展示	能准确表达、总结到位、改进措施可行			20		
		小计			100		
综合评分		小组评价分 ×50%+ 教师评价分 ×50%					
		总结与反思					

（如：学习过程中遇到什么问题→如何解决的/解决不了的原因→心得体会）

04 能力模块四
典型应用场景仿真与测试

任务一 AEB 系统仿真与测试

学习目标

➤ 知识目标
- 掌握 AEB 系统的基本工作原理。
- 了解 AEB 系统的发展历史。

➤ 技能目标
- 能够在仿真软件中展示 AEB 系统的功能。
- 能够使用 PlotBuilder 模块对测试所得数据进行分析。

➤ 素养目标
- 了解 AEB 发展历史和工作原理,提升科学素养。
- 养成定期反思与总结的习惯,改进不足,精益求精。
- 具有良好的团队协作精神和较强的沟通能力。

知识索引

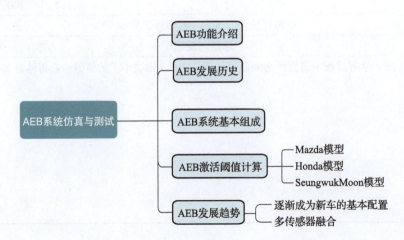

情境导入

AEB 功能已经大规模商用。4S 店的销售人员需要了解 AEB 基本工作原理，突出 AEB 在降低事故方面的作用，从而让顾客积极购买相关功能模块。作为一名虚拟仿真测试工程师，你被 4S 店邀请，向销售人员介绍 AEB 系统的发展历史与发展趋势，并在 PanoSim 上进行模拟测试，帮助销售人员理解 AEB 系统的作用。

获取信息

引导问题 1

请查阅相关资料，简述 AEB 在行驶过程中起到的作用。
_____
_____
_____

职业认证

智能网联汽车测试装调职业技能等级要求中的智能网联汽车车辆测试任务就要求报考人员能根据测试车辆自动驾驶的功能设定，完成静态与动态测试结果的数据处理与分析评价，并编写测试报告。通过智能网联汽车测试装调职业技能等级考核可获得教育部 1+X 证书中的《智能网联汽车测试装调职业技能等级证书》。

AEB 功能介绍

AEB（Autonomous Emergency Braking）是一种主动安全功能。与传统的安全带、安全气囊等被动安全设备不同，主动安全指的是在碰撞发生前便被激活，从而避免或减轻碰撞带来的伤害。AEB 根据碰撞时间或车前距离判断车辆发生碰撞的可能性，当该可能性超过一定阈值时，便进行紧急制动，从而避免碰撞。碰撞时间或车前距离是根据传感器感知到的前方障碍物计算得到的。考虑到使用成本问题，大部分车辆的 AEB 系统都是依靠摄像头或超声波传感器感知前方障碍物的，如图 4-1-1 所示。

图 4-1-1 毫米波雷达检测行人

Euro NCAP 的交通事故分析报告显示，90% 的交通事故的引发原因是驾驶员注意力不足。相关研究表明，配备 AEB 的车辆，需要进行事故财产损失责任索赔的量减少了 28%，碰撞索赔量减少了 10%。Euro NCAP 和 ANCAP 分别为欧盟和澳大利亚的第三方独立车辆安全认证机构，这两家机构在2015年5月发表的研究报告显示，AEB可以减少38%的追尾碰撞。高工智能汽车研究院监测数据显示，2021年中国市场（不含进出口）乘用车前装AEB标配搭载率为38.04%。随着国产AEB系统的不断提升，该系统的价格也在不断降低，将会有越来越多的国产汽车配备AEB系统。

> **引导问题2**
>
> 请查阅相关资料，简述AEB的发展历史。
> _____
> _____
> _____

AEB 发展历史

AEB系统源自于ACC（Adaptive Cruise Control）。与ACC相似，AEB本质上也是根据前方情况调节纵向行驶速度。随着NCAP对AEB的要求不断提高，如要求其在高速情况下和交叉口处都实现AEB功能。因此，汽车厂商未来将使用性能更好的或更多的传感器，从而提升AEB的性能和使用范围。也正因如此，AEB功能成为了智能网联车辆的基本配置。

1999年，奔驰的S级轿车配备了ACC系统（图4-1-2），并装备了基于毫米波雷达的前向碰撞告警系统。毫米波雷达实时检测主车与前车的距离，并在必要的时候进行告警。当时使用的毫米波雷达是Temic的77GHz LRR。由于车载雷达的成本问题，ACC在出现后的十年内主要应用在高端车型上。另外，早期的ACC制动力一般为最大制动力的20%~50%，无法满足紧急制动的要求。

图4-1-2　1999年的奔驰S级轿车

图4-1-3　沃尔沃XC60车型

在2018年，沃尔沃的XC60（图4-1-3）装备了基于SRL车载毫米波雷达的AEB系统。但是，沃尔沃车型上用的毫米波雷达只有3线，最大探测距离只有13.5m，仅可在低速情况下实现功能。该系统可防止时速30km/h的碰撞，并可以缓解50km/h的碰撞伤害程度。

由于AEB对于汽车安全的提升具有重要意义，各大汽车零部件厂商均开始研究如何降低车载毫米波雷达的成本，提升其探测距离。

2009 款标致 3008（图 4-1-4）和 5008 采用了海拉 24GHz 的车载毫米波雷达，探测距离提升到了 150m。该车仅能进行碰撞告警而没有紧急制动功能，但是由于该设计占用体积更小、探测距离尚可，而且没有提供自动制动功能，所以比整套的 ACC 系统更经济，价格仅为 575 美元。

图 4-1-4　标致 3008 车型

2012 年，欧盟要求 2014 年及以后出产的新车必须配备 AEB 系统。2013 年，NCAP 开始要求重型车辆必须使用 AEB。2014 年初，Euro NCAP 正式将 AEB 纳入车辆评分体系，没有配备 AEB 系统的车型将很难获得 5 星级评价。IIHS（美国公路安全保险协会）也在 2014 年将预碰撞系统（Front Crash Prevention）评价体系引入汽车碰撞测试中，并明确规定，如果车辆没有配备预碰撞警告系统或自动制动功能，不能获得最高的"TOPSAFETY PICK+"评价。从 2015 年 11 月 1 日开始，欧洲新生产的重型商用车被强制要求安装车道偏离警告（LDW）系统及 AEB 系统。

❓ 引导问题 3

请查阅相关资料，简述 AEB 系统的基本组成。

_____
_____
_____

AEB 系统基本组成

AEB 系统的功能包括碰撞前的预报警、短促制动的二级报警、制动准备（减压和制动准备）、调整液压制动辅助系统的阈值等。实现这些功能的系统主要分为三个部分：感知系统、控制决策系统和执行系统。

感知系统一般使用毫米波雷达和前视摄像头。尽管市场上有许多仅仅依赖一种传感器即可实现 AEB 功能的车辆，但是，将毫米波雷达和前视摄像头相结合可以提升障碍物识别能力，且可以基于图像识别技术感知到对方的类型，从而采取不同的控制策略。目前，感知系统的提升方向是提高目标探测准确性、丰富目标识别多样性、缩短探测识别时间。

控制决策系统一般依赖于一个域控制器，或者直接将相关算法嵌入到汽车的 ECU 中。其功能是通过感知系统感知到的信息判断是否有必要启动 AEB 功能。

执行系统主要是发动机稳定控制器 ESC 和制动系统。AEB 控制器发出紧急制动指令后，ESC 负责校验信号的有效性、仲裁制动优先级、进行减压准备、执行制动以及反馈制动结果。若制动系统产生故障，也会输出给 AEB 控制器进行故障记录。

> **引导问题 4**
>
> 请查阅相关资料，简述 AEB 系统进行紧急制动的流程。
> _____
> _____
> _____

AEB 激活阈值计算

AEB 算法包括障碍物识别模块、危险性判断模块、危险警告模块和制动系统控制模块。AEB 系统首先通过雷达或者摄像头探测到前方障碍物，并计算出它与本车之间的相对距离、相对速度等参数。然后，控制器根据这些参数判断是否进行警告、部分制动、全力制动等操作，如图 4-1-5 所示。考虑到驾乘人员的舒适性，在真实使用过程中，一般情况下的制动时间阈值一般为 1.5s，即如果预测到在 1.5s 后会发生碰撞，则进行紧急制动，最大制动加速度值为 $10m/s^2$ 左右。基于安全距离的 AEB 激活方法中，安全距离的计算模型非常关键。目前，主流安全距离计算模型包括 Mazda 模型、Honda 模型和 SeungwukMoon 模型。

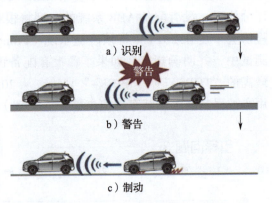

图 4-1-5 AEB 系统工作过程

1. Mazda 模型

$$d_{br} = 0.5\left(\frac{v^2}{a_1} - \frac{v - v_{rel}}{a_2}\right) + vt_1 + v_{rel}t_2 + d_0$$

式中，d_{br} 为制动距离阈值；v 为车速；v_{rel} 为两车相对速度；a_1 为本车最大减速度；a_2 为前方车辆的最大减速度；t_1 为驾驶员的反应延迟时间；t_2 为制动延迟时间；d_0 为最小停车距离。

当 v_{rel} 大于 v 时，制动距离阈值 d_{br} 为零。当两车都全力进行制动时，最小停车距离 d_0 可以确保两车不发生碰撞。延迟时间 t_1 和 t_2 可将人和制动系统的延迟纳入考虑之中。

2. Honda 模型

Honda 模型中有两个阈值，预警距离阈值 d_w 和制动距离阈值 d_{br}。

$$d_w = 2.2v_{rel} + 6.2$$

$$d_{br} = \begin{cases} v_{rel}t_2 + a_1t_1t_2 - 0.5a_1t_1^2, & \text{当 } \dfrac{v_2}{a_2} \geq t_2 \text{ 时} \\ t_2v - 0.5(t_2-t_1)^2 - \dfrac{v_2^2}{2a_2}, & \text{当 } \dfrac{v_2}{a_2} < t_1 \text{ 时} \end{cases}$$

式中，v 是本车车速；v_{rel} 是两车相对车速；v_2 是目标车车速；a_1、a_2 分别是本车和目标车的最大减速度；t_1、t_2 分别为驾驶员反应时间和制动系统延迟时间。

显然，Honda 进行了阈值阶梯划分，当两车间距小，速度快的时候，倾向于更加敏感地进行制动。

3. SeungwukMoon 模型

$$d_{br} = v_{rel}T_{delay} + f(u)\frac{(2v_{SV} - v_{rel})v_r}{2a_{max}}$$

式中，d_{br} 为制动距离阈值；v_{rel} 为两车相对速度；T_{delay} 为考虑了人和制动系统的整体延迟时间；$f(u)$ 为制动因数；v_{SV} 为本车速度；a_{max} 为最大减速度。

与其他两个模型不同的是，SeungwukMoon 将制动因数纳入其中，即考虑了道路对制动能力的影响。在真实交通中，湿滑道路对于 AEB 系统功能的影响不可忽略。

引导问题 5

请查阅相关资料，简述 AEB 系统的发展趋势。

_____
_____
_____

AEB 发展趋势

1. 逐渐成为新车的基本配置

随着 AEB 系统成本不断降低，越来越多的车辆开始配备 AEB 系统。2017 年，多家汽车制造商自发地提出了"2022 年新车标配 AEBS 技术"倡议。除了商用车以外，发达国家大多数都强制要求新车安装 AEB 系统。我国的长城 WEY 已经标配 AEB，吉利、长安、广汽、上汽等也都相继为新出产的汽车安装 AEB 系统。考虑到 AEB 在提升交通安全方面的乐观表现，有理由认为 AEB 将在不远的将来成为汽车的基本配置。

2. 多传感器融合

实现 AEB 的方式并不唯一。不同厂商的 AEB 系统在感知系统使用的传感器类型、数量以及要求感知的范围方面可能存在差异，但可确定的是单一传感器均有自身难以克服的劣势，如摄像头捕捉到的图像可能无法让汽车识别到前方障碍物，夜间无法有效工作，且感知范围有限。毫米波雷达的探测距离目前依然较小，激光雷达容易受到天气的影响。因此，采用多传感器融合可以增强系统可靠性，是高性能 AEB 系统不可或缺的基础。

任务分组

学生任务分配表见表4-1-1。

表4-1-1 学生任务分配表

班级		组号		指导老师	
组长		学号			
组员角色分配					
信息员		学号			
操作员		学号			
记录员		学号			
安全员		学号			
任务分工					
（就组织讨论、工具准备、数据采集、数据记录、安全监督、成果展示等工作内容进行任务分工）					

工作计划

根据前面所了解的知识内容和小组内部讨论的结果，制定工作方案，落实各项工作负责人，如任务实施前的准备工作、实施中主要操作及协助支持工作、实施过程中相关要点及数据的记录工作等，见表4-1-2。

表4-1-2 工作计划表

步骤	工作内容	负责人
1		
2		
3		
4		
5		
6		
7		
8		

进行决策

1）各组派代表阐述资料查询结果。

2）各组就各自的查询结果进行交流，并分享技巧。

3）教师对各组的计划方案进行点评。
4）各组长对组内成员进行任务分工,教师确认分工是否合理。

任务实施

实训准备见表 4-1-3。

表 4-1-3　实训准备

序号	设备及工具名称	数量	设备及工具是否完好
1	计算机	1 台	□是 □否
2	实训工作页	1 本	□是 □否
3	笔	1 支	□是 □否
质检意见	原因:		□是 □否

引导问题 6

扫描二维码观看视频,了解如何完成实训任务,并简述操作要点。

_____

_____

基于 PanoSim 的 AEB 测试解决方案

本方案按照 E-NCAP AEB 标准法规的要求对 CCRs 场景进行参数提取,以搭建虚拟仿真测试场景,并通过参数泛化的方式生成多个测试场景,支持自动化测试评价和报告生成,完成产品的系统测试,并生成相应的结果与报告。

（1）场景描述

目标车辆静止,与主车方向一致,纵向距离 300m。

横向距离偏差不超过 0.2m。

主车车速依次为 40km/h、50km/h、60km/h、70km/h。

天气:晴天。

光照:白天。

道路:直道。

（2）场地构建

在 PanoExp 下使用鼠标左键单击"Tools"按钮并选择"WorldBuilder"（图 4-1-6）,单击"Map-Create"可以打开"NETEDIT"构建路网,并通过"Map-Import"导入路网文件,如图 4-1-7 所示。

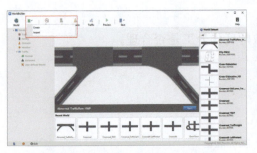

图 4-1-6　WorldBuilder 界面

图 4-1-7　路网导入界面

这里我们使用 PanoSim 自带场景"Crossroad","Crossroad"拖入 WorldBuilder 主界面（图 4-1-8），可以在 WorldBuilder 中对静态要素、交通流、天气及光照强度进行设置，这里我们将"Traffic"-"Normal"中车辆密度改为 0（图 4-1-9），"Weather"使用图 4-1-8 所示截图中的参数。可以通过单击"Data"选择"Save as"进行重命名操作（图 4-1-10）。

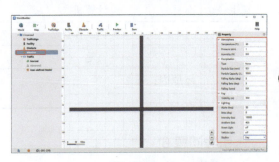

图 4-1-8　Crossroad 界面

图 4-1-9　Traffic-Normal 界面

图 4-1-10　重命名界面

（3）车辆构建

测试前需要对测试车辆进行部分数据标定，或者针对测试车辆重新构建车辆模型，VehicleBuilder 模块支持客户车辆导入，支持对导入车辆以及 PanoSim 自带车辆模型进行参数修改。在 PanoExp 下使用鼠标左键单击"Tools"按钮并选择"VehicleBuilder"，这里选用 PanoSim 自带车辆模型 C_Class_Sedan，默认参数，如图 4-1-11 所示。

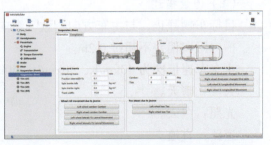

图 4-1-11　VehicleBuilder 参数修改界面

（4）传感器构建

SensorBuilder 模块支持对导入的车辆模型配置传感器，在 PanoExp 下使用鼠标左键单击"Tools"按钮并选择"SensorBuilder",打开"SensorBuilder"UI界面（图 4-1-12）。在本次实验中，选用毫米波雷达和车道线感知器探测障碍物。在工具栏中单击"Radar"-"Radar Sensor"如图 4-1-13 所示，右侧弹出的属性栏中选择"Radar Sensor"，将其拖至操作界面中的汽车模型上，并在右侧属性栏中设置安装位置以及相关参数，如图 4-1-14 所示，可以对其参数进行修改，这里我们使用默认参数。在工具栏中单击"Perception"-"Lane Info Perception"，如图 4-1-15 所示，右侧弹出的属性栏中选择"Lane Info Perception"，将其拖至操作界面中的汽车模型上。这里使用默认参数（图 4-1-16）。可以通过单击"Save"选择"Save as"进行重命名操作（图 4-1-17）。

图 4-1-12　SensorBuilder 界面

图 4-1-13　Radar 加载界面

图 4-1-14　Radar Sensor 参数界面

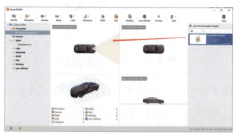

图 4-1-15　Lane Info Perception 加载界面

图 4-1-16　Lane Info Perception 参数界面

图 4-1-17　重命名界面

（5）场景构建

PanoExp 主要用场景的构建以及测试任务下发，在 PanoExp 可以根据法规数据进行调整主车以及目标车的相对位置和速度。首先加载地图"Crossroad_Sample"，关闭随机交通流，设置目标车位置，单击"Distubance-Vehicle（S）"，在右侧选择车辆"CheryTiggoSUV"，将其拖入主界面放置在编号为 -gneE2_1 的 Lane 上（图 4-1-18），设置其参数，Station=350，Lateral Offset = 0，Angle = 0，Initial Speed = 0，并画出目标车轨迹，如图 4-1-19 所示。

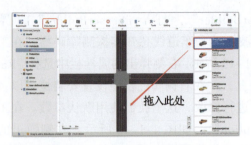

图 4-1-18　目标车拖放

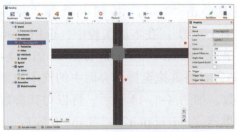

图 4-1-19　目标车轨迹设置

其次确定主车位置，单击"EgoCar"，在右侧选择车辆"C_Class_Sedan_Sample"，将其拖入主界面放置在编号为 -gneE2_1 的 Lane 上（图 4-1-20），设置其参数，Station=50，Lateral Offset = 0，Angle = 0，Initial Speed =40，并将主车类型 Type 改为 xCar_Raw，如图 4-1-21 所示。

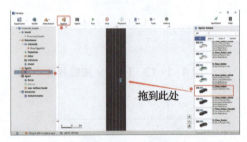

图 4-1-20　主车拖放

图 4-1-21　主车参数设置

在 PanoExp 中单击工具栏中的"Agent"，选中右侧栏中"AEB_Python"拖入主界面中，如图 4-1-22 所示。

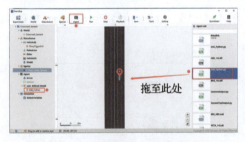

图 4-1-22　添加 AEB 算法

图 4-1-23　AEB 运行

PanoExp 中单击"Run"，运行效果如图 4-1-23 所示。

单击 PanoExp 上方工具栏"Data" -> "Save as"，将实验命名为"F_Crossroad_AEB_Python"。

（6）数据后分析

PanoSim 拥有 PlotBuilder 模块用于对数据的存储与分析，存储信息包括三大类：主车姿态信息、主车动力学信息以及全局变量，在 PanoExp 下使用鼠标左键单击"Tools"按钮并选择"PlotBuilder"，打开"PlotBuilder"UI 界面，加载上述实验，将数据拖至工作区显示，如图 4-1-24 所示。

图 4-1-24　PlotBuilder 界面

（7）自动化测试及评价

在 TestBuilder 中，拖入的上述实例进行实验参数泛化。可在 Generalization 中进行泛化，在 TestBuilder 中会生成相应实例进行批量测试，这里将主车速度泛化为 40km/h、60km/h、80km/h，如图 4-1-25 所示。

图 4-1-25　实验参数泛化界面

此外可以对实验添加评价模型，对实验进行批量测试及评价（图 4-1-26），实验完成后也可单击工区 "Export" 导出实验报告，显示得分及测试进度，如图 4-1-27 所示。

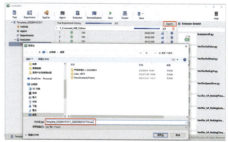

图 4-1-26　批量测试　　　　　　　　图 4-1-27　导出实验报告

评价反馈

1）各组代表展示汇报 PPT，介绍任务的完成过程。

2）请以小组为单位，对各组的操作过程与操作结果进行自评和互评，并将结果填入表 4-1-4 中的小组评价部分。

3）教师对学生工作过程与工作结果进行评价，并将评价结果填入表 4-1-4 中的教师评价部分。

表 4-1-4 综合评价表

班级		组别		姓名		学号	
实训任务							
评价项目		评价标准				分值	得分
小组评价	计划决策	制定的工作方案合理可行，小组成员分工明确				10	
	任务实施	能够正确检查并设置实训工位				5	
		能够准备和规范使用工具设备				5	
		能够完成 AEB 系统仿真测试				20	
		能够对实验进行批量测试及评价				20	
		能够规范填写任务工单				10	
	任务达成	能按照工作方案操作，按计划完成工作任务				10	
	工作态度	认真严谨、积极主动，安全生产，文明施工				10	
	团队合作	小组组员积极配合、主动交流、协调工作				5	
	6S 管理	完成竣工检验、现场恢复				5	
		小计				100	
教师评价	实训纪律	不出现无故迟到、早退、旷课现象，不违反课堂纪律				10	
	方案实施	严格按照工作方案完成任务实施				20	
	团队协作	任务实施过程互相配合，协作度高				20	
	工作质量	能准确完成实训任务				20	
	工作规范	操作规范，三不落地，无意外事故发生				10	
	汇报展示	能准确表达、总结到位、改进措施可行				20	
		小计				100	
综合评分		小组评价分 ×50%+ 教师评价分 ×50%					
总结与反思							

（如：学习过程中遇到什么问题→如何解决的 / 解决不了的原因→心得体会）

任务二　ACC 系统仿真与测试

学习目标

➢ 知识目标

1. 掌握 ACC 的基本工作原理。
2. 了解 ACC 的发展历史。

➢ 技能目标

1. 了解 ACC 的算法原理。
2. 能够在仿真软件中展示 ACC 功能。

➢ 素养目标

1. 了解 ACC 发展历史和工作原理，提升科学素养。
2. 学会理论知识表达能力，培养观点表达能力。
3. 养成定期反思与总结的习惯，改进不足，精益求精。

知识索引

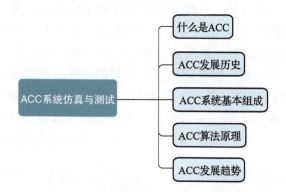

情境导入

　　ACC 自适应巡航控制功能已经大规模商用。4S 店的销售员需要了解 ACC 基本工作原理，突出其在降低事故方面的作用，从而让顾客积极购买相关功能模块。作为虚拟仿真测试工程师，你被 4S 店邀请，向销售人员介绍 ACC 系统的发展历史与发展趋势，并在 PanoSim 上进行模拟测试，帮助销售人员理解 ACC 系统的作用。

获取信息

引导问题 1

请查阅相关资料,简述 ACC 系统的定义与功能。

_____

_____

_____

什么是 ACC

ACC 是 Adaptive Cruise Control(自适应巡航控制)的缩写。顾名思义,ACC 的功能是代替人类驾驶员进行巡航控制。ACC 可以自动控制本车车速,使本车的速度保持在一定范围内,并与前车保持一定的安全间隔。在单调的高速公路场景中,ACC 可以减少长距离、长时间集中注意力的情况,从而减轻驾驶员负担,进而提高驾驶安全性。与普通巡航系统不同,ACC 系统可主动干预车辆行驶状态,进行巡航驾驶,而不是完全依赖驾驶员通过按钮激活巡航功能。

ACC 系统在车辆行驶过程中通过车距传感器,如毫米波雷达和激光雷达实时监测车辆前方交通环境。当前方存在其他车辆时,根据本车和前车之间的相对距离、相对速度等参数控制本车纵向速度;当本车前方没有可参考的车辆时,ACC 系统可根据驾驶员设定的速度进行巡航驾驶;当前方存在速度稳定的车辆且本车车速或本车设定的巡航速度高于前车速度时,ACC 系统会进行制动操作,从而让本车车速降低至前车车速,并按照驾驶员预先设定的或默认的安全间隔跟随该车辆行驶;前车速度大于本车速度时,ACC 系统控制本车加速,以保证与前车之间的间隔在预设或默认范围内。当前车速度超过预设最大巡航速度时,该车不再被本车视为巡航参考车辆,如图 4-2-1 所示。现在的 ACC 系统可以在 0~150km/h 范围内工作,在使用性能更佳的传感器的前提下,可支持更高的速度,以满足欧洲客户的需求,因为欧洲部分公路不限制车速。

图 4-2-1　ACC 功能案例

> **引导问题 2**
>
> 请查阅相关资料，简述 ACC 系统的发展历史。
> _____
> _____
> _____

ACC 发展历史

ACC 起源于 20 世纪 70 年代。1971 年，美国伊顿公司（EATON）首先进行了类似技术的研究。

1991 年，三菱在 Debonair 车型上安装了一个基于激光雷达的碰撞预警系统，但没有速度控制功能。

1995 年，第二代三菱 Diamante 开发出了"PDC（Preview Distance Control）"前方距离控制系统。该系统在前保险杠上引入了激光雷达，并在后视镜中安装了微型摄像头。它能够感知到与前面车辆的距离正在接近，并会自动放松节气门或将变速器调低档位以降低本车的速度。然而，它的局限性是不能操作制动，所以当它与前面的车辆的速度相差太大时，它需要提醒驾驶员。由于没有制动干预，操作限制为每小时 108km/h，而且在雨中表现不佳，三菱决定将该系统仅供日本市场使用，因为它适合日本市场的路况和一般而言温和的天气。

丰田追随三菱的脚步，在 1997 年的 Celsior 车型（图 4-2-2）上使用了"雷达巡航控制系统"，Celsior 是雷克萨斯 LS 的日本市场版本。丰田的系统同样使用了激光雷达，但仍然没有对制动进行任何控制，它的水平传感范围为 16°，垂直范围为 4°，并能够跟踪 100m 外的其他车辆。

图 4-2-2　1997 年版丰田 Celsior 车型

此后，本田、通用、福特、奔驰、博世等公司也投入研发行列。欧洲和美国的汽车厂商在 1999 年分别推出了适合当地道路和天气的系统。奔驰公司在 S 级 W220 汽车上安装了距离控制系统。值得注意的是，奔驰的系统旨在以更高的速度工作——这对于在不受限制的德国高速公路上使用至关重要。

奔驰公司还推出了另外一个关键功能，在 1997 年的 A 级麋鹿测试中，奔驰车型因试图在行驶中避开障碍物而倾覆，此后奔驰开始将其 ESP 稳定控制系统作为旗下所有汽车的标准功能。自动制动系统引入汽车纠正了日本系汽车厂商的相似系统中最大的漏洞。其次，奔驰系统的特点是选用毫米波雷达而不是激光雷达。虽然后者是当今自动驾驶系统的流行选择，但在 1999 年，激光雷达价格十分昂贵，高质量的毫米波雷达系统更加经济。而且毫米波雷达不会像激光雷达那样受到雨、雾或尘土条件的影响。

2006 年，奔驰公司进一步完善了该系统，在必要的情况下可以将车辆完全制动到停止，因此也被称为增强型限距控制系统（Distronic Plus）。同年，丰田开发出了低速巡航功能，并装备到了雷克萨斯 LS460 汽车上。值得注意的是，该系统可以在 0~100km/h 的时速范围内工作，并且可以反复启停，适用于交通拥堵情况下的自动跟车行驶。

2010 年，奥迪 A8 车型（图 4-2-3）上搭载了全球第一款与 GPS 结合的 ACC 系统。

图 4-2-3　2010 年版奥迪 A8 车型

引导问题 3

请查阅相关资料，简述无线电信号如何根据频率进行分类。

_____

_____

ACC 系统基本组成

ACC 系统可分为三个主要组成部分，即感知系统、数字信号处理器、控制模块和执行模块。信号处理器将传感器感知到的交通信息进行数字化处理，然后将结果发送给控制模块。控制模块根据 ACC 控制算法决定如何控制车辆速度，并发送信号控制执行模块，从而控制节气门开度、制动踏板行程、档位等车速调节装置。燃油车 ACC 系统组成如图 4-2-4 所示。

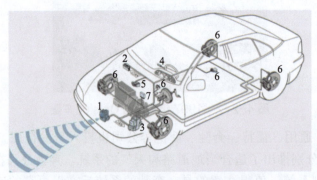

图 4-2-4　燃油车 ACC 系统组成

1—自适应巡航系统 ACC 传感器和控制单元（雷达传感器）
2—发动机管理系统控制器
3—主动制动及电子稳定系统　4—控制和显示单元
5—发动机电子节气门　6—传感器　7—变速器控制器

引导问题 4

请查阅相关资料,简述 ACC 系统的算法原理。

_____
_____
_____

ACC 算法原理

ACC 的本质是在没有前车的时候自动按照一定速度定速行驶,在前方有车的时候进行跟车行驶,并保持一定的安全间隔,以避免发生事故。ACC 车辆进行跟车行驶时,如果前车减速并停车,本车也会进行相应减速或停车。如果在一段时间内(一般 3~10s),前车继续行驶,检测到前车驶离,ACC 车辆则自动继续跟随前车行驶。如果本车保持停车时间超过一定阈值,则寻找新的目标进行跟车,或调整行驶路线、绕开前车、继续行驶。在 ACC 激活期间,如果前车与本车之间有新的目标(行人或物体)在前车与本车之间穿越时,ACC 应该进行避撞操作并提醒驾驶员主动调整行驶状态。总体而言,ACC 算法需要实现的功能包括按照设定速度巡航,自动控制车距,自动减速控制车距,自动加速控制车距,更换跟车目标或自动巡航,如图 4-2-5 所示。由于目前大多数 ACC 系统依然在一定程度上需要依赖驾驶员决策,属于 L2 级辅助驾驶功能,如果发生事故,驾驶员需要承担责任。

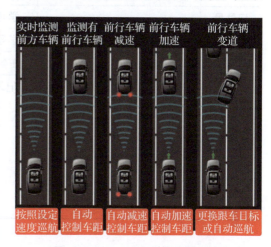

图 4-2-5　ACC 算法主要功能

引导问题 5

请查阅相关资料,简述 ACC 系统的发展趋势。

_____
_____
_____

ACC 发展趋势

由于每个驾驶员有不同的驾驶习惯,ACC 在巡航驾驶过程中可能对驾驶员造成不适感,因此,未来的 ACC 算法将学习驾驶员自身的驾驶习惯进行巡航驾驶,从而提升驾驶体验。自适应巡航系统在实际使用中需要复杂的设置,如安全距离、安全速度等重要参数的设置,未来需要更加人性化的 ACC 系统。

由于单个传感器容易造成漏检或误报,造成 ACC 系统被错误激活或终止,因此,未来的 ACC 系统将结合多种传感器进行环境感知。常见的解决方案是毫米波雷达和摄像头相结合。

任务分组

学生任务分配表见表 4-2-1。

表 4-2-1 学生任务分配表

班级		组号		指导老师	
组长			学号		
组员角色分配					
信息员			学号		
操作员			学号		
记录员			学号		
安全员			学号		
任务分工					
（就组织讨论、工具准备、数据采集、数据记录、安全监督、成果展示等工作内容进行任务分工）					

工作计划

根据前面所了解的知识内容和小组内部讨论的结果，制定工作方案，落实各项工作负责人，如任务实施前的准备工作、实施中主要操作及协助支持工作、实施过程中相关要点及数据的记录工作等，见表 4-2-2。

表 4-2-2 工作计划表

步骤	工作内容	负责人
1		
2		
3		
4		
5		
6		
7		
8		

进行决策

1）各组派代表阐述资料查询结果。
2）各组就各自的查询结果进行交流，并分享技巧。
3）教师对各组的计划方案进行点评。
4）各组长对组内成员进行任务分工，教师确认分工是否合理。

任务实施

实训准备见表 4-2-3。

表 4-2-3　实训准备

序号	设备及工具名称	数量	设备及工具是否完好
1	计算机	1 台	□是 □否
2	实训工作页	1 本	□是 □否
3	笔	1 支	□是 □否
质检意见	原因：		□是 □否

引导问题 6

扫描二维码观看视频，了解如何完成实训任务，并简述操作要点。
_____
_____
_____

ACC 算法测试实验

PanoSim 内置基本算法实例，实例采用 C/C++、Python、Simulink 三种不同的软件实现方式。通过运行 PanoSim 自带实例，用户能够快速了解 PanoSim 仿真过程，并熟悉软件的基本操作。本节以 PanoSim 自带的 ACC 实例进行展示。实例仿真工况定义：主车实时监测车辆前方行驶环境，在设定的速度范围内自动调整行驶速度，以适应前方车辆或道路条件等引起的驾驶环境变化。交通车以 10km/h 速度按照设定轨迹行驶，主车以 60 km/h 速度初始化速度启动后，将按照 ACC 算法逻辑跟随前车行驶。

（1）创建实验

双击 PanoExp 图标启动 PanoSim GUI，启动 PanoExp 后显示如图 4-2-6 所示界面。

实验在进行之前，鼠标左键单击 PanoExp 界面右上角设置按钮，进行必要的系统配置，包括：Matlab 版本、文件保存路径、Debug Level 等信息，如果修改了 Matlab 版本配置，则需要重新启动 PanoSim 主程序才能够生效，如图 4-2-7 所示。

智能网联汽车仿真与测试

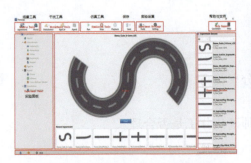
图 4-2-6　PanoExp 主界面图

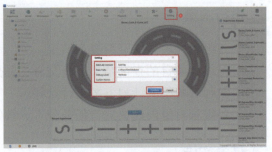
图 4-2-7　实验系统配置界面

（2）地图相关设置

为了更快地体验 PanoSim，建议使用 PanoSim 自带场景模板。在 PanoExp 界面上方场景工具栏中单击 World 按钮，在右侧弹出的属性栏中选择实验所需场地，选择曲线道路 Curve 实验，鼠标左键单击选择的 Curve 道路后，按住鼠标左键向左拖入工作区，可以加载 Curve 实验至工作区。此时，实验默认名为 Curve。用户可以通过单击 Save 选择 Save as，进行地图重命名。相关操作如图 4-2-8～图 4-2-11 所示。

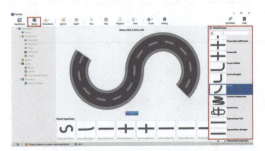
图 4-2-8　PanoExp 界面

图 4-2-9　加载 Curve 实验至工作区

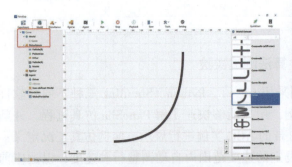
图 4-2-10　默认实验名 Curve

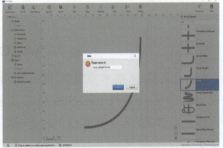
图 4-2-11　实验地图重命名

为获得更好的场地展示效果，在 Experiment 配置窗口 World 下鼠标右击地图名 Curve，在弹出的对话窗中选择 Open 可以快速打开 WorldBuilder，也可以在 PanoExp 下使用鼠标左键单击 Tool 按钮并选择 WorldBuilder，选择 Curve 地图并对此场景相关参数进行调整，如图 4-2-12、图 4-2-13 所示。用户可根据需求设置交通标识牌、信号灯、路障、天气、随机交通流等。下面以天气和随机交通流为例进行介绍。

216

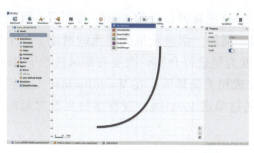

图 4-2-12 WorldBuilder 选择界面

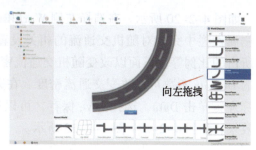

图 4-2-13 Curve 地图加载界面

如图 4-2-14 所示，在选择左侧 WordBuilder 配置窗口中的 Weather 按钮后，可以在右侧弹出的属性栏中完成对天气参数的相关设置。下面以可见度、雨雪天气设置进行详细介绍。在完成相关调整后，在 WorldBuilder 工具栏中鼠标左键单击 Data 选择 Save 保存，可以通过单击 Preview，查看参数更改之后的仿真效果。

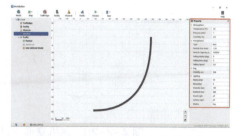

图 4-2-14 Weather 参数设置

改变右侧属性栏中 Fog 下的 Visibility 参数可以调节能见度，将 Visibility 数值增大可以提高能见度，将 Visibility 数值减小降低能见度。根据图 4-2-15、图 4-2-16 可以看出，当 Visibility 数值等于 500 的能见度相较于 Visibility 数值等于 10 的能见度显著提高。

图 4-2-15 Visibility 数值等于 10 时效果图

图 4-2-16 Visibility 数值等于 500 时效果图

改变右侧属性栏中 Precipitation 下的 Type 参数可以选择雨雪天气。参数 Type 的默认值一般为 None。单击 Type 的参数设置栏，在弹出的选择项中选择 None、Rain 或者 Snow，改变天气状况，效果如图 4-2-17、图 4-2-18、图 4-2-19 所示。

图 4-2-17 晴天效果图

图 4-2-18 雨天效果图

图 4-2-19 雪天效果图

如图 4-2-20 所示，在选择左侧 WorldBuilder 配置窗口中的 Traffic 按钮后，可以在右侧属性栏中完成对随机交通流的相关设置，例如，调整随机交通流的密度、各个车型所占的比例等。下面以改变随机交通流密度为例进行介绍，改变右侧属性栏中 Basic 下的 Density 参数可以改变交通流密度。在完成相关调整后，在 WorldBuilder 工具栏中鼠标左键单击 Data，选择 Save 保存，可以通过单击 Preview，查看参数更改之后的仿真效果，如图 4-2-21~ 图 4-2-23 所示。

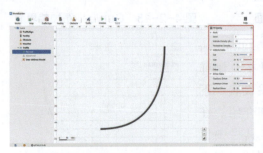
图 4-2-20　随机交通流设置

图 4-2-21　交通流密度参数设置为 10 的效果图

图 4-2-22　交通流密度参数设置为 100 的效果图

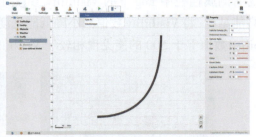
图 4-2-23　WorldBuilder 保存

（3）选择参与者

添加被测车辆：在界面上方工具栏中单击 EgoCar 按钮，选择您所需要的被测车辆，如图 4-2-24 所示。例如选中 C_Class_Sedan，按住鼠标左键将其拖动到实验道路上，如图 4-2-25 所示，该实验中车辆 C_Class_Sedan 所在道路编号为 Lane ID:-gneE3_0, Station:144.67, Lateral Offset: -0.42。与此同时，用户可以对车辆初始位置、速度等参数进行调整，如图 4-2-26 所示。

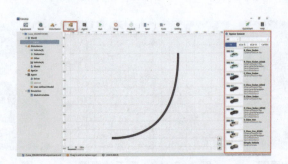
图 4-2-24　被测车辆选择

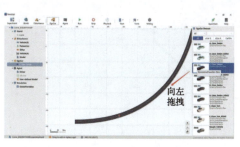
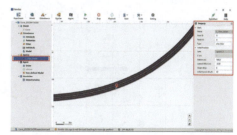

图 4-2-25　被测车辆放置　　　　　图 4-2-26　被测车辆参数配置界面

　　添加其他参与车辆：在界面上方工具栏中单击 Disturbance 按钮，选择 Vehicle（S），在右侧弹出的属性栏中，选择您所需要的其他参与车辆（干扰车），例如，选择 CheryTiggoSUV（图 4-2-27），按住鼠标左键将其拖动到场地道路中，道路和车道具有编号参数，如图 4-2-28 所示。此外，用户可以对车辆初始位姿和速度等参数进行调整。实验中，车辆 CheryTiggoSUV 所在车道编号为 Lane ID：-gneE3_1，Station：50.00，Lateral Offset：0.00，其他参数采用默认设置。

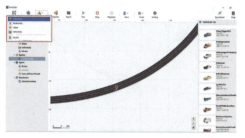
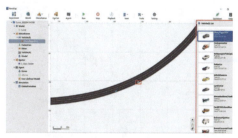

图 4-2-27　干扰车选择示意图　　　　图 4-2-28　干扰车添加示意图

　　在左侧 Experiment 配置窗口，鼠标右键单击 CheryTiggoSUV 图标，选择 Speed Table 可以实现对干扰车速度表设置，如图 4-2-29、图 4-2-30 所示。

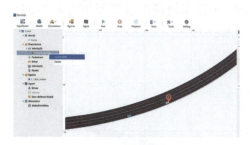
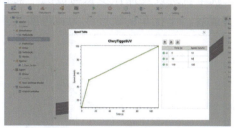

图 4-2-29　干扰车速度表选择　　　　图 4-2-30　干扰车速度表设置

（4）预设轨迹

　　在 PanoExp 界面，单击鼠标左键，选择您所需要的被测车辆 C_Class_Sedan，在工作区车辆 C_Class_Sedan 图标上双击鼠标左键，地图界面会出现一条绿色粗路径和一条蓝色虚线，移动鼠标到期望位置，单击绿色粗路径上的点，即可完成轨迹点的选取。按下 Esc 键即可完成车辆轨迹编辑，如图 4-2-31 所示。同理，干扰车可以完成轨迹相关操作，每次完成轨迹相关操作后，单击 Data 下的 Save 进行保存。

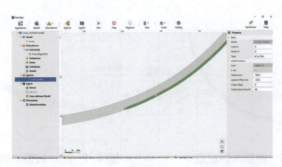

图 4-2-31 轨迹设置界面——驾驶路径选择

单击鼠标左键选中轨迹点后,被测车辆轨迹会由蓝色虚线变成红色实线,如图 4-2-32 所示。

PanoSim 提供了多样的轨迹设置方法,例如,按住 Ctrl 键单击地图上任意位置即可添加一条路径,完成轨迹编辑工作后按 Esc 键退出轨迹编辑,任意轨迹设置如图 4-2-33 所示。

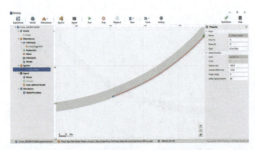

图 4-2-32 轨迹设置界面——驾驶轨迹线生成　　图 4-2-33 任意轨迹设置示意图

双击工作区被测车辆图标,鼠标移动至绿色轨迹点上,该轨迹点会变为红色。单击红色轨迹点,会删除此轨迹点后的所有轨迹,如图 4-2-34 所示。

干扰车轨迹设置操作步骤与被测车辆相同,干扰车轨迹设置界面如图 4-2-35 所示。设置完成后,干扰车的轨迹线为黄色实线。

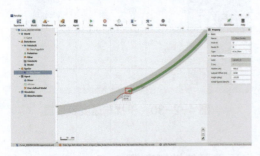 

图 4-2-34 修改轨迹示意图　　图 4-2-35 干扰车轨迹设置

(5)添加传感器

在 PanoExp 界面,单击鼠标左键,选择您所需要的被测车辆 C_Class_Sedan,单击鼠标右键,选择 Edit Sensor。在 SensorBuilder 操作界面中,用户可以选择将传感器或感知器添加到被测车辆上。PanoSim 为用户提供了多种传感器及感知器,例如 Mono

Camera Sensor、Lane Info Perception、Traffic Light Perception 等，如图 4-2-36、图 4-2-37 所示。在这里，我们添加多类传感器作为示范，请注意并不意味着 ACC 实例需要添加所有示范类别的传感器，添加类型与 ACC 系统算法有关。

图 4-2-36　SensorBuilder 操作界面　　　图 4-2-37　传感器选择界面

下面以常用传感器为例进行介绍。

1）Lane Info Perception。用于探测相邻车道的车道线信息。先从顶栏选择 Perception 中的 Lane Info Perception，然后在右侧选择相应传感器向左拖至车辆俯视图，俯视图中会出现覆盖区域，Lane Info Perception 安装成功，如图 4-2-38 所示。单击左侧 SensorBuilder 配置窗口中 Lane Info Perception 图标，在右侧属性栏中会出现 Lane Info Perception 安装位置和相关参数。默认传感器安装位置为车辆坐标系原点，即前轴中心点的地面。在 Property 选项中可以对 Lane Info Perception 探测范围、水平和垂直探测角度进行调整，如图 4-2-39 所示。

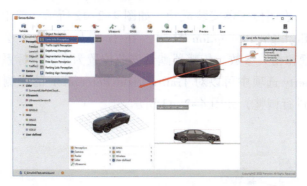

图 4-2-38　Lane Info Perception 选择界面

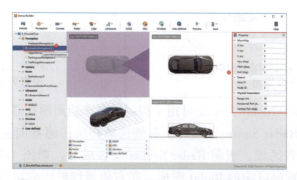

图 4-2-39　Lane Info Perception 参数设置界面

2）Surround Lidar Point Cloud Sensor。可用于探测被测车辆周围交通参与者信息。先从顶栏选择 Lidar 中的 Surround Lidar Point Cloud Sensor，然后在右侧选择相应传感器向左拖至车辆俯视图，俯视图中会出现覆盖区域，Surround Lidar Point Cloud Sensor 安装成功，如图 4-2-40 所示。单击左侧 SensorBuilder 配置窗口中的 Surround Lidar Point Cloud Sensor 图标，在右侧属性栏中会出现 Lidar 安装位置和相关配置参数。默认传感器安装位置为车辆坐标系原点，即前轴中心点的地面。在 Property 选项中，可以对 Surround Lidar Point Cloud Sensor 探测范围、水平方向和垂直方向探测角度进行调整，如图 4-2-41 所示。

图 4-2-40　Surround Lidar Point Cloud Sensor 选择界面

图 4-2-41　Surround Lidar Point Cloud Sensor 参数设置界面

3）Traffic Light Perception。可用来感知红绿灯信息。先从顶栏选择 Perception 中的 Traffic Light Perception，然后在右侧选择相应传感器向左拖至车辆俯视图，俯视图中会出现覆盖区域，表明传感器安装成功，如图 4-2-42 所示。单击左侧 SensorBuilder 配置窗口的 Traffic Light Perception 图标，在右侧属性栏中会出现 Traffic Light Perception 安装位置和相关参数。传感器默认安装位置为车辆坐标系原点，即前轴中心点的地面。在 Property 选项中可以对 Traffic Light Perception 的探测范围、水平方向和垂直方向探测角度进行调整，如图 4-2-43 所示。

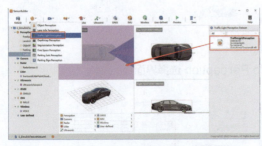

图 4-2-42　Traffic Light Perception 选择界面

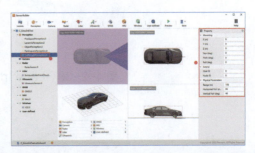

图 4-2-43　Traffic Light Perception 参数设置界面

4）Radar Sensor。Radar Sensor 可用于探测被测车辆周围交通参与者信息。先从顶栏选择 Radar 中的 Radar Sensor，然后在右侧选择相应传感器向左拖至车辆俯视图，俯视图中会出现覆盖区域，表明 Radar Sensor 安装成功，如图 4-2-44 所示。单击左侧 SensorBuilder 配置窗口中的 Radar 图标，在右侧属性栏中会出现 Radar 安装位置和相关参数。传感器默认安装位置为车辆坐标系原点，即前轴中心点的地面。在 Property 选项中可以对 Radar Sensor 的探测范围、水平方向和垂直方向探测角度进行调整，如图 4-2-45 所示。

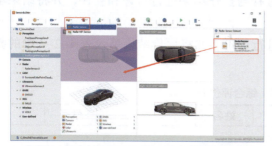

图 4-2-44　Radar Sensor 选择界面

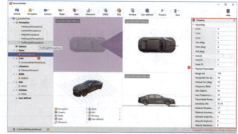

图 4-2-45　Radar Sensor 参数设置界面

（6）加载算法脚本

用户单击"Agent"后，可以在右侧区域将外部脚本文件拖动到中间二维动画区域，以运行脚本文件。实例 ACC 算法提供 Python 开发语言的脚本，如图 4-2-46 所示。

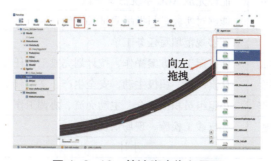

图 4-2-46　算法脚本拖入界面

（7）编译实验

PanoSim 基本思想是在图形用户界面（GUI）中建立实验，在 PanoExp 界面工具栏中单击 Run 按钮，系统会自动进行实验编译，如图 4-2-47 所示。

（8）运行实验

鼠标左键单击仿真动画右侧第一个按钮，可以切换查看视角，如图 4-2-48 所示，鼠标左键单击播放按钮，运行实验，此时该按钮图标变为暂停图标。用户可以随时暂停实验。鼠标左键单击终止按钮，结束实验。

图 4-2-47　编译实验界面

图 4-2-48　实验运行界面

评价反馈

1）各组代表展示汇报 PPT，介绍任务的完成过程。

2）请以小组为单位，对各组的操作过程与操作结果进行自评和互评，并将结果填入表 4-2-4 中的小组评价部分。

3）教师对学生工作过程与工作结果进行评价，并将评价结果填入表 4-2-4 中的教师评价部分。

表 4-2-4　综合评价表

班级		组别		姓名		学号	
实训任务							
评价项目		评价标准				分值	得分
小组评价	计划决策	制定的工作方案合理可行，小组成员分工明确				10	
	任务实施	能够正确检查并设置实训工位				5	
		能够准备和规范使用工具设备				5	
		能够完成 ACC 系统仿真测试				20	
		能够对实验进行批量测试及评价				20	
		能够规范填写任务工单				10	
	任务达成	能按照工作方案操作，按计划完成工作任务				10	
	工作态度	认真严谨、积极主动，安全生产，文明施工				10	
	团队合作	小组组员积极配合、主动交流、协调工作				5	
	6S 管理	完成竣工检验、现场恢复				5	
		小计				100	
教师评价	实训纪律	不出现无故迟到、早退、旷课现象，不违反课堂纪律				10	
	方案实施	严格按照工作方案完成任务实施				20	
	团队协作	任务实施过程互相配合，协作度高				20	
	工作质量	能准确完成实训任务				20	
	工作规范	操作规范，三不落地，无意外事故发生				10	
	汇报展示	能准确表达、总结到位、改进措施可行				20	
		小计				100	
综合评分		小组评价分 ×50%+ 教师评价分 ×50%					
总结与反思							
（如：学习过程中遇到什么问题→如何解决的 / 解决不了的原因→心得体会）							

任务三　APA 系统仿真与测试

学习目标

➢ 知识目标
- 掌握 APA 的基本工作原理。
- 了解 APA 的发展历史。
- 了解 APA 控制过程案例。

➢ 技能目标
- 具备简述 APA 发展历史的能力。
- 能够在仿真软件中展示 APA 功能。

➢ 素养目标
- 了解 APA 发展历史和工作原理，提升科学素养。
- 学会理论知识表达能力，培养观点表达能力。
- 具有良好的团队协作精神和较强的沟通能力。

知识索引

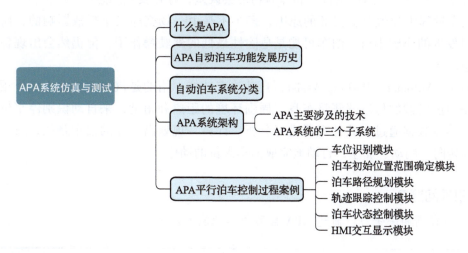

情境导入

APA 自动泊车功能已经大规模商用。4S 店的销售员需要了解 APA 基本工作原理，突出其在降低事故方面的作用，从而让顾客积极购买相关功能模块。作为虚拟仿真测试工程师，你被 4S 店邀请，向销售人员介绍 APA 系统的发展历史与发展趋势，并在 PanoSim 上进行模拟测试，帮助销售人员理解 APA 系统的作用。

获取信息

引导问题 1

请查阅相关资料,简述 APA 系统的功能。

_____
_____
_____

竞赛指南：2022 年全国职业院校技能大赛——汽车技术赛项里的智能网联汽车技术模块的竞赛内容就涉及调取传感器装调参数进行虚拟仿真测试,完成自动启停、自动驾驶、主动避障、自动紧急制动、自适应巡航、车道保持等汽车智能化功能验证。

什么是 APA

泊车是汽车使用环节中的一类重要操作,对于很多的驾驶员来讲,它往往成为一段痛苦的经历。尤其现今,我国汽车保有量已大幅增长,大城市泊车空间有限,停车位不足,将汽车驶入狭小的空间成为驾驶员的一项必备技能。泊车时,驾驶员通过后视镜观察会出现一定的视觉盲点和障碍物观察误差,存在安全隐患。

泊车过程中导致车辆损坏的原因,多半不是由一场交通安全事故影响的,而是在泊车时发生的小磕小碰。泊车可能是危险性最低的驾驶操作了,但仍然会出现各种安全隐患。

APA（Automatic Parking Assist,自动泊车功能）指的是汽车不需要人工干预,通过车身周遭搭载的传感器测量车身与周围环境的距离和角度,来自动识别停车位,并利用传感器数据通过车载处理器进行分析、计算,规划出合理的泊车路径,通过控制车辆的转向、制动、加速,自动地完成泊车入位的动作。

引导问题 2

请查阅相关资料,简述 APA 自动泊车功能的发展历史。

_____
_____
_____

APA 自动泊车功能发展历史

1933 年,美国加利福尼亚发明家布鲁克斯·沃克首次提出了当时看来很先进的自动泊车系统。但是,在那个安全带都没有得到普及的年代,沃克主要使用机械方式实现自动泊车。当时的汽车一般都会在后面挂上一个备胎，因此，布鲁克斯·沃克将该备胎作为辅助泊车轮。首先车辆直接开进车位，然后使用泊车轮转动车辆，实现泊车。在 20 世纪 50 年代，布鲁克斯·沃克设计了一个原理类似的五轮汽车自动泊车系统，并命名为泊车汽车（Park Car），如图 4-3-1 所示。这种系统增加了汽车的机械结构负担，造价昂贵，且压缩了行李舱空间。此外，泊车轮转动时，前轴轮胎直接以前轴中心为中心进行旋转，造成前轴轮胎磨损严重。因此，沃克的自动泊车系统并未得到量产和普及。

1956 年在 Motorama 车展上，别克汽车公开了 1956 款的 Centurion 概念车，如图 4-3-2 所示。除了流线型外观和透明车身非常前卫以外，它还第一次在汽车上安装了后置广角摄像头。Centurion 可以使用电视显示的后置摄像头取代传统的后视镜，从而减少驾驶视野盲区，这可能是摄像头后视镜的鼻祖。但是，由于当时技术水平有限，该车制造成本非常昂贵，并未得到商业化普及。

图 4-3-1　布鲁克斯·沃克发明的机械式自动泊车系统　　图 4-3-2　1956 款 Centurion 概念车内的后视摄像头显示屏

在 16 年后的 1972 年，沃尔沃也曾在 VESC（Volvo Experimental Safety Car）概念车（图 4-3-3）上搭载过车载后视摄像头，但最终还是停留在了实验阶段，没能走向量产。

随着技术的发展，到了 1991 年，丰田发布了带有后视摄像头的 Soarer 车型（图 4-3-4），这是世界上第一款量产的带有后视摄像头的车型。

图 4-3-3　1972 年沃尔沃 VESC 概念车　　图 4-3-4　1991 年丰田 Soarer 车型

环视摄像头系统出现时间较晚。在 2007 年，日本日产汽车第一个发布了摄像头环视系统 Around View Monitor（图 4-3-5）。该系统在车身四周安装了四个摄像头，并进行画面拼接，可以得到鸟瞰视图。2008 年的本田奥德赛上也发布了名为多视角摄像系统 Multi-ViewCamera System 的同类产品。不断提升的感知能力为泊车技术的迭代提供了基础。

值得一提的是,奔驰发布的 W140 型 S 级汽车,该车曾在车尾安装有倒车标杆,用于帮助驾驶员泊车。当档位切换到倒档时,车尾会自动升起两个金属标杆,用于帮助驾驶员确定车辆的位置,如图 4-3-6 所示。奔驰的电动倒车标杆在 1995 年倒车雷达出现的时候被淘汰了。

图 4-3-5　日产 Around View Monitor 环视系统　　　图 4-3-6　奔驰 W140 型 S 级汽车的电动倒车标杆

1982 年,丰田在 Corona 车型上安装倒车雷达,如图 4-3-7 所示。安装在车尾的倒车雷达可以探测车辆与后方障碍物之间的间距,并在距离小于一定阈值的时候发出警告。这是倒车雷达首次得到批量应用。

现代自动泊车技术的真正开始,应当是 1992 年在法兰克福 IAA 车展上大众展出的 IRVW(Integrated Research Volkswagen)Futura 概念车(图 4-3-8)。IRVW Futura 车身圆润紧凑,有两个造型夸张的鸥翼门,前风窗至尾窗均为玻璃材质,这在当时引发了汽车设计方面的轰动。但是,让人们最感兴趣的是 Futura 搭载的全自动泊车系统。Futura 的四个轮子均独立转向。驾驶员仅需单击按钮,车辆即可自动横向停入车位内。突破更大的是,当驾驶员不在车内的时候,车辆也可以自己完成整个泊入车位的操作。但是受到当时的计算机水平的限制,整个控制器体积非常庞大,而且成本大概为 3000 多美元,难以投入量产。

图 4-3-7　1982 年丰田 Corona　　　图 4-3-8　1992 年大众 IRVW Futura 概念车

第一个实现自动泊车系统量产的是日本丰田。2003 年,丰田普锐斯搭载了基于视觉的泊车系统,如图 4-3-9 所示。丰田公司直接将该系统的价格降低到了几百美元,从而实现量产。丰田的混动普锐斯配备了可实现自动侧方停车的智能泊车系统(Intelligent Parking Assist)。该系统可自动进行转向、行驶、制动等一系列操作,完全不需要人员介入。2006 年,丰田旗下的高端品牌雷克萨斯在 LS 旗舰轿车上也配备了自动泊车系统,如图 4-3-10 所示。该系统可以实现自动侧方车位和斜车位泊车。紧接着,其他汽车厂商推出了自己的泊车系统。福特 2009 年在林肯汽车上安装了主动泊车系统（Active Park Assist）。2004 年，瑞典 Linkoping 大学与沃尔沃合作开发了自动泊车系统。宝马 2010 年在名为 F10 的 5 系轿车上安装了辅助泊车系统（parking assistant）。大众于 2007 年在途安系列汽车上量产了第一代半自动泊车辅助系统，2010 年量产了 2.0 系统，2014 升级到 3.0 系统。尽管各个企业的泊车系统名称各有不同，但它们都是利用车身四周的传感器来实现对车位的搜索，然后执行自动泊车的操作。

图 4-3-9　2003 年丰田普锐斯　　　　　图 4-3-10　2006 年雷克萨斯 LS 旗舰轿车

引导问题 3

请查阅相关资料，简述自动泊车系统的分类。

_____

_____

自动泊车系统分类

根据智能化程度不同，泊车辅助系统发展可以分为六个阶段，半自动泊车阶段、智能泊车阶段、遥控泊车、记忆式泊车、有条件的自动泊车、全自动泊车。泊车系统的传感器，每一种都有自身特点和优缺点。泊车传感器的主流是超声波传感器和摄像头，也有一些泊车系统采用了毫米波雷达和激光雷达。仅仅从技术角度看，激光雷达和超声波传感器最适合泊车系统，但是它们的成本过高，所以量产的自动泊车系统一般都是使用摄像头和超声波传感器。

1）半自动泊车。在进行泊车的时候，什么时候回方向是一个很重要的问题，半自动泊车系统的目的就是解决这个问题。在半自动泊车系统中，驾驶员不需要控制，只需要换档和踩加速踏板即可。半自动泊车技术分三类：基于超声波技术、基于视觉技术、基于超声波和视觉融合技术。供应商方面，超声波传感器主要是 Bosch、TTE，摄像头主要是松下、LG、电装。实现半自动泊车的成本较低。

半自动泊车系统一般需要 12 个超声波传感器，前保险杠有 6 个，后保险杠有 6 个，通过这 12 个超声波传感器可以进行全车无盲区检测。与人类驾驶员相似，基于超声波技术的泊车过程分为三步。第一步是识别停车位，即停车位是否适合泊车，由系统进行评估；第二步是路径规划，保证行驶路径最短；最后一步是进入车位后的姿态调整，让车辆停得更好。近几年摄像头的发展让物体识别精读越来越高,这让利用摄像技术实现的泊车精度不断提升。基于视觉的半自动泊车系统已经在大量汽车上装备。

2)智能泊车系统。智能泊车系统的特点是驾驶员不需要控制转向盘、加速踏板和制动踏板,仅需启动智能泊车功能即可完成泊车。为了实现智能泊车,最核心的问题之一是要解决线控变速器。2016款奔驰E系列车上已经实现智能泊车。

3)遥控泊车。对于紧凑型车位,开车门可能比较困难。因此需要驾驶员在车外激活泊车功能,让车辆在无人情况下进入或开出。此外,由于停车位周围可能存在坑洞,仅采用超声波传感器难以发现这个问题,此时需要车辆具备全景影像,从而更好地感知周围环境。2008年,帕萨特已经可以实现使用遥控钥匙实现自动泊车,但是主要依赖超声波。2011年9月在法兰克福,夏朗公司实现了可以用手机APP激活的远程泊车,该系统实现了摄像头和超声波传感器的融合感知。

4)记忆式泊车系统。又称停车场记忆泊车。车辆根据此前学习的路线进行停车。在进行记忆式泊车以前,需要驾驶员驾驶车辆在停车场自动行驶并停入指定车位,从而让汽车学习线路环境知识。学习完成之后,车辆可以根据此前行驶的路线进行泊车。驾驶在泊车过程中,车辆会自动进行转向灯切换和障碍物躲避等操作。在2015年6月亚洲的CES展上,法国展示了一个记忆式泊车系统。记忆泊车的核心技术是基于前摄像头的深度学习。本质上,记忆式泊车系统没有超越L2级辅助驾驶的范畴。一旦在记忆式泊车过程中发生事故,驾驶员要被追责。

5)有条件的自动泊车系统。有条件的自动泊车可实现停车库入口可以把车停下来,接下来通过智能手表或者智能终端启动自动泊车系统,车辆会自动完成泊车。在需要再次使用车辆时,在停车场门口远程单击按钮,车辆自动驶出停车场。因此,有条件的自动泊车也被称为自动代客泊车系统,目的是解决"最后一公里"的泊车问题。有条件的自动泊车系统有两个核心的技术,即高精度地图和车联网。大片区域高精度地图的全面开放目前并不成熟,但是局部高精度地图已经可以实现,例如购物中心的地下停车场。奔驰已经与博世联合开发了自动代客泊车系统,全程只需要使用手机一键完成。国内的百度、威马、蔚来、理想、小鹏等汽车也都开发了相关技术。

> **引导问题 4**
>
> 请查阅相关资料,简述 APA 系统的架构。
>
> _____
>
> _____

APA 系统架构

与 ACC、AEB 不同,自动泊车系统一般在低速状态下运行,危险性相对较低。

1. APA 主要涉及的技术

1)感知:基于计算机视觉识别障碍物和可用车位;基于超声波传感器检测车位周

围障碍物。

2）融合：将视觉识别到的信息与超声波传感器识别到的信息进行融合，获得更可信的结果。

3）定位：用以确定车辆实时位置，判断车辆是否停到位等。

4）路径规划：进行全局和局部路径规划，常用 AI 算法。全局规划的目的是从当前位置到达可用车位周围。局部规划的目的是找到合适的局部路径，让车辆安全泊入车位中。

5）控制：控制转向盘、加速踏板、制动踏板、档位到达目标位置，让车辆跟随路径规划得到的路径行驶，常见的路径规划算法包括 Stanly 算法、纯跟踪算法等。

2. APA 系统的三个子系统

（1）传感器系统

它的主要任务是探测车辆周围环境，如障碍物和可使用的车位。在泊车过程中也需要实时检测车辆与停车位之间的位置关系。在车位探测阶段，需要采集车位几何参数，如长度、宽度、斜角。在泊车阶段，需要计算汽车与目标停车位之间的相对位置坐标，进而计算车身角度和车辆转角，从而让汽车成功进入停车位。

（2）中央控制系统

它的主要任务包括两个方面。首先，接受传感器感知的数据，计算车位相关参数并判断其是否为可用车位。进行全局规划，找到可用车位的位置，然后进行局部规划，计算得到泊车路径。其次，控制执行系统，从而使车辆按照规划的路径行驶。

（3）执行系统

它主要涉及电动助力转向系统和汽车发动机电控系统。在中央控制系统控制下，电动助力转向系统将数字控制量转化为转向盘的角度，控制汽车的转向。汽车发动机电控系统控制汽车节气门开度等，从而控制汽车泊车速度。电动助力转向系统与汽车发动机电控系统协调配合，控制汽车按照指定命令完成泊车过程。

> **引导问题 5**
>
> 请查阅相关资料，简述 APA 平行泊车控制过程。
> _____
> _____
> _____

APA 平行泊车控制过程案例

平行车位是非常常见的车位形式。APA 平行泊车算法的功能就是实现平行泊车。该算法可以分为六个主要模块，车位识别模块、泊车初始位置范围确定模块、泊车路径规划模块、轨迹跟踪控制模块、泊车状态控制模块和 HMI（Human Machine Interface）交互显示模块，以下分别加以介绍。

1. 车位识别模块

车位识别模块主要根据传感器获取的车位信息（包括车位尺寸和车位与周围车辆之间的相对位置）计算车辆安全泊车入库的最小车位尺寸，并将其与真实车位进行比较，如图 4-3-11 所示。当可获取车位符合安全泊车条件时，即可使用路径规划算法进行路径规划。

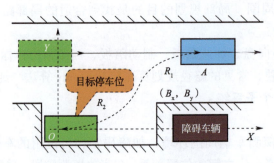

图 4-3-11　平行泊车示意图

车辆无碰撞轨迹连续的最短泊车空间为

$$L_{min}=r+\sqrt{2(R_{min}+d)B_y+l^2-B_y^2}$$

式中　　r——后悬；

　　　　d——车宽；

　　　　R_{min}——内侧轮最小转弯半径；

　　　　l——车头到后轴距离；

　　　　B_y——车位 B 点 y 坐标。

2. 泊车初始位置范围确定模块

平行泊车采用的算法是在两相切圆弧算法的基础上采用 B 样条曲线拟合的方法，实现泊车路径规划。泊车初始位置范围确定模块的主要功能是根据车辆当前与车位的相对位置关系，基于两相切圆理论，进行两相切圆弧的规划，如图 4-3-12 所示。

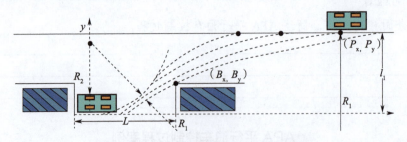

图 4-3-12　泊车初始位置范围示意图

图 4-3-12 中，泊车路径圆弧通常设置为固定半径值 R_2，通过车辆位置关系计算出泊车初始位置范围 $P_{x,min}$ 和 $P_{x,max}$。

3. 泊车路径规划模块

系统根据泊车初始位置范围控制车辆制动，当车辆稳定后，系统根据车辆当前位置信息，确定两泊车相切圆弧的尺寸，生成从泊车起始位置至泊车目标点的泊车路径圆弧，如图 4-3-13 所示。

在两圆弧的相切点存在曲率突变问题，对于连续泊车过程，此方法存在严重缺陷，对此也可采用贝泽尔样条曲线拟合来生成泊车轨迹，如图 4-3-14 所示。此外，对于复杂场景，需要使用 AI 算法进行局部路径规划。

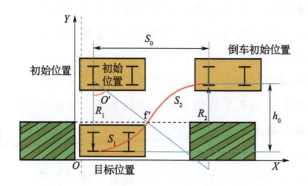 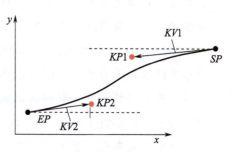

图 4-3-13　泊车相切圆弧路径示意图　　图 4-3-14　基于样条曲线的泊车轨迹示意图

4. 轨迹跟踪控制模块

轨迹跟踪控制模块基于泊车路径，生成车辆横向控制及纵向控制的目标值，同时根据车辆实时反馈的状态信号进行修正控制。

5. 泊车状态控制模块

泊车状态控制模块功能是根据 HMI、车辆与车位的相对位置关系、驾驶员的操作等信息，进行泊车状态逻辑的控制。

6. HMI 交互显示模块

HMI 交互显示模块的功能是根据 APA 的运行状态，用于与驾驶员进行交互。如启动泊车、中止泊车等。

拓展阅读

中国工程院院士李德毅在 2019 年的龙湾论坛上提出"有时候最好的东西并不是技术上最优的，更需要从现有的系统切入，找到刚需的应用场景。"李德毅院士的这番话鞭辟入里，对车主们而言，能够解决实际问题的技术才是有用的技术，而自动泊车技术正是一种可以解决泊车问题的"有用的技术"。

自动泊车被业内定义为最先落地的自动驾驶场景之一。《自动泊车（APA/AVP）行业发展蓝皮书（2021—2025）》显示，自动泊车系统的发展大致经历了半自动泊车、全自动泊车、记忆泊车、自主代客泊车四个阶段，主要是利用遍布车辆自身和周边环境里的传感器，测量车辆自身与周边物体之间的相对距离、速度和角度，然后通过车载计算平台或云计算平台计算出操作流程，并控制车辆的转向和加减速，以实现自动泊入、泊出及部分行驶功能。

传统的自动泊车方案以 12 个超声波传感器为基础，能够完成横向、垂直、斜向三种泊车动作，但由于适用场景单一，使用条件苛刻，导致用户体验欠佳。

历经 20 多年的技术储备，随着智能化的不断普及，无论是新能源车企还是传统车企，都推出了"自动泊车"的卖点。目前，自动泊车方案正从传统的纯超声波泊车方案向超声波+视觉融合泊车方案升级；视觉融合全自动泊车系统在使用超声波传感器对周围环境进行检测的基础上，增加了环视摄像头的感知信息，使车辆的感知能力进一步增强，提升了自动泊车功能的使用体验。

2016 年被业界称为自动泊车的爆发年。这一年，各大主机厂加大了对自动泊车系统的投入力度，纷纷推出搭载自动泊车系统的车型，国内新车自动泊车前装渗透率持续上升。曾经只出现在中高端车型的技术经过快速迭代后，许多中低端车型也搭载了自动泊车功能。

一位业内专业人士说："自动泊车系统可以大大简化泊车过程，特别是在极端狭窄的地方。对于新手而言，自动泊车系统可以带来更加智能和便捷的体验。"

任务分组

学生任务分配表见表 4-3-1。

表 4-3-1　学生任务分配表

班级		组号		指导老师	
组长				学号	
组员角色分配					
信息员				学号	
操作员				学号	
记录员				学号	
安全员				学号	
任务分工					
（就组织讨论、工具准备、数据采集、数据记录、安全监督、成果展示等工作内容进行任务分工）					

工作计划

根据前面所了解的知识内容和小组内部讨论的结果，制定工作方案，落实各项工作负责人，如任务实施前的准备工作、实施中主要操作及协助支持工作、实施过程中相关要点及数据的记录工作等，见表 4-3-2。

表 4-3-2　工作计划表

步骤	工作内容	负责人
1		
2		
3		
4		
5		
6		
7		
8		

进行决策

1）各组派代表阐述资料查询结果。
2）各组就各自的查询结果进行交流，并分享技巧。
3）教师对各组的计划方案进行点评。
4）各组长对组内成员进行任务分工，教师确认分工是否合理。

任务实施

实训准备见表 4-3-3。

表 4-3-3　实训准备

序号	设备及工具名称	数量	设备及工具是否完好
1	计算机	1 台	□是 □否
2	实训工作页	1 本	□是 □否
3	笔	1 支	□是 □否
质检意见	原因：		□是 □否

引导问题 6

扫描二维码观看视频，了解如何完成实训任务，并简述操作要点。

_____

_____

基于 PanoSim 的泊车实验

（1）测试场景描述
- 垂直停车位：边界车辆横向对齐且相互平行。
- 天气：晴天。
- 光照：白天。

PanoSim 可以支持停车场搭建，支持平行、垂直、斜向停车位的构建，为 APA 仿真测试提供基础。这里以 AP 为例，选择法规 ISO 16787—2017 中双边界车辆垂直停车位泊车场景。

（2）场地构建

在 WorldBuilder 里导入停车场路网文件，在 Scenario Type 选中 Parking，生成停车场景，如图 4-3-15 所示。

图 4-3-15　停车场路网导入界面

上面的路网是用于行车的，我们还需要给每一层停车楼设置地面（图 4-3-16），用于摆放停车位。在 WorldBuilder 中单击 Facility，选择 Ceiling_Floor，拖放到地图上左上角的位置，并移动鼠标，在右上角单击一下，用这两个点来确定 Ceiling_Floor 的长度，使之尽可能地覆盖路网最外边缘。然后在 Ceiling_Floor 的属性（表 4-3-4）里调整地面区域的长度和宽度，以确保地面覆盖所有的路网，如图 4-3-17 所示。

图 4-3-16　添加停车楼地面　　　　图 4-3-17　设置地面属性

表 4-3-4　Ceiling_Floor 的属性含义表

属性名	UI 参数含义	单位	备注
Width	地面的宽度	m	
Length	地面的长度	m	
Height	地面所在楼层的层高	m	不需要天花板则设置为 0
X	楼层的横向位置	m	
Y	楼层的纵向位置	m	
Z	楼层地面距离水平面的高度	m	
YAW	地面围绕起点的旋转角度	m	
Floor Texture	地面的材质	m	

地面设置完成后开始设置停车位，在 WorldBuilder 中，单击上方工具栏 Facility，选中右侧栏 RectangleParking，拖入主界面，单击左侧树状栏可以设置车位的位置及朝向角，如图 4-3-17、图 4-3-18 所示。PanoSim 支持一键复制功能（图 4-3-19），可高效快速构建停车场场景。可以在停车场中也可以设置随机交通流，同时可以对天气环境光照进行设置，这里我们将"Traffic"中车辆密度改为 0，"Weather"使用默认参数，如图 4-3-20 所示。

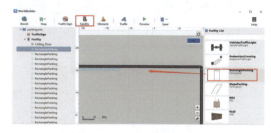

图 4-3-18　添加停车位

图 4-3-19　复制停车位

图 4-3-20　停车位参数配置界面

（3）车辆构建

测试前需要对测试车辆进行部分数据标定，或者针对测试车辆重新构建车辆模型，VehicleBuilder 模块支持客户车辆导入，支持对导入车辆以及 PanoSim 自带车辆模型进行参数修改，如图 4-3-21 所示。这里选用 PanoSim 自带车辆模型 C_Class_Sedan。

（4）传感器构建

车辆加载停车位真值传感器（图 4-3-22），将"ParkingLotsPerception"拖入车辆，其输出形式为"time@i,64@[,x1@d,y1@d,x2@d,y2@d,x3@d,y3@d,x4@d,y4@d"，设置传感参数，Range = 30，Max Number = 10，如图 4-3-22 所示。

图 4-3-21　VehicleBuilder 车辆参数修改界面

图 4-3-22　传感器加载界面

（5）场景构建

设置目标车位如图 4-3-23~ 图 4-3-26 所示，根据 ISO 16787—2017，主车纵向与目标车位的邻车位相隔 3m，侧向距离（1.0 ± 0.3）m，由此确定主车位置，速度为 5km/h。场景设置完成后，即可添加自行开发的泊车算法开展泊车实验，本次添加的算法，为 PanoSim 产品内 Demo 算法，算法要求车辆与目标车位横向距离大于 0.5m，设置最小转弯半径参数要符合车辆实际参数，这里选择 4.2。

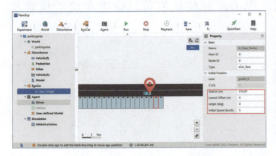

图 4-3-23　确定目标车位

图 4-3-24　设置随机占位车辆

图 4-3-25　目标车位

图 4-3-26　垂直泊车

（6）数据后分析

PanoSim 拥有 PlotBuilder 模块用于对数据的存储与分析，存储信息包括三大类：主车姿态信息、主车动力学信息以及全局变量，主车泊车过程中的 X/Y 曲线图如图 4-3-27 所示。

（7）自动化测试评价

根据中国智能交通产业联盟发布的团体标准《部分自动泊车系统　性能要求与测试规程》和中国汽车工程学会发布的团体标准《自主代客泊车系统总体技术要求》，提取泊车时长、泊车姿态、泊位间距、揉库次数、是否碰撞、是否泊入车位作为参考数据，建立评价模型，客户可对每个参数设置不同权重，通过 TestBuilder 加载评价模型，输出最后得分，如图 4-3-28 所示。

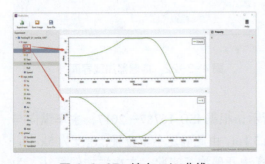

图 4-3-27　泊车 X/Y 曲线

图 4-3-28　评价模型加载界面

姓名		班级		日期	

📝 评价反馈

1）各组代表展示汇报 PPT，介绍任务的完成过程。

2）请以小组为单位，对各组的操作过程与操作结果进行自评和互评，并将结果填入表 4-3-5 中的小组评价部分。

3）教师对学生工作过程与工作结果进行评价，并将评价结果填入表 4-3-5 中的教师评价部分。

表 4-3-5　综合评价表

班级			组别		姓名		学号	
实训任务								
评价项目			评价标准				分值	得分
小组评价	计划决策		制定的工作方案合理可行，小组成员分工明确				10	
	任务实施		能够正确检查并设置实训工位				5	
			能够准备和规范使用工具设备				5	
			能够完成 APA 系统仿真测试				20	
			能够对实验进行批量测试及评价				20	
			能够规范填写任务工单				10	
	任务达成		能按照工作方案操作，按计划完成工作任务				10	
	工作态度		认真严谨、积极主动，安全生产，文明施工				10	
	团队合作		小组组员积极配合、主动交流、协调工作				5	
	6S 管理		完成竣工检验、现场恢复				5	
			小计				100	
教师评价	实训纪律		不出现无故迟到、早退、旷课现象，不违反课堂纪律				10	
	方案实施		严格按照工作方案完成任务实施				20	
	团队协作		任务实施过程互相配合，协作度高				20	
	工作质量		能准确完成实训任务				20	
	工作规范		操作规范，三不落地，无意外事故发生				10	
	汇报展示		能准确表达、总结到位、改进措施可行				20	
			小计				100	
综合评分			小组评价分 ×50%+ 教师评价分 ×50%					
总结与反思								
（如：学习过程中遇到什么问题→如何解决的 / 解决不了的原因→心得体会）								

任务四　V2X 系统仿真与测试

学习目标

➢ 知识目标

- 掌握 V2X 的基本工作原理。
- 了解 V2X 的发展历史。
- 了解 V2X 未来发展趋势。

➢ 技能目标

- 具备简述 V2X 发展历史和未来发展趋势的能力。
- 能够在仿真软件中展示 V2X 功能。

➢ 素养目标

- 了解 V2X 发展历史和工作原理，提升科学素养。
- 学会理论知识表达能力，培养观点表达能力。
- 养成定期反思与总结的习惯，改进不足，精益求精。

知识索引

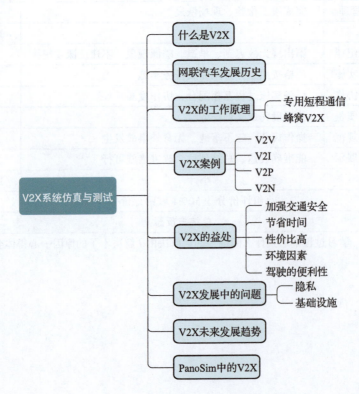

情境导入

V2X（Vehicle to X）功能是智能网联汽车未来的主要发展趋势。作为虚拟仿真测试工程师，你需要了解 V2X 功能的发展历史、基本工作原理和未来发展趋势，这一方面有利于自身进行仿真测试工作，另一方面可以在与合作伙伴交流的过程中展现自己的专业性。

获取信息

引导问题 1

请查阅相关资料，简述 V2X 的定义。

什么是 V2X

Vehicle-to-Everything 或 V2X 是一种特殊的车辆信息交互系统，支持车辆与其他车辆和基础设施之间的无缝信息传输，如图 4-4-1 所示。这项技术有助于车辆实时感知一定范围内的交通环境情况，以提高道路安全性和交通效率。

V2X 主要利用无线自组织网络进行通信，增强车辆对环境中人和物的状态感知能力。V2X 系统在提升道路安全性和交通效率方面具有巨大潜力。全球市场研究公司 IHS Markit 预测，2040 年自动驾驶汽车的需求将达到 3370 万辆，V2X 被认为是自动驾驶技术发展的关键之一。

图 4-4-1　V2X 是网联汽车的关键技术

引导问题 2

请查阅相关资料，简述网联汽车的发展历史。

网联汽车发展历史

网联汽车始于 1980 年的宝马。在那一年，宝马为它的一级方程式赛车（Formula

One，F1）安装了车载计算机系统，如图 4-4-2 所示。该系统可以将车辆数据传递到计算机中进行分析并传出相关数据。换句话说，该系统将汽车与其环境联系在一起。这项技术是网联汽车的起点。

图 4-4-2　宝马 F1 赛车

1996 年，汽车开始配备紧急呼叫功能。这种车辆可以识别事故，并自动呼叫最近的急救中心。从 2019 年 3 月 31 日起，欧盟规定，新车型必须配备自动紧急呼叫系统。

1999 年，第一部支持 GPS 的手机研发成功。然而直到 2000 年 5 月，美国总统比尔·克林顿才批准在民用领域使用 GPS 技术。在此之前，GPS 系统只有军方可以使用。值得注意的是，车载 GPS 系统不仅仅是导航系统，从 2000 年开始，GPS 系统不仅将导航带到了一个新的水平，而且还可以用于追踪被盗车辆。

2001 年，汽车制造商开始使用远程诊断技术检查车辆系统功能，以更快地诊断车辆的故障原因。随着技术水平的发展，远程诊断及其衍生技术的作用远远超出了故障诊断的范畴。

2004 年，宝马开始将 SIM 卡嵌入到汽车中。正因如此，车上乘员能够不离车就在网上访问信息和办公。另外，SIM 卡有利于预测拥堵——匿名跟踪让预测拥堵情况成为可能。这又是迈向网联汽车的重要一步。

2007 年，史蒂夫·乔布斯宣布智能手机时代到来。2008 年，谷歌收购 Android 公司，掌握了 Android 操作系统。第一辆可以提供互联网热点的汽车也于 2008 年投放市场。

自 2012 年以来，大众推出可以将智能手机与汽车直接连接的 MirrorLink 服务，它让汽车的信息娱乐系统操作直接应用智能手机应用程序成为可能。

引导问题 3

请查阅相关资料，简述蜂窝 V2X 的工作原理。

_____

_____

_____

V2X 的工作原理

在 V2X 系统中，信息主要通过无线网进行相互传输。每辆车都至少有一个传感器，可以相互发送数据，还可以发送数据给基础设施（如红绿灯、停车位）和行人等。

这些 V2X 系统共享车速数据及车辆周围其他实体相关的信息。这些信息增强了驾驶员获取道路状况、附近的事故、紧急车辆的接近、道路工程通知，以及同一路线上其他驾驶员活动相关信息的能力。它还告知驾驶员潜在的危险，有助于降低发生交通事故的可能性。这项技术还可通过通知驾驶员即将到来的交通拥堵，并建议驾驶员通过采用替代路线的方法来提高交通效率。

与其他通信技术相似，V2X 根据通信距离可以分为两种，专用短程通信（Dedicated Short Range Communication，DSRC）和蜂窝 V2X（Cellular V2X，C-V2X）。

1. 专用短程通信

专用短程通信是最早的 V2X 标准，使车辆符合 IEEE 802.11 无线通信标准，可以与基础设施进行相互通信。这项技术将两个彼此靠近的 V2X 发送器连接在一起，使它们无需任何特定的通信中介即可直接通信。这样的能力使短距离通信中心成为欠发达地区的理想选择。DSRC 标准提供了有关通行费支付和事故通知信息的功能，它在短距离内运行，即通信范围在 1km 以内。这一标准最好的一点是它完全不受天气条件的影响。因此，即使在雨、雾或降雪天气的时候，它也可以轻松地扫描环境并提供准确的信息。

2. 蜂窝 V2X

蜂窝 V2X 是使用 LTE 作为底层技术的 DSRC 的替代方案。这项技术得到了高通和 5G 汽车协会的大力支持。使用蜂窝 V2X 的最大好处是它带有可供用户选择的操作模式。第一种模式是在未经许可的 5.9 GHz 频段上通过 PC5 接口进行低延迟蜂窝 V2X 通信。此模式专为交换主动安全信息而设计，例如碰撞警告和其他短程 V2I、V2V 和 V2P 情况。这种模式与传统的 DSRC 标准所提供的模式非常一致。

第二种模式的不同点主要在于获得许可的常规频段蜂窝网络上的 Uu 接口上。此模式主要用于管理 V2N 用例，例如容忍延迟的安全通知、信息娱乐和交通状况。由于此模式不利用蜂窝连接，因此 DSRC 只能通过与路边基站建立临时连接来与之匹配。随着 V2X 市场不断发展，DSRC 和 C-V2X 两项技术正在争夺主要汽车制造商和监管机构的注意力。值得一提的是，随着宝马、福特、奥迪、捷豹、吉利和戴姆勒等越来越多汽车制造商宣布支持蜂窝 V2X，蜂窝 V2X 吸引了越来越多的注意力。

> **引导问题 4**
>
> 请查阅相关资料，简述 V2V 的定义与作用。
>
> _____
>
> _____

V2X 案例

1. V2V

车辆对车辆，也被称为 V2V，是车辆之间的无线信息交换，如图 4-4-3 所示。在限定的范围内，这项技术可以从周围的车辆传递信息，帮助确定撞车的风险，并允许驾驶员在必要时及早采取规避行动。它的目标是在该系统的可用距离内创造一个 360°的车辆感知"气泡"。美国国家公路交通安全管理局（NHTSA）指出，

图 4-4-3　V2V

V2V 技术可以极大地提高现有车辆安全功能的有效性和准确性。

2. V2I

车辆到基础设施（V2I）技术允许车辆与道路上或附近的其他设备共享和接收信息，如图 4-4-4 所示。根据区域的不同，可能会包含有联网的摄像头、路灯、指示牌、车道标志等。车辆到基础设施（V2I）技术承诺通过更早地向车辆提供更多信息来协助防止交通事故，从而提高道路安全性。V2I 系统可以帮助防止在雾天条件下发生多车连环相撞，提醒驾驶员注意死角附近的事故，以及主动发送施工区通知。

图 4-4-4　V2I

3. V2P

在 V2X 的所有应用中，车辆到行人（V2P）可能是最复杂的，如图 4-4-5 所示。理想情况下，车辆将能够使用车载安全监控工具并与行人的移动设备进行通信，以避免发生事故。这可能包括行人、自行车骑手，甚至是进出公共交通工具的人。例如，如果一辆车在十字路口停车有困难，它的车载系统会向附近的行人发送过马路需要等待的通知。V2P 的挑战在于，它需要相关人员将他们的手机作为安全警报模式，而这涉及隐私问题。

图 4-4-5　V2P

4. V2N

车辆到网络（V2N）类似于另一种形式的 V2X 技术，因为其他 V2X 技术是将车辆与周围对象直接相连，而 V2N 的想法更加激进，即通过车辆到网络，将车辆连接到数据中心、道路基础设施和其他汽车，如图 4-4-6 所示。这种技术实际上将其他驾驶员变成了道路侦察员，因此，如果导航系统在准确性或改变道路方面遇到问题，连接 V2N 的汽车可以与其他车辆通信，根据其他驾驶员的位置更新和行驶行为改进本车驾驶方向。

图 4-4-6　V2N

由于 V2N 通过蜂窝移动网络运行，因此很大一部分物理基础设施都可以直接使用。目前，我国大多数城市地区已经有了支持 LTE 的蜂窝塔，并渐渐升级到 5G 基础设施。

如果我们可以用同样的技术为智能手机和物联网提供互联网连接，那么也可以将其用于车辆通信。此外，采用 V2N 的成本相对较低，因为 PC5 和 Uu 接口可以很容易地与 C-V2X 芯片组连接。因此，汽车 OEM 和基础设施开发商不需要额外花费来启用这两种模式。由于 C-V2X 可升级到 5G 和 5G NR 协议，V2N 将始终与可用的最新和最快的网速相媲美。显然，通信速度是自动驾驶安全的一个非常关键的因素。5G 和 5G NR 芯片组还将允许车辆及时与智能手机通信，真正实现 V2P（车辆对行人）通信，这将显著提高行人安全性。

> **引导问题 5**
>
> 请查阅相关资料，简述发展 V2X 的益处。
>
> _____
>
> _____
>
> _____

V2X 的益处

1. 加强交通安全

每年都有很多人死于人为疏忽造成的车祸。V2X 技术是降低这一数字并减少交通事故数量的好方法。V2X 可以轻松、有效地识别道路危险或任何易受伤害的行人，智能汽车可以在人类驾驶员做出反应之前制动，并通知后面的车辆降低速度。

2. 节省时间

V2X 技术还有利于优化道路交通，减少交通拥堵。这可以实实在在地为所有人节省时间。当汽车与红绿灯、路标和交通管理中心进行通信时，它们可以很容易地确定最拥堵的区域，并知道到达目的地的最佳路线。例如，车辆和红绿灯之间的数据交换可以帮助找出车辆为了赶上绿灯而必须行驶的速度。这种实时信息交换有助于节省时间。

3. 性价比高

随着 V2X 技术的进步，可逐渐建立一个高效、安全的交通系统，这反过来将有助于节省资金。根据相关研究报告，道路堵塞或拥堵严重降低了生产效率，造成供应链延误，并大幅增加了交易成本。而有了 V2X，车辆可以很容易地检测到交通堵塞，并实时改变路线。这一点与模拟模型相结合来优化路线，可以使运输更加有效和有组织。

4. 环境因素

V2X 的另一个最显著的好处是它减少了交通对环境的负面影响。例如，在排成一排的情况下，自动驾驶车辆可以在很小的距离内相互跟随。根据空气动力学，这种列队行驶方式不仅减少了燃料消耗，还减少了二氧化碳排放。

5. 驾驶的便利性

V2X 技术可以使驾驶变得非常舒适，因为驾驶员可以事先得知视野之外的交通情况，他们可以提前了解交通拥堵区域、道路危险情况并及时采取相应行动。这有助于使得公路驾驶变得更加安全、舒适和有趣。

引导问题 6

请查阅相关资料，简述 V2X 技术发展带来的隐私问题。

_____
_____
_____

V2X 发展中的问题

1. 隐私

我们生活在一个隐私对许多人来说都是头等大事的世界里，所以很容易看出，在没有驾驶员输入的情况下发送和接收信息的车辆通信系统，对一些人来说是多么可怕。对位置隐私、黑客、恶意软件和个人安全的担忧导致许多人对新技术产生了深深的怀疑，这给 V2X 技术的普及带来了一个难以攀登的斜坡。随着 V2P 技术的出现，情况变得更加模糊，它要求用户将用他们的移动设备作为一个非自愿通信框架的一部分。

2. 基础设施

V2X 系统的好处肯定需要投入足够的时间才能显现，车辆与基础设施通信，基础设施必须配备 V2X 终端，如图 4-4-7 所示。目前，大多数实体，如红绿灯、停车位和传统车辆都没有任何 V2X 系统，这意味着它们无法与车辆通信。当前，V2X 技术正被用于各种汽车软件和移动应用程序，可以预测的是，随着 V2X 市场的扩大，该技术将深入渗透，实现无缝连接的车辆到车辆和车辆到基础设施的通信，C-V2X 技术相关企业如图 4-4-8 所示。

图 4-4-7　V2X 基础设施终端

图 4-4-8　C-V2X 技术相关企业

引导问题 7

请查阅相关资料，简述 V2X 技术未来的发展趋势。

_____
_____
_____

V2X 未来发展趋势

考虑到全球的交通集中度,毫无疑问,V2X 技术将在未来十年内无处不在,如图 4-4-9 所示。预计到 2027 年,V2X 技术普及率将达到 60% 左右。尽管 V2X 在今天看来似乎是一项新兴技术,但它很快就会成为大多数基础设施计划的基本组成部分。

2021 年,中国政府发布了国民经济和社会发展第十四个五年规划(2021—2025 年)和到 2035 年的远景目标,以及国家综合立体交通网络规划。它们表明在未来的 15 年内,中国要在智能互联汽车(智能汽车、自动驾驶)领域引领世界,提供全覆盖的时空信息服务和交通感知,并明确中国的"汽车信息系统 + 自动驾驶"技术路线图。

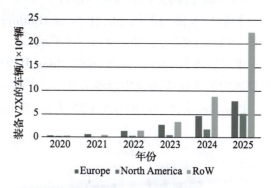

图 4-4-9 装备 V2X 的车辆数量持续增加

5G NR V2X 成熟后将成为高度自动化车辆的标准配置。NR V2X 和 5G eMBB 的结合允许车辆之间共享和协作高精度感知数据,以及易受攻击的交通参与者之间的协作互动。到 2029 年,它将在高速公路或十字路口实现协同交通流量管理和自动车流接管。在中国的案例中,协作式智能交通系统、车辆通信、应用层规范和数据交换标准(DAY Ⅱ)是一个协会标准,已经于 2020 年 11 月开始征求意见。

与 2017 年发布的 CVIS Day Ⅰ相比,CVIS Day Ⅱ强调了车辆、基础设施和行人之间的相互作用,并使"车 - 基础设施合作"技术的趋势更加清晰,这意味着将会有更多的 V2I 场景出现,路边(边缘端)能力将发挥作用。例如,福特中国正在测试电子紧急制动灯(EEBL)和交叉口移动辅助系统(IMA)等基于直接连接模式的 V2I 和 V2V 能力,并进一步将 V2X 与前排乘客 360 ADAS 集成,通过空中下载技术(OTA)将其推送给用户。

> **引导问题 8**
>
> 请查阅相关资料,简述 PanoSim 能够对 V2X 产品的开发和测试提供怎样的支持。
>
> _____
> _____
> _____

PanoSim 中的 V2X

PanoSim 仿真软件里面对 V2X 相关产品开发和测试的支持,主要体现在以下几个方面。

1）主车 V2X 能力的构建。

2）虚拟世界的构建，包括虚拟世界中路边车路协同设备的构建。

3）V2X 仿真实验的构建和运行。

主车 V2X 能力的构建：在 SensorBuilder 中为主车添加 V2X 无线通信模块，使之具备 V2X 通信能力，如图 4-4-10 所示。

虚拟世界的构建：在 WorldBuilder 中构建支持 V2X 仿真实验的虚拟世界，并为虚拟世界中的道路添加路边设备 RSU，如图 4-4-11 所示。

PanoSim 软件中自带若干 V2X 实验，它们的名字前缀均为"V2X"，如图 4-4-12 所示。

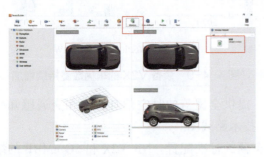

图 4-4-10 PanoSim 的 SensorBuilder 中显示的 V2X 无线通信模块

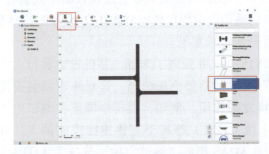

图 4-4-11 PanoSim 中的路边设备（RSU）

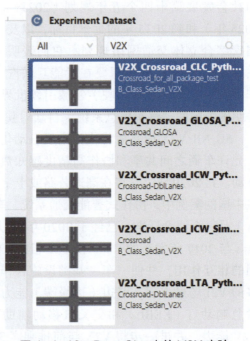

图 4-4-12 PanoSim 中的 V2X 实验

任务分组

学生任务分配表见表 4-4-1。

表 4-4-1 学生任务分配表

班级		组号		指导老师	
组长		学号			
组员角色分配					
信息员		学号			
操作员		学号			
记录员		学号			
安全员		学号			

（续）

任务分工
（就组织讨论、工具准备、数据采集、数据记录、安全监督、成果展示等工作内容进行任务分工）

工作计划

根据前面所了解的知识内容和小组内部讨论的结果，制定工作方案，落实各项工作负责人，如任务实施前的准备工作、实施中主要操作及协助支持工作、实施过程中相关要点及数据的记录工作等，见表4-4-2。

表4-4-2 工作计划表

步骤	工作内容	负责人
1		
2		
3		
4		
5		
6		
7		
8		

进行决策

1）各组派代表阐述资料查询结果。
2）各组就各自的查询结果进行交流，并分享技巧。
3）教师对各组的计划方案进行点评。
4）各组长对组内成员进行任务分工，教师确认分工是否合理。

引导问题 9

扫描二维码观看视频，了解如何完成实训任务，并简述操作要点。

_____
_____
_____

任务实施

创建 V2X 车辆

1）打开 SensorBuilder，在 PanoExp-Tools 下拉菜单中单击 SensorBuilder，如图 4-4-13 所示。

2）选择目标主车类型，将 Vehicle 拖到中间区域，如图 4-4-14 所示。

图 4-4-13 打开 SensorBuilder

图 4-4-14 设置主车

3）选择 Wireless 无线通信传感器，如图 4-4-15 所示。

4）将 V2X 传感器安装到主车上，如图 4-4-16 所示。

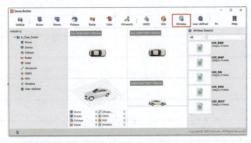

图 4-4-15 选择无线通信传感器

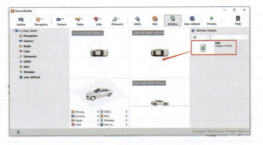

图 4-4-16 添加 V2X 传感器

5）根据实际需要，调整 V2X 传感器的属性值，如图 4-4-17 所示。

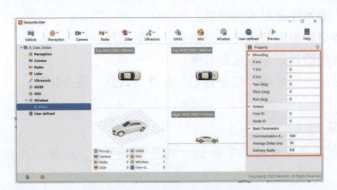

图 4-4-17 设置 V2X 属性值

6）单击 Save，选择另存为，保存车辆模型并重命名，如图 4-4-18 所示、图 4-4-19 所示。

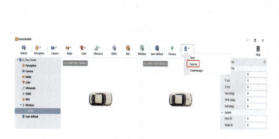

图 4-4-18　保存设置的带有 V2X 功能的车辆模型

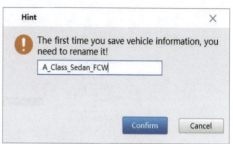

图 4-4-19　重命名

创建 FCW 实验

1）打开 PanoExp。

2）添加地图。单击 World，将 CrossRoad 地图拖拉到主界面，如图 4-4-20 所示。

图 4-4-20　添加十字路口地图

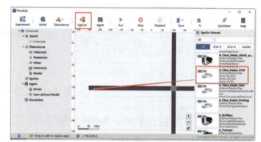

图 4-4-21　添加主车

3）添加主车。单击 Ego，将上一步编辑的主车摆放到十字路口场景，从左往右的中间车道起点，如图 4-4-21 所示。

4）设置轨迹和初速度。双击主车为主车设置轨迹和初速度。为了简便起见，将主车的轨迹设置为一条直线，初速度设置为一个较大的值，如图 4-4-22 所示。

5）设置干扰车辆。单击 Disturbance—Vehicle，选择一个干扰车摆在主车的前方。保证干扰车与主车位于同一个车道线，且与主车轨迹重叠，如图 4-4-23 所示。

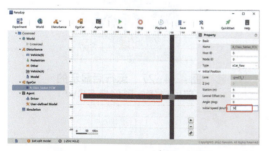

图 4-4-22　设置轨迹和初速度

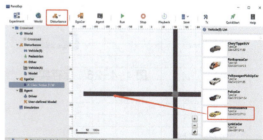

图 4-4-23　设置干扰车辆

6）设置干扰车轨迹和速度。双击干扰车，用同样的方法为干扰车设置轨迹和速度，注意应设置干扰车的车速低于主车，如图 4-4-24 所示。

图 4-4-24　设置干扰车轨迹和速度

7）添加 Agent 脚本。选择主界面上方的 Agent，添加 V2X 的 FCW 控制算法，如图 4-4-25 所示。

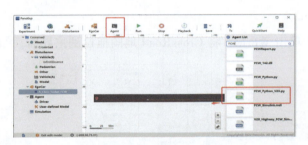

图 4-4-25　设置 FCW 算法

8）保存实验，Data-Save，给实验文件重命名，如图 4-4-26 所示。

9）单击 Run，系统自动启动，开始运行实验，V2X 算法持续在后台工作，在条件符合的情况下，会触发 FCW 告警，并在 GUI 上显示，如图 4-4-27 所示。

图 4-4-26　保存实验

图 4-4-27　运行后显示的前项碰撞告警信息 FCW

评价反馈

1）各组代表展示汇报 PPT，介绍任务的完成过程。

2）请以小组为单位，对各组的操作过程与操作结果进行自评和互评，并将结果填入表 4-4-3 中的小组评价部分。

3）教师对学生工作过程与工作结果进行评价，并将评价结果填入表 4-4-3 中的教师评价部分。

表 4-4-3　综合评价表

班级			组别		姓名		学号	
实训任务								
评价项目			评价标准				分值	得分
小组评价	计划决策		制定的工作方案合理可行，小组成员分工明确				10	
	任务实施		能够正确检查并设置实训工位				5	
			能够准备和规范使用工具设备				5	
			能够掌握 V2X 技术的应用案例				20	
			能够掌握 V2X 技术的益处与发展过程中所要面对的问题				20	
			能够规范填写任务工单				10	
	任务达成		能按照工作方案操作，按计划完成工作任务				10	
	工作态度		认真严谨、积极主动，安全生产，文明施工				10	
	团队合作		小组组员积极配合、主动交流、协调工作				5	
	6S 管理		完成竣工检验、现场恢复				5	
			小计				100	
教师评价	实训纪律		不出现无故迟到、早退、旷课现象，不违反课堂纪律				10	
	方案实施		严格按照工作方案完成任务实施				20	
	团队协作		任务实施过程互相配合，协作度高				20	
	工作质量		能准确完成实训任务				20	
	工作规范		操作规范，三不落地，无意外事故发生				10	
	汇报展示		能准确表达、总结到位、改进措施可行				20	
			小计				100	
综合评分			小组评价分 ×50%+ 教师评价分 ×50%					
总结与反思								
（如：学习过程中遇到什么问题→如何解决的 / 解决不了的原因→心得体会）								

能力模块五 XIL 仿真技术应用

任务一 SIL 软件在环仿真应用

学习目标

➢ 知识目标
- 掌握软件在环的原理。
- 了解软件在环的发展历史。
- 了解软件在环的优点。

➢ 技能目标
- 掌握软件在环的原理。

➢ 素养目标
- 了解软件在环原理,提升科学素养。
- 学会理论知识表达能力,培养观点表达能力。
- 具有良好的团队协作精神和较强的沟通能力。

知识索引

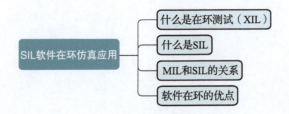

情境导入

传统的道路测试已经难以满足智能网联汽车日趋复杂的测试要求,为了降低成本、提高效率,越多越多的厂商选择先使用 MIL 与 SIL 的方式测试自己的产品。作为虚拟仿真测试工程师,掌握相关知识有助于提升自己的职业能力。

获取信息

引导问题 1

请查阅相关资料，简述什么是在环测试。

_____

_____

_____

什么是在环测试（XIL）

测试一辆车的常见方法是举行试驾。试驾可能发生在不同的地方，如高速公路、城市或特殊的测试赛道。试驾对自动驾驶汽车测试很有用，因为它们可以衡量车辆在现实世界中的表现。

但问题是自动驾驶汽车的测试不同于普通汽车的测试。试想一下，如何评估一辆车发生交通事故的可能性？基本上不可能。现实世界的测试不会涵盖车辆可能进入的许多意想不到的场景。正因为如此，评估汽车在道路上的性能并不是汽车测试和 ADAS 测试的最佳选择。

此外，现实世界的测试既昂贵又耗时。如果在测试中发生事故，维修调试自动驾驶汽车的成本远高于普通汽车。更不用说试驾对每个人都是危险的，特别是驾驶员。总而言之，仅靠道路测试并不能确保车辆的安全。事实上，试驾是 ADAS 开发周期的最后一步。现代汽车制造商的大部分自动驾驶汽车测试都在实验室进行。

为了验证和测试用于自动驾驶的 ADAS 软件，OEM 使用虚拟环境模拟和在环测试（X-in-the-loop，XIL）方法来扩展测试数据。这些测试方法在 SDLC 的早期阶段降低了测试风险与生产成本。

创建 ADAS 系统测试的虚拟环境，意味着使用软件对完整的驾驶场景进行建模。这包括驾驶员、传感器、交通和真实的车辆动力学。与真实环境测试相比，虚拟环境仿真是安全的。不仅如此，它还允许在各种情况下测试自动驾驶汽车。虚拟环境有助于一次验证车辆的许多方面性能，尽可能降低开发成本。此外，ADAS 测试的虚拟环境有助于开发新的系统功能，它们帮助研究人员创建更可靠的辅助驾驶算法，并集成不同的先进驾驶员辅助系统，以开发更好的自动驾驶技术。

XIL 方法通常将真实世界和模拟元素结合起来，用于 ADAS 和自动驾驶汽车测试。归功于在环测试方法，汽车制造商可以在开发早期检查特定汽车零部件的性能。常见的 XIL 方法包括 SIL（Software-in-Loop）、HiL（Hardware-in-Loop）、ViL（Vehicle-in-Loop）、DiL（Driver-in-Loop）。汽车工业中经常使用 V 模型来描述车辆在环、硬件在环、软件在环和模型在环方法之间的关系。如图 5-1-1 所示，左边描绘的阶段在右边有一个对应的测试对应阶段。MIL 设置测试要开发的功能的模型。在早期阶段应用 MIL 来验证有关体系结构和设计的基本决策。SIL 设置测试符合目标 ECU 但不包括实际硬件的程序代码的功能。HIL 方法验证和确认物理目标 ECU 中的软件。VIL 测试用真实车辆取代了车辆模拟和大多数虚拟 ECU。环境的模拟部分被注入车辆传感器或 ECU。随着汽车系统变得越来越复杂，尤其是智能网联汽车出现并不断发展，在环测试将变得越来越重要。为了测试更为复杂的 ADAS 系统，VIL 和 DIL 也被用于 ADAS 测试。本节以及接下来的章节将主要介绍这些在环测试方法。

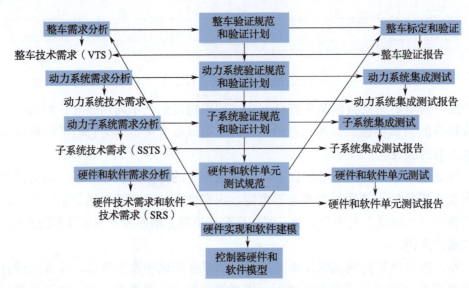

图 5-1-1　ADAS 系统的 V 模型开发流程

引导问题 2

请查阅相关资料，简述什么是 SIL。

_____
_____
_____

什么是 SIL

软件在环（Software-in-the-loop，SIL）是一种使用模拟环境测试汽车应用程序代码的方法。这为评估新功能和发现错误提供了一种比现场测试更快、更具成本效益的方法。它往往在开发过程的早期阶段使用，在更昂贵的硬件在环测试之前使用，然后在发布之前对原型车进行现场生产评估。

随着 OEM 朝着主要通过软件实现特性和功能的方向发展，SIL 在汽车行业中尤为重要。每一个新的软件程序，无论是与交通安全、自动驾驶、用户体验还是其他领域相关的，都有数以千计的具体要求，为了确保软件发挥应有的作用而进行手动测试是不切实际的。将正在开发的软件加载到实际车辆中，运行数十万千米（视程序的实际需求，所需里程数可能更多）去进行测试，以确保该软件在所有类型的驾驶条件下都能运行，是一种令人望而却步的昂贵和耗时的做法。

为汽车行业开发应用程序的公司每天都要编写代码,新的版本也必须每天进行测试,以符合现代软件开发的原则:持续集成(Continuous Integration,CI)、持续部署(Continuous Deployment,CD)和持续测试(Continuous Testing,CT)。

持续集成(CI)是将来自多个贡献者的代码自动集成到单个软件项目中的实践。这是一种 DevOps 实践,允许开发人员频繁地将代码更改合并到一个中央存储库,然后在那里运行构建和测试。自动化工具用于在集成之前确定新代码的正确性。

持续部署是软件开发中的一种策略,其中对应用程序的代码更改会自动发布到生产环境中。这种自动化是由一系列预定义的测试驱动的。一旦新的更新通过了这些测试,系统就会将更新直接推送给软件的用户。持续部署为希望扩展其应用程序和 IT 产品组合的企业提供了几个好处。首先,它消除了编码和客户价值之间的滞后——通常是几天、几周甚至几个月,从而加快了上市时间。为了实现这一点,回归测试必须自动化,从而代替昂贵的手动回归测试。

持续测试是在软件开发生命周期(Software Development Life Cycle,SDLC)的不同阶段,整合并自动反馈测试数据以提高管理部署效率的过程。DevOps 将开发(Dev)和运营(Ops)相结合,以统一应用程序规划、开发、交付和运营中的人员、流程和技术。DevOps 支持以前孤立的角色(如开发、IT 运营、质量工程和安全)之间的协调和协作。持续测试是 CI/CD(持续集成/持续交付)流程有效性背后的关键驱动因素,它通过提高代码质量、避免代价高昂的瓶颈和加快 DevOps 流程在加快 SDLC 时间表方面发挥关键作用。开发实用的 DevOps 方法的基本原则之一是弥合快速软件交付和可靠用户体验之间的差距。然而,在每个软件开发阶段(即项目设计、编码、测试、部署和维护),手动获取反馈的传统方式已经导致组织资源的不充分和无效使用,并且最终导致更长的集成周期和产品更新延迟。

持续测试在 SDLC 早期为 DevOps 团队提供有价值的反馈,通过自动化手动测试流程,可以将人为错误降至最低,从而解决了效率低下的问题。持续测试的工作方式是在生产的所有阶段使用自动化工具加载预定义的 QA 脚本。这些自动化脚本在运行 QA 测试时消除了常规人工干预的需要,并按顺序验证源代码效率,同时确保将任何相关反馈立即提供给适当的团队。如果自动化测试失败,开发团队会在开发的各个阶段收到通知,这样他们就可以在影响 SDLC 不同阶段的其他团队之前,对自己的源代码进行必要地调整。如果自动化测试通过检查,项目将自动传递到 SDLC 的下一阶段,使组织能够创建可持续的交付模式,最大限度地提高生产率并改善部门间的协调。源代码版本控制系统是 CI 过程的关键。版本控制系统还补充了其他检查功能,如自动代码质量测试、语法风格检查工具等。

软件在环测试可以应用在许多场景中。例如,为了测试高级驾驶辅助系统(ADAS),将对在各类情景下从摄像头、毫米波雷达、激光雷达、超声波传感器和其他传感器记录的输入数据进行建模。这些情景可能包括检测周围繁忙的交通、雨或雪对传感器输入的影响,或者车辆出人意料地非常快地停车。然后,可以根据这些不同的环境变化来评估 ADAS 系统软件的行为,以检测其是否达到所需的安全级别。

智能网联汽车仿真与测试

> **引导问题 3**
>
> 请查阅相关资料，简述 MIL 和 SIL 的关系。
> _____
> _____
> _____

MIL 和 SIL 的关系

用于避免碰撞和车道变更的原始技术正在被高级驾驶辅助系统（ADAS）所取代。这些新系统带来了新的设计和测试挑战。现代的 ADAS 架构将复杂的传感器、处理器和算法技术结合在一起，最终将成为自动驾驶汽车的核心。

随着 ADAS 从简单的防撞系统演变为完全自动驾驶的车辆，它们需要复杂的传感和计算技术。以特斯拉 Model S 上的传感技术为例，该技术结合了来自 8 个摄像头和 12 个超声波传感器的信息，作为其自动驾驶技术的一部分。许多专家声称 2018 款奥迪 A8 是第一款达到 L3 自动驾驶级别的汽车，在车速高达 60km/h 的情况下，A8 可在没有驾驶员帮助的情况下，在有中央护栏的道路上起动、加速、转向和制动，这辆车在前、侧、后部安装了 12 个超声波传感器，在前视镜、后视镜和侧视镜上安装了 4 个 360°摄像头，在前部安装了远程雷达和激光扫描仪，在风窗玻璃顶部安装了前置摄像头，汽车每个角落都安装了中程雷达。

因此，自动驾驶汽车采用了比以往任何时候都复杂得多的处理技术，并产生了更多的数据。例如，特斯拉 Model S 包含 62 个微处理器，是车辆活动部件数量的三倍多。此外，英特尔最近估计，未来的自动驾驶汽车每秒将产生 4TB 的数据。处理这些数据是一个巨大的挑战，工程师们已经实验了从简单的 PID 回路到深度神经网络的各种方法，以改善自动导航，这就是为什么我们需要硬件在环和软件在环测试的原因。

在开发系统时，基于模型的设计（Model-Based Development，MBD）允许极早地识别和纠正错误，因为在非常早期的设计阶段就可以很容易地模拟模型，所以测试迭代可以比耗时较长的开发阶段更早地完成。因此这种方法是显著减少开发时间的一种经济高效的方法。此外，图形编程方法较为直观，也深受工程师们的喜爱。

MBD 方法和模型在环测试（Model in the Loop，MIL）在汽车行业中普遍使用。MBD 中使用的开发流程可以完全符合安全规范，例如 ISO 26262 或 IEC 61508。这些规范通常要求在早期设计阶段进行 MIL 测试。MIL 测试之后的测试级是软件在环测试（SIL 测试），使用的软件通常是自动生成的、直接从模型生成的，或用 C 代码手动编写的。

一旦被测模型在 MIL 模拟中得到验证，下一个阶段就是软件在环（Software-in-Loop，SIL），在该阶段中，工程师只需从控制器模型生成代码，然后使用控制器块（其中包含 C 代码）和测试平台运行模拟，该测试平台仍然是软件模型（类似于第一步）。这一步将让工程师更好地了解系统的控制逻辑（控制器模型）是否可以转换为代码，以及它是否可由硬件实现。工程师应该在此处记录输入 – 输出，并将其与工程师在上一步中实现的结果进行匹配。如果工程师察觉到它们之间存在差异且需要修改，则返回到 MIL 进行必要地更改。如果工程师的模型已针对 SIL 进行了测试，并且性能可以接受，则可以继续执行下一步。一旦完成了 MIL 和 SIL 测试阶段，就可以对各个测试结果进行背靠背测试。背靠背测试可用于比较 MIL 测试和 SIL 测试的结果。

> **引导问题 4**
>
> 请查阅相关资料，简述软件在环的优点。
>
> _____
>
> _____

软件在环的优点

SIL 的有效性取决于建模软件以及为模拟特定路况和驾驶场景而编写的测试用例和脚本的质量。SIL 具有许多功能，这使其对汽车行业的测试具有以下优势。

1）SIL 模拟可以在任何标准台式计算机上运行，而不需要 HIL 测试所需的特殊设备或测试台。这使得跨多个实例部署 SIL 测试具有成本效益，从而减少了测试瓶颈并加快了开发过程。

2）由于模拟完全在软件中执行，因此测试实际上可以比实车测试进行得更快。

3）模拟程序提供灵活性和可重复性。测试人员运行多个模拟，在场景的所有其他方面保持不变的情况下针对单个变量进行调整，从而为软件开发人员创建了更有效的反馈循环。

4）SIL 有助于分离软件和硬件开发，允许软件开发人员快速创建新的特性和功能。

5）开发团队可以在开发复杂解决方案的代码或软件组件时对它们先进行测试，而不是等待整个产品完成。

6）使用多线程，可以同时进行多个测试，而不是顺序进行测试，这也节省了时间并提高了效率。

7）为 SIL 开发的模拟可以在 HIL 测试中重复使用，以监控物理硬件性能和相关性。

8）来自技术提供商、OEM 和第三方的开发团队可以很容易地共享结果。

任务分组

学生任务分配表见表 5-1-1。

表 5-1-1 学生任务分配表

班级		组号		指导老师	
组长		学号			
组员角色分配					
信息员		学号			
操作员		学号			
记录员		学号			
安全员		学号			

（续）

任务分工
（就组织讨论、工具准备、数据采集、数据记录、安全监督、成果展示等工作内容进行任务分工）

工作计划

根据前面所了解的知识内容和小组内部讨论的结果，制定工作方案，落实各项工作负责人，如任务实施前的准备工作、实施中主要操作及协助支持工作、实施过程中相关要点及数据的记录工作等，见表 5-1-2。

表 5-1-2　工作计划表

步骤	工作内容	负责人
1		
2		
3		
4		
5		
6		
7		
8		

进行决策

1）各组派代表阐述资料查询结果。
2）各组就各自的查询结果进行交流，并分享技巧。
3）教师对各组的计划方案进行点评。
4）各组长对组内成员进行任务分工，教师确认分工是否合理。

任务实施

1）为什么传统的路测方法无法应用在智能网联汽车的测试中？

_____

_____

2）XIL 是什么含义？其可以如何提升 ADAS 系统测试效率？

_____

_____

_____

3）试着用自己的话说明 MIL 与 SIL 之间的关系。

评价反馈

1）各组代表展示汇报 PPT，介绍任务的完成过程。

2）请以小组为单位，对各组的操作过程与操作结果进行自评和互评，并将结果填入表 5-1-3 中的小组评价部分。

3）教师对学生工作过程与工作结果进行评价，并将评价结果填入表 5-1-3 中的教师评价部分。

表 5-1-3 综合评价表

班级			组别		姓名		学号	
实训任务								
评价项目			评价标准				分值	得分
小组评价	计划决策		制定的工作方案合理可行，小组成员分工明确				10	
	任务实施		能够正确检查并设置实训工位				5	
			能够准备和规范使用工具设备				5	
			能够掌握 MIL 与 SIL 的定义				20	
			能够掌握 MIL 与 SIL 的测试流程				20	
			能够规范填写任务工单				10	
	任务达成		能按照工作方案操作，按计划完成工作任务				10	
	工作态度		认真严谨、积极主动，安全生产，文明施工				10	
	团队合作		小组组员积极配合、主动交流、协调工作				5	
	6S 管理		完成竣工检验、现场恢复				5	
			小计				100	
教师评价	实训纪律		不出现无故迟到、早退、旷课现象，不违反课堂纪律				10	
	方案实施		严格按照工作方案完成任务实施				20	
	团队协作		任务实施过程互相配合，协作度高				20	
	工作质量		能准确完成实训任务				20	
	工作规范		操作规范，三不落地，无意外事故发生				10	
	汇报展示		能准确表达、总结到位、改进措施可行				20	
			小计				100	
综合评分			小组评价分 ×50%+ 教师评价分 ×50%					
总结与反思								
（如：学习过程中遇到什么问题→如何解决的/解决不了的原因→心得体会）								

任务二　HIL 硬件在环仿真应用

学习目标

➢ 知识目标
- 掌握 HIL 硬件在环的原理。
- 了解 HIL 硬件在环的发展历史。
- 了解 HIL 硬件在环的测试案例。

➢ 技能目标
- 掌握 HIL 测试架构。

➢ 素养目标
- 了解 HIL 硬件在环的原理，提升科学素养。
- 学会理论知识表达能力，培养观点表达能力。

知识索引

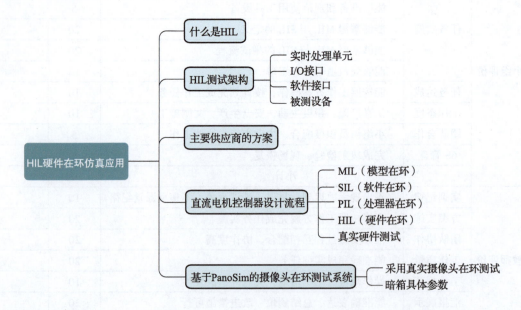

情境导入

在进行真实硬件测试之前，一个产品可能会经历哪些测试流程？除了实车上路，是否还有其他方法能够让 ADAS 系统使用真实采集的数据进行测试？为了解决这些问题，我们需要了解硬件在环。

获取信息

引导问题 1

请查阅相关资料，简述 HIL 的定义。

_____

_____

什么是 HIL

新时代汽车 ECU 的应用是复杂的系统，不仅有数量惊人的信息需要实时处理，还需要将处理后的结果呈现给其他系统。例如，ADAS 系统使用一种先进的算法来处理来自摄像头、雷达、GPS 和其他传感器的数据，以帮助驾驶员避免驾驶时的判断错误。这样一个数据密集型系统必须是可靠的，为了确保这一点，测试必须是严格和全面的。在真实车辆上测试如此复杂的系统以证明每一种可能的用例不是一个可行的选择。

此外，在最终组装时执行测试并进行更改可能会严重影响进度和成本。不仅如此，整个组装的平台可能无法在所需时间内完成测试。模拟是这种测试的唯一可行的方法，从而形成了硬件在环测试方法，它不仅自动化了测试过程，还在软件开发生命周期的早期引入了测试。

HIL 是一种嵌入式软件测试技术，在此过程中，来自控制器的真实信号被连接到使用软件模型模拟现实的测试系统。这会诱使控制器认为它安装在组装的产品中。测试和设计迭代进行，就像使用真实世界的系统一样。这样一来，工程师可以轻松地运行数千种可能的场景，以正确地使用控制器，而不需要花费高额成本。

理想情况下，被测 ECU 会收到大量代表不同功能的 I/O 信号。全面的测试意味着所有这些功能都是在基于需求的场景下进行测试的。那么，在 HIL 测试过程中究竟发生了什么？

在 HIL 测试期间，ECU 连接到模拟装配产品（发动机、车身控制模块甚至整个车辆系统）的测试系统。它与被测 ECU 的输入和输出相互作用，就像它是一辆实际的车辆一样。使用 HIL 测试软件可以创建不同的测试场景并验证输出。根据软件需求，可以扩展测试覆盖范围，而不必担心系统的成本和物理风险。

随着自动驾驶汽车（Automated Vehicle）性能不断提升。每年都有越来越多的公司在路上部署更多的自动驾驶汽车，随着时间的推移，测试里程明显增加。与此同时，安全软件制造商可用的实验室测试工具和技术也在不断发展。更先进的模拟技术可以帮助自动驾驶汽车制造商在舒适的实验室中评估现实场景中的激光雷达、雷达、GNSS 和其他自动驾驶汽车导航系统。通过模拟车辆及其周围环境，制造商和开发商可以快速、重复地评估边缘情况，并降低成本。

> **引导问题 2**
>
> 请查阅相关资料，简述 HIL 测试架构。
> _____
> _____
> _____

HIL 测试架构

HIL 测试系统是 HIL 测试的核心，HIL 测试架构如图 5-2-1 所示。我们前面提到的测试的模拟部分，需要一个可以欺骗 ECU，使其相信它已经连接到真实车辆的环境。测试系统提供了这种环境。为此，它需要大量的软件和硬件组件，具体包括以下四个部分。

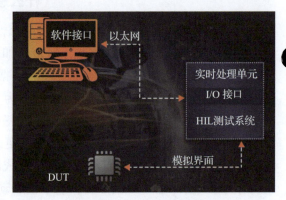

图 5-2-1　HIL 测试架构

1. 实时处理单元

实时处理单元是 HIL 测试系统的核心，复杂的汽车控制器需要处理大量的 I/O 通道和总线通信。实时处理单元的作用就是记录数据和 I/O 通信、生成测试刺激、让任务保持运行。测试系统取代了实际的 ECU 及其 I/O 信号，为了完美地执行测试，必须确保对车辆电子设备进行准确模拟，因此要采用实时处理单元。

2. I/O 接口

被测 ECU 需要连接到 HIL 测试系统，以便信号交互。I/O 接口负责建立此连接。这些接口可以是数字或模拟信号。使用 I/O 接口，测试工程师可以完成以下任务。

1）产生刺激信号。

2）管理 DUT 和测试系统之间的传感器和执行器的通信。

3）管理电流/电压和光纤 I/O 通道。

I/O 接口的重要性还在于它必须确保 DUT 始终以控制实际硬件的方式运行。测试系统提供商可以提供专用和可配置的 I/O 接口。

3. 软件接口

软件组件对 HIL 测试系统至关重要，因为这些软件组件是编写测试用例、创建所需刺激和生成测试报告所必须的。HIL 测试系统的典型软件组件包括以下几项。

（1）测试用例脚本

该工具是使用脚本语言创建测试用例所必需的。根据 HIL 测试系统品牌的不同，脚本语言也有所差异。例如，向量 VT 系统使用 VTest Studio 以 CAPL 脚本编写测试用例，而 DSpace 使用 Python 来实现同样的目的。

（2）ECU 模拟

用于模拟车辆中其他 ECU 的软件工具在汽车 HIL 测试设置中非常重要。被测试的

ECU 在其运行期间可能不得不与其他 ECU 交互。因此，在 HIL 测试期间，软件接口需要模拟所有与被测试 ECU 有交互的 ECU。

4. 被测设备

被测设备（Device Under Test，DUT）是控制单元，HIL 测试系统的目的正是为了验证其功能。它可以是动力总成 ECU、电池管理系统 ECU 或任何其他汽车控制单元。

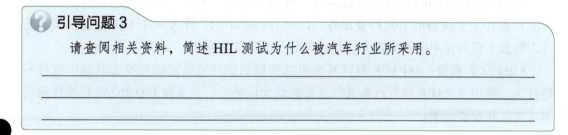

引导问题 3

请查阅相关资料，简述 HIL 测试为什么被汽车行业所采用。

_____

_____

主要供应商的方案

HIL 技术最初是在阿波罗任务期间由前沿科学家开发的，他们试图将人类送入未知的太空，测试这种情况的唯一方法是通过模拟。在此后的 50 年里，在将嵌入式软件部署到昂贵的生产系统之前进行早期测试的优势吸引了许多行业投入 HIL，包括航空航天、汽车、石油和天然气、医疗设备、家电等。随着设备变得更智能，机载计算越来越多，迭代测试的机会和回报也越来越大。正因为如此，HIL 在所有依赖嵌入式软件发布产品的行业中得到了越来越多地采用。

HIL 测试为汽车行业提供了在真实系统准备就绪之前测试其解决方案的机会。这不仅有助于缩短上市时间，而且有助于获得更好、技术更成熟的产品。如果在研发的产品得到了充分测试，反复回调进行重复研发的可能性会大大降低。因此，自动化 HIL 测试正在重新定义汽车行业，为进一步提升汽车研发和测试效率贡献重要力量。我们可以把在汽车研发过程中使用 HIL 进行测试的优点总结如下。

1）HIL 测试可以在数百或数千个场景中运行，而不需要付出进行车辆物理道路测试相关的时间和成本。

2）HIL 测试可以适用于过于危险或不切实际以至于无法在道路上进行测试的情况。

3）HIL 测试是可重复的。

4）HIL 测试过程高度自动化，可以支持多线程操作，因此可以同时进行多个测试，从而加快了开发过程。

5）虽然 HIL 测试在开发过程中晚于 Silt 测试，但它仍然在 CI/CD/CT 过程的参数范围内进行，使开发人员能够在将产品交付给 OEM 之前发现潜在的缺陷。

6）HIL 测试结果可以与原始设备制造商和第三方的开发团队共享，这也加快了开发速度，并有助于提高质量、可靠性和安全性。

多家供应商已经在市场上推出了他们的 HIL 测试系统。在体系结构、应用框架和概念的背景下，大多数硬件集成测试系统几乎是相同的。人们可以看出的唯一区别是，它们迎合了不同的行业。例如，矢量的 VT 系统是专门为汽车应用开发而设计的；dSPACE 则为整个电力电子行业提供服务。主流供应商的详情如下。

- 维克多的 VT 系统：VT 系统是一种流行的模块化测试系统，旨在对访问 ECU 的输入和输出进行验证。该系统与 CANOE 和 VTest Studio 等工具协同工作。在 CAN 总线协议的基础上，VT 系统支持 CAN、LIN 等通信协议。
- 德州仪器的 LabView：LabView 是一个测试系统，旨在集成广泛的硬件，为开发智能机器和工业设备的不同行业服务。LabView 来自 NI，作为一个 HIL 测试框架，它可以帮助工程师使用图形编程方法创建灵活的测试应用程序。
- dSPACE 系统：dSPACE 测试系统包括模拟测试环境所需的完整工具链（软件和硬件）。使用 dSPACE 进行汽车软件开发的最大优势是，它支持 ISO 26262 标准规定的测试方法和覆盖范围。

> **引导问题 4**
>
> 请查阅相关资料，简述将模型部署到硬件上进行生产之前需要执行的验证步骤。
> _____
> _____

直流电机控制器设计流程

当开发者确定了正在开发的组件/系统的需求，并在模拟平台（例如 Simulink 平台）上对它们进行建模之后，MIL、SIL、PIL 和 HIL 测试将进入基于模型的设计方法的验证部分。在将模型部署到硬件上进行生产之前，需要执行下面列出的几个验证步骤。这里给出一个为直流电机设计控制器的例子，并将控制器模型生成的代码放入所支持的片上系统中。

1. MIL（模型在环）

首先，开发者必须在仿真环境（如 Simulink）中开发实际硬件的模型，该环境捕获了硬件系统的大部分重要功能。在创建对象模型后，开发控制器模型，并验证控制器是否可以根据要求控制对象（在本例中是电机的模型）。此步骤称为 MIL，开发者将在硬件的模拟模型上测试控制器逻辑。如果控制器工作正常，开发者应该记录控制器的输入和输出，以便在后期验证阶段使用。

2. SIL（软件在环）

一旦开发者的模型在 MIL 模拟中得到验证，下一个阶段就是软件在环（Software-in-Loop，SIL），在该阶段中，只需从控制器模型生成代码，并用此代码替换控制器块。然后，使用控制器块（其中包含 C 代码）和硬件运行模拟，该硬件仍然是软件模型（类似于第一步）。这一步将让开发者了解控制逻辑（即控制器模型）是否可以转换为代码，以及它是否可由硬件实现。应该在此处记录输入-输出，并将其与在上一步中实现的结果进行匹配。如果发现它们之间存在巨大差异,那可能不得不回到 MIL 阶段并进行必要地更改,然后重复上述各个步骤。如果模型已针对 SIL 进行了测试,并且性能可以接受,则可以继续执行下一步。

3. PIL(处理器在环)

这一步是处理器在环(PIL)测试。在这一步中,我们将把控制器模型放在嵌入式处理器上,并与模拟硬件一起运行闭环仿真。因此,我们将使用 PIL 块替换控制器子系统,该块将使控制器代码在硬件上运行。此步骤将帮助工程师确定处理器是否能够运行开发的控制逻辑。如果有故障,则返回到代码、SIL 或 MIL,并对其进行纠正。值得注意的是,PIL 本质上也属于 HIL,因为处理器也是一种硬件。

4. HIL(硬件在环)

在将嵌入式处理器连接到实际硬件之前,我们可以在实时系统上运行模拟的硬件模型,例如 NI 工控机。实时系统执行确定性模拟,并且具有与嵌入式处理器的物理真实连接,例如模拟输入和输出,以及诸如 CAN 和 UDP 的通信接口。这将帮助我们识别与通信通道和 I/O 接口相关的问题。例如,由模拟通道引入并可能使控制器不稳定的衰减和延迟。这些行为无法在模拟中捕获。HIL 测试通常用于安全关键型应用,这也是汽车和航空航天验证标准所要求的。

5. 真实硬件测试

一旦使用 PIL 验证了硬件模型,现在就可以用原始硬件(比如实验室模型)替换硬件模型并运行测试。

> **引导问题 5**
>
> 请查阅相关资料,简述摄像头在环测试系统的特点。
> _____
> _____

基于 PanoSim 的摄像头在环测试系统

采用由摄像头作为图像信号采集处理单元进行硬件在环仿真的流程:在暗箱中,由工控机生成暗箱中显示器虚拟场景画面,摄像头拍摄虚拟场景画面,实时采集传感数据,输出至传感数据处理单元供图像处理器进行数据处理,并将处理结果传输给用户 L3 级别域控制器,最后通过控制算法对车辆进行闭环控制,如图 5-2-2 所示。

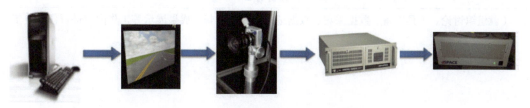

图 5-2-2　摄像头硬件在环实现流程

1. 采用真实摄像头在环测试

1）真实摄像头数据采集传输，如图 5-2-3 所示。
2）为道路实测提高系统置信度。
3）满足用户图像传输延迟。
4）具备输入输出接口以方便显示屏幕和摄像头与其他外部设备的数据传输。
5）支持各种智能摄像头标定。
6）支持控制器输出 AV 转 VGA 视频。
7）支持仿真软件动画、行车记录仪视频信息播放。

图 5-2-3　基于 PanoSim 的摄像头在环测试系统实物图

2. 暗箱具体参数

1）暗箱的框架结构应采用铝型材搭建，暗箱应避免外界光线的干扰，采用隔光材料隔绝外部光源，以防出现散射光。
2）控制器支架可进行水平、垂直、俯仰、横摆角度的调节和锁止。
3）台架结构支持双层设计模式，上层为暗箱，下层为支持台架。
4）显示器尺寸不低于 27in，清晰度不低于 1080P 分辨率（显示器分辨率需高于摄像头）。
5）尺寸不超过 1200mm×800mm×1200mm（长×宽×高）。
6）台架内部配置散热风扇，防止封闭条件下显示器过热。
7）预留光学透镜，以扩大摄像头的视野角。

任务分组

学生任务分配表见表 5-2-1。

表 5-2-1　学生任务分配表

班级		组号		指导老师	
组长		学号			
组员角色分配					
信息员		学号			
操作员		学号			
记录员		学号			
安全员		学号			
任务分工					
（就组织讨论、工具准备、数据采集、数据记录、安全监督、成果展示等工作内容进行任务分工）					

工作计划

根据前面所了解的知识内容和小组内部讨论的结果，制定工作方案，落实各项工作负责人，如任务实施前的准备工作、实施中主要操作及协助支持工作、实施过程中相关要点及数据的记录工作等，见表 5-2-2。

表 5-2-2　工作计划表

步骤	工作内容	负责人
1		
2		
3		
4		
5		
6		
7		
8		

进行决策

1）各组派代表阐述资料查询结果。
2）各组就各自的查询结果进行交流，并分享技巧。
3）教师对各组的计划方案进行点评。
4）各组长对组内成员进行任务分工，教师确认分工是否合理。

任务实施

1）与 SIL 相比，MIL 有什么优缺点？

_____
_____
_____

2）HIL 是否可以完全替代真实硬件测试？为什么？试举例说明。

_____
_____
_____

3）结合前面章节中关于虚拟场景的内容，试着绘制一个测试 AEB 算法的 HIL 测试系统框图，并进行文字说明。

_____
_____
_____

评价反馈

1)各组代表展示汇报 PPT,介绍任务的完成过程。

2)请以小组为单位,对各组的操作过程与操作结果进行自评和互评,并将结果填入表 5-2-3 中的小组评价部分。

3)教师对学生工作过程与工作结果进行评价,并将评价结果填入表 5-2-3 中的教师评价部分。

表 5-2-3 综合评价表

班级		组别		姓名		学号	
实训任务							
评价项目		评价标准			分值		得分
小组评价	计划决策	制定的工作方案合理可行,小组成员分工明确			10		
	任务实施	能够正确检查并设置实训工位			5		
		能够准备和规范使用工具设备			5		
		能够掌握 HIL 测试架构			20		
		能够掌握设计流程			20		
		能够规范填写任务工单			10		
	任务达成	能按照工作方案操作,按计划完成工作任务			10		
	工作态度	认真严谨、积极主动,安全生产,文明施工			10		
	团队合作	小组组员积极配合、主动交流、协调工作			5		
	6S 管理	完成竣工检验、现场恢复			5		
		小计			100		
教师评价	实训纪律	不出现无故迟到、早退、旷课现象,不违反课堂纪律			10		
	方案实施	严格按照工作方案完成任务实施			20		
	团队协作	任务实施过程互相配合,协作度高			20		
	工作质量	能准确完成实训任务			20		
	工作规范	操作规范,三不落地,无意外事故发生			10		
	汇报展示	能准确表达、总结到位、改进措施可行			20		
		小计			100		
综合评分		小组评价分 ×50%+ 教师评价分 ×50%					
		总结与反思					
		(如:学习过程中遇到什么问题→如何解决的/解决不了的原因→心得体会)					

任务三 其他在环仿真应用

学习目标

➢ 知识目标
- 掌握其他在环的原理。
- 明白其他在环测试的特点。

➢ 技能目标
- 掌握 VIL 测试系统的适用范围。
- 掌握驾驶模拟器质量评价标准。

➢ 素养目标
- 了解其他在环的原理,提升科学素养。
- 学会理论知识表达能力,培养观点表达能力。

知识索引

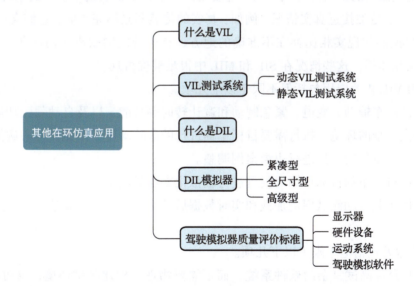

情境导入

除了 MIL、SIL 和 HIL 以外,VIL 和 DIL 也是测试智能网联车辆的重要手段。作为仿真工程师,你需要对在环测试有一个充分地了解,以便胜任仿真测试工作中遇到的仿真系统搭建和测试应用问题。

获取信息

引导问题 1

请查阅相关资料，简述 VIL 的定义与作用。

_____

_____

_____

什么是 VIL

汽车行业中，保障驾驶员、乘客和行人的人身安全是一切的前提，成功的软件开发在很大程度上依赖于代码验证和确认。随着 ADAS 系统和自动驾驶程序的日趋复杂，完全依赖模拟测试是不够的。虚拟测试如 MIL、SIL 可以一定程度上减少昂贵的路测，但是依然无法完全满足 ADAS 测试需求，因为它们无法完全模拟传感器漏检、子系统交互延迟等重要现象。由于整车在环（Vehicle-In-Loop，VIL）结合了虚拟视觉模拟和真实汽车的动觉、前庭和听觉反馈。因此，可以认为 VIL 是一种填补软件或硬件模拟与全道路测试之间的空白的方法。VIL 直接测试一个完全集成到车辆中的系统。与其他测试相比，VIL 更加接近真实情况。例如，真实的传感器是不完美的，它们会产生噪声；简化的数学模型与现实相比存在不准确的地方；整个智能网联汽车内部各个子系统之间会产生相互作用；这些情况在 SIL 和 MIL 中很难准确再现。

常见的 VIL 相关应用包括但不限于以下几项。

1）验证停车辅助、变道、紧急制动和避让转向等功能，以及自动驾驶功能。

2）提供安全的环境，执行需要目标车辆进行的危险动作，而无需担心碰撞。

3）使用可重复的场景进行边缘案例调整。

4）通过对真正的目标车辆驾驶员进行虚拟化来降低成本。

5）使用车载自动测试用例加载和实时数据后处理，显著减少高达 70% 的车辆测试时间。

VIL 的益处包括但不限于以下几项。

1）VIL 允许测试复杂的软件系统，而不需要物理地构建测试环境，这可以显著节省成本。例如，在没有 VIL 的情况下，测试环境可能需要使用虚拟对象来表示行人。

2）VIL 支持在车辆环境中对多个场景进行可重复测试。

3）VIL 允许对车辆的关键和危险驾驶情况进行测试。

4）VIL 环境减少了车辆测试集成，以及在软件开发迭代期间，使用测试轨道和特殊测试环境来验证功能更改和功能增强所需的时间。

5）VIL 支持对系统进行鉴定，以便为耗时和广泛的道路车辆测试做好准备。

引导问题 2

请查阅相关资料，简述 VIL 测试系统的分类。

_____

_____

_____

VIL 测试系统

事实上，VIL 测试有两种类型：动态（Dynamic）测试和静态（Static）测试。它们的共同点是都使用一辆完整的汽车来测试 ADAS 系统。这意味着可以直接在难以复现或非常危险的场景中测试智能网联汽车。例如，我们可以模拟对行人或汽车的检测。静态 VIL 代表放置在实验台上的汽车，以便使车辆在并未于实际道路上移动的情况下运行。静态 VIL 可以测试数据传输、信号干扰、功耗管理等情景。静态 VIL 的动力系统是真实的，然而与底盘行为相关的一切都在软件中模拟，环境完全是虚拟的。

1. 动态 VIL 测试系统

动态 VIL 在测试轨道上运行，因此它也是轨道测试的一种形式。不同的是，虚拟元素可以包括在内，比如通过模拟建筑物、行人、车辆等来使场景更加完整，如图 5-3-1 所示。这些虚拟元素可以使用增强现实技术或直接数据导入等方式被车辆的主体/驾驶员和（虚拟）传感器感知到。

（1）测试轨道

在使用动态 VIL 测试系统测试智能驾驶汽车的时候，测试轨道中每条车道线的位置必须是已知的。VIL 中的虚拟环境需要针对测试赛道进行定制，以便虚拟被测车辆只在真实测试轨道对应的虚拟道路上行驶。为了将真实车辆融入测试系统中，必须实

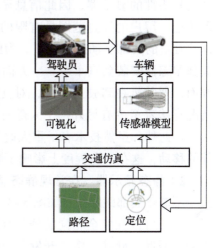

图 5-3-1 动态 VIL 系统简图

时地获取实车的位置并传输给仿真软件，从而保证虚拟车辆在虚拟测试轨道和真实轨迹在真实测试轨道上的位置准确对应。这一般要求被测车辆装备 GNSS 系统。由于对被测车辆没有特殊要求，理论上 VIL 适用于任何车辆。

（2）交通仿真

交通仿真是 VIL 的核心组成部分。该模拟可以描述几乎任何城市、农村和公路交通景观，只要驾驶员将通过的虚拟道路与使用的测试轨道和真实车道相对应。此外，许多交通情况可以通过自主操作来模拟。

（3）被测车辆在虚拟交通流中的位置

在 VIL 测试中，必须对虚拟被测车辆进行机动控制，即将本车与交通仿真解耦。因此，被测车辆在虚拟环境中对应的虚拟车辆独立于交通流，但该虚拟车辆依然属于道路使用者。测试者通过在被测车辆上安装 GNSS 系统，获取被测车辆相对于测试轨道

的位置,由于虚拟世界中的测试轨道与真实测试轨道的路径相对应,可以计算虚拟世界中虚拟本车的相应位置,从而可以将真实车在测试轨道上的运动映射到虚拟小车上,这一点与静态 VIL 相似。

(4)被测车辆与虚拟对象之间的交互

为了评估被测车辆,需要与其周围环境中相关对象进行交互的辅助系统,如 ACC 和 AEB。VIL 需要获取交通仿真中潜在相关对象的信息。例如,为了评估一种 AEB 功能,需要确定前一辆汽车在模拟中的相对位置和速度,并与该系统通信,以便在虚拟前车与本车之间达到预设最小距离时触发该功能。为此,交通仿真中包含了许多普通汽车传感器的虚拟等效物。

(5)可视化显示设备

动态 VIL 测试系统中,驾驶员从真实行驶的汽车中获得动力学和声学反馈,从虚拟交通流中获得视觉反馈。目前,可视化显示设备考虑了两种选择,这取决于 VIL 是主要用作开发工具还是用于评价驾驶员行为。

1)头戴式显示器(Head-Mounted Display,HMD)。顾名思义,HMD 是一个连接到用户头部的显示器,因此信息显示在非常接近眼睛的位置,如图 5-3-2 所示。因为很接近,用户的视野范围是有限的。为了确保真实的视觉体验,所显示的图像必须根据驾驶员的头部运动进行调整。为此,在 VIL 中使用 HMD 作为可视化设备时,必须将头部跟踪器安装到汽车中。一方面,HMD 为驾驶员提供了一种身临其境的体验;另一方面,驾驶员在驾驶过程中,对真实世界的视觉部分或完全被虚拟世界所遮蔽。这种情况意味着至少有另外一个人随时注意现实世界中的潜在危险(例如,意外的道路阻塞)。此外,虽然技术有了重大改进,但新的 HMD 仍然相当沉重,往往限制驾驶员头部的移动,这在一定程度上影响了测试结果的逼真度。

2)静态显示器。在常规静态显示器上显示虚拟交通情况对设备的要求相对更低,因为不需要头部跟踪设备如图 5-3-3 所示。因此,这种可视化方法的一个特别优点是,开发人员可以在完全相同的硬件环境下测试系统,而不需要专门安装可视化设备的工程师的帮助。此外,由于开发人员可以看到被测车辆周边的真实环境(至少当他的视觉焦点不在显示器上时),多个开发人员或许能够同时在测试轨道上测试,而不用担心被测车辆之间发生碰撞。不利的一面是,驾驶员的沉浸感相对于 HMD 更低,这也是它饱受诟病的一个问题。

图 5-3-2 头戴式显示器

图 5-3-3 静态显示器(显示屏)

2. 静态 VIL 测试系统

静态 VIL 测试中，汽车被固定在一个测试平台上，测试加速、制动、性能、功耗等都是使用硬件或软件模拟的。当每个车轮以各自独立的速度转动时，也可以进行转弯测试。同时，它也可以进行复杂场景测试，如城市驾驶。

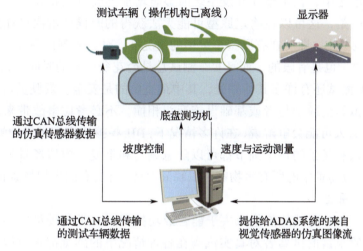

图 5-3-4　静态 VIL 测试系统

图 5-3-4 所示为一个用于测试的基于摄像头的静态 VIL 测试系统。整车被放置在一个由电动机驱动的运动平台上。前方放置屏幕，用于模拟智能网联汽车看到的前方道路。上位机中运行智能驾驶仿真软件，如 PanoSim。开始实验后，仿真软件根据预先设置的参数设置虚拟车辆和虚拟场景，并将虚拟车辆上虚拟摄像头捕捉到的场景渲染成逼真的行驶画面，投射到屏幕上。如果上位机模拟的道路存在坡度，仿真软件会将坡度参数发送给运动平台，使其模拟相应道路坡度。被测车辆的摄像头捕捉到前方屏幕中的场景后，汽车在运动平台上运动，并传出速度、加速度、行驶方向等参数。上位机获取速度、加速度、行驶方向等参数后，更新其内部虚拟车辆的姿态和位置，并根据虚拟摄像头捕捉到的画面更新真实车辆前方显示的画面。

引导问题 3

请查阅相关资料，简述 DIL 的定义与优势。
_____
_____

什么是 DIL

越来越多的企业采用 ADAS，这对测试工程师来说是一个令人着迷的挑战，因为这意味着人类也是安装了 ADAS 的车辆测试和验证过程中至关重要的一部分。

在无人驾驶系统成熟并大规模商用以前，驾驶员都是不可忽略的重要因素。实际上，人-机交互已经成为 ADAS 研究领域的一个热点。例如，研究人在 ACC 启动的时候会不会产生不适感，从而改进 ACC 系统；在进行 APA 系统开发的时候，需要考虑车内驾驶员是否会因为车辆过于接近旁边车辆而倾向于夺回驾驶权。

驾驶员在环（Driver In the Loop，DIL）测试可以在相关系统研发的过程中就将人机交互纳入考虑之中，在调整和开发系统时显著增加驾驶员与正在开发的系统的接触频率。最重要的是，这可以在物理原型可能无法获得的时候就解决潜在问题，从而降低研发和测试的成本。即使在有原型车可用的情况下，对 DIL 测试系统也有很大需求，因为原型车的数量也是有限的，而且实车测试总是会花费很多的时间、精力和金钱。

当然，DIL 测试还有许多其他好处，其中最重要的是安全。驾驶员可以自由地对与迎面而来的虚拟的交通参与者或基础设施迎头相撞，不必考虑事故带来的人身或财产损失。事实上，有人可能会争辩说，在许多情况下，DIL 模拟比真实世界的测试更有优势，因为传感器输入和场景的每个细节都可以随意编写和重复。虚拟场景只需敲击一两个键即可实现。虚拟场景中的所有事物都可以瞬间改变，且所有的虚拟场景都绝对可重复，这对车辆测试很重要。

然而，最终 DIL 测试的价值取决于能否成功捕捉到人类驾驶员的动作和反应，这并不容易。经验丰富的试驾者对真实汽车在各种情况下的感觉都很灵敏，当他们的感受与以往经验不同的时候，就会做出不真实的反应。若是提供给开发者的反馈不准确，开发者就不会把 DIL 测试系统作为开发工具。因此，高等级 DIL 系统必须提供正确的运动信息、较低的图像延迟、恰当的触觉和听觉刺激等，让试驾者做出真实反应并向开发者提供反馈。

引导问题 4

请查阅相关资料，简述无线电信号如何根据频率进行分类。

DIL 模拟器

驾驶模拟器的概念出现于 20 世纪 30 年代，目的是为了研究交通安全。1936 年，德席尔瓦所展示的概念已经接近当今使用的一些驾驶模拟器，如图 5-3-5 所示。当时，这个想法已经是让驾驶员进入驾驶位置，驾驶模拟器为驾驶员提供驾驶相关的刺激（信号）。今天的模拟器也是基于同样的概念。

不同的 DIL 模拟器大小也会存在差异，一般地，越大的 DIL 模拟器越能够提供逼真的驾驶体验。值得注意的是，即使在 DIL 的模拟器中，主要研究的点也

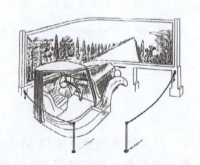

图 5-3-5　1936 年的驾驶模拟器

不一定是驾驶员,如图 5-3-6 所示。它也可能是用来在真实情况下测试硬件或软件的。

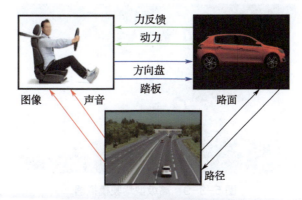

图 5-3-6 DIL 模拟器的系统结构

一般而言,驾驶模拟器可以分为三个类型:紧凑型、全尺寸型、高级型。

1. 紧凑型

紧凑型模拟器以较低的成本为驾驶员提供了逼真的驾驶界面和广阔的视野。其紧凑的尺寸使得它可以在几个站点之间轻松地运输。该模拟器一般配备一个显示器、手动或自动变速器、驻车制动和带力反馈的真实转向盘。它还可以配备 3~6 个自由度的运动系统作为选项。它特别受到大学、培训机构以及工程和研究部门的重视,它们将其用作驾驶培训模拟器,如图 5-3-7 所示。

图 5-3-7 全尺寸型驾驶模拟器

2. 全尺寸型

全尺寸模拟器的目标客户是需要真实车辆驾驶舱的客户,如图 5-3-8 所示。在任何型号的轿车或货车上,都可以提供一个包含真实车辆驾驶舱的驾驶模拟器,以便为驾驶员提供最逼真的驾驶环境。实际车辆固定在一个 3~6 个自由度的运动平台上,并利用 1~8 个通道的显示系统进行完全沉浸。该"真实座舱"模拟器可根据客户的要求定制一系列可用选项,用于人因研究、人体工程学研究和高级研究项目、动态车辆操纵研究和"人与硬件在环"(HHIL)研究。

图 5-3-8 全尺寸型驾驶模拟器

3. 高级型

高级模拟器是最具沉浸感的模拟器,如图 5-3-9 所示。它涵盖了真实车辆的整体,从驾驶室到仪表。高级模拟器位于圆顶内,配备了可提供高达 360°视角的尖端视觉系统和拥有高达 9 个自由度的运动平台,是可用的最逼真的模拟解决方案。这种高性能模拟器可根据客户的需求进行定制,是专门作为研究和工程开发而设计的。

图 5-3-9 高级型驾驶模拟器

引导问题 5

请查阅相关资料,简述驾驶模拟器质量评价标准。

_____
_____

驾驶模拟器质量评价标准

在各种各样的可用解决方案中,什么是一个好的 DIL 模拟器?如何选择最佳解决方案?如果我们将其与视频游戏相提并论,可以发现赛车游戏玩家专注于他们的装备中的几个元素。

1)屏幕:越宽越好。
2)输入硬件:通常是转向盘游戏控制器。
3)座椅:斗形座椅感觉就像是在一辆真正的赛车里。
4)软件:更好的图形效果,更具沉浸感。

游戏注重的是逼真和刺激的印象,但汽车开发的模拟更注重对现实的准确呈现,因此每个部件都经过了标定。

1. 显示器

显示屏越宽,速度的感知越强。这是因为道路外的物体在驾驶员的外围视觉上运行。但一个好的显示器还有其他挑战,比如在驾驶模拟过程中的可读性和舒适性。

开车时,驾驶员的注意力往往在前方。他们必须区分交通标志、物体和其他道路使用者,DIL 系统的显示器应当恰当地显示这些对象。例如,某些道路标记在模拟中距离较远,则它们在屏幕上会显示得非常小。同样,当以更高的速度行驶时,例如在高速公路上,只有在显示器刷新率足够高的情况下,路边固定的交通标志才是可以识别到的。因此,显示器的角分辨率和刷新率对于可读性至关重要。

关于模拟器不适症状(simulator sickness),虽然它对每个用户的影响不同,但将其降至最低的方法总是相同的。画面的流畅性，以及驾驶模拟和现实世界之间的一致性是关键。除了屏幕的技术规格外，适当的标定也非常重要，它们可以让显示器表现出最好的性能，从而准确地再现虚拟的真实世界。可用于达到适当规格的技术和方法差异很大，具体选择时还取决于场地限制，如可用空间、尺寸或电源、可用预算以及主要使用案例。

2. 硬件设备

输入硬件在驾驶员的沉浸感中起着重要的作用。虽然可以使用计算机键盘，但DIL模拟器通常至少使用一个转向盘和踏板控制器。在转向方面，更强大和反应更灵敏的力反馈车轮将增加车辆动力学和道路效果的真实感。它还允许使用实际的全尺寸转向盘，往往是从真实车辆上取来的转向盘。这与通常安装在游戏转向盘上的较小复制品不同。

踏板也有反馈，分为主动反馈和被动反馈。主动踏板反馈可产生来自车辆动力学和道路的特殊效果，例如道路表面粗糙度引起的振动，或ABS系统的反馈。

驾驶舱的装饰部分既有带着屏幕仪表板的桌面，也有包含活动集群的完整的实际汽车驾驶舱。怎样选择取决于可用空间和预期的沉浸程度。如果以多功能性作为选择的标准，那么就要注重元素的可修改性，例如使用屏幕而不是物理集群。

一个更全面、更全尺寸的驾驶舱会让驾驶员感觉以为自己进入了一辆真正的汽车。但是，缺乏运动会影响这种体验并带来不适感。驾驶舱的真实感必须与显示器和运动系统的反馈水平一致。

3. 运动系统

没有运动系统的模拟器被称为"静态"模拟器。运动系统用于使模拟器成为动态的，以提高驾驶模拟的沉浸感和舒适性。

人体通过内耳和与身体其他部位的直接接触来检测运动。运动系统所面临的挑战是根据驾驶员的动作、车辆的动力学和环境，为驾驶员提供他们在驾驶时所期望的线加速、转速和特殊效果。驾驶员所见和所感之间的一致性确保了他们可以忘记自己是在模拟器中，并像在真实道路上一样更准确地表现。

在没有动作提示的情况下驾驶时，感觉就像是骑上了一张"魔毯"。模拟中的任何事件似乎都不会对驾驶员产生真正的影响。为了防止出现这种情况，运动系统再现的第一个信号是微小的效果，比如道路振动或换档。微小的影响集中在转向盘、踏板甚至座椅等接触区域。使用转向盘和踏板的主动力反馈。对于座椅，可以使用振动执行机构或活塞执行机构。在这一点上，运动中仍然没有真正的"自由度"。

4. 驾驶模拟软件

驾驶模拟软件负责生成所有线索、管理虚拟世界和读取驾驶员的输入。它通过替换物理模拟器中不存在的一切，基本上实现闭环。所有用户看到和感受到的都是精确模型的结果。车辆动力学确保了基于驾驶员指令的逼真车辆行为。3D渲染必须足够逼真，以使人身临其境，周围的参与者，如行人和交通，必须以连贯、看似自然的方式行事。以PanoSim软件为例，该软件可以搭建实验、配置模型和准备关键性能指标以供测试之后的分析。这些功能扩展到整个开发和测试周期，允许开发团队在相同的模型上进行协作。

驾驶模拟软件允许开发模拟器的硬件,它必须是开放的,并允许连接和配置更广泛的可能硬件。值得注意的是,大而昂贵的设备并不总是意味着更好。从一开始,在选择解决方案时做出经过深思熟虑与充分研究的决策是很重要的,这样可以为固定用例或多用途挑战获得最优化的结果。

拓展阅读

在前文中我们提过,因智能网联汽车在道路测试上存在的一些局限性,我们选用虚拟仿真测试作为道路测试的补充。通过软件在环、硬件在环、车辆在环这三个层级的测试,我们可以发现大部分智能网联汽车在测试阶段存在的问题,同时大大节省测试成本。

但仿真测试如今仍存在一些短板,以测试场景的构建为例,构建虚拟测试场景需要基于高精度地图,高精度地图需要包含地形、车道线、信号灯、人行横道、障碍物、车流信息等诸多元素,在细节上较传统的导航地图提升了不止一个数量级。且高精度地图往往包含涉密信息,使用和绘制高精度地图都需要得到政府相关部门的批准。

搭好虚拟测试场景之后,在实际测试过程中还需要面对数据处理的问题。以传感器的仿真测试为例,智能网联汽车传感器的种类与数量较传统汽车有较大的提升,采集到的数据远多于传统汽车,如何处理这些数据,在追求精度的同时尽可能降低计算能力的浪费是一个很大的挑战。

测试软件本身的性能、软件与软件的兼容性、软件与硬件的兼容性也是仿真测试中难以避免的问题。CarSim、Carcraft 等测试软件被国外企业垄断,本土软件真正迈入商用化仍需继续积累。在 HIL 测试中,系统对接后由于兼容性等问题产生的累积误差也需要合适的补偿机制来提高仿真精度,若不能提高仿真精度,测试数据就不能被采信。

话虽如此,我们也要看到,虚拟仿真技术正在快速发展,且涉及了船舶、医疗、航空航天、工业制造等越来越多的领域,我们此前提到的各种问题在技术攻关与政策扶持的支持下终将解决。可以这样说:虚拟仿真技术大有可为,智能网联汽车仿真测试大有可为。就像新能源汽车的发展帮助我国在汽车工业上实现弯道超车一样,我们也相信仿真测试会帮助智能网联汽车相关产品实现快速迭代,最终给我们的生活带来积极的影响。

任务分组

学生任务分配表见表 5-3-1。

姓名　　　班级　　　日期

表 5-3-1　学生任务分配表

班级		组号		指导老师	
组长		学号			
组员角色分配					
信息员		学号			
操作员		学号			
记录员		学号			
安全员		学号			
任务分工					
（就组织讨论、工具准备、数据采集、数据记录、安全监督、成果展示等工作内容进行任务分工）					

工作计划

根据前面所了解的知识内容和小组内部讨论的结果，制定工作方案，落实各项工作负责人，如任务实施前的准备工作、实施中主要操作及协助支持工作、实施过程中相关要点及数据的记录工作等，见表 5-3-2。

表 5-3-2　工作计划表

步骤	工作内容	负责人
1		
2		
3		
4		
5		
6		
7		
8		

进行决策

1）各组派代表阐述资料查询结果。

2）各组就各自的查询结果进行交流，并分享技巧。

3）教师对各组的计划方案进行点评。

4）各组长对组内成员进行任务分工，教师确认分工是否合理。

任务实施

1）相对于 MIL、SL、HIL 等虚拟仿真方法，VIL 和 DIL 测试有什么优点？

_____
_____
_____

2）VIL 和 DIL 可以用来做什么？试举出至少一个例子进行详细说明。

_____
_____
_____

3）评价 DIL 模拟器的时候需要考虑哪些因素？

_____
_____
_____

评价反馈

1）各组代表展示汇报 PPT，介绍任务的完成过程。

2）请以小组为单位，对各组的操作过程与操作结果进行自评和互评，并将结果填入表 5-3-3 中的小组评价部分。

3）教师对学生工作过程与工作结果进行评价，并将评价结果填入表 5-3-3 中的教师评价部分。

表 5-3-3 综合评价表

班级		组别		姓名		学号	
实训任务							
评价项目		评价标准				分值	得分
小组评价	计划决策	制定的工作方案合理可行，小组成员分工明确				10	
	任务实施	能够正确检查并设置实训工位				5	
		能够准备和规范使用工具设备				5	
		能够掌握 VIL 与 DIL 的定义与优势				20	
		能够掌握驾驶模拟器质量评价标准				20	
		能够规范填写任务工单				10	
	任务达成	能按照工作方案操作，按计划完成工作任务				10	
	工作态度	认真严谨、积极主动，安全生产，文明施工				10	
	团队合作	小组组员积极配合、主动交流、协调工作				5	
	6S 管理	完成竣工检验、现场恢复				5	
		小计				100	

（续）

评价项目		评价标准	分值	得分
教师评价	实训纪律	不出现无故迟到、早退、旷课现象，不违反课堂纪律	10	
	方案实施	严格按照工作方案完成任务实施	20	
	团队协作	任务实施过程互相配合，协作度高	20	
	工作质量	能准确完成实训任务	20	
	工作规范	操作规范，三不落地，无意外事故发生	10	
	汇报展示	能准确表达、总结到位、改进措施可行	20	
		小计	100	
综合评分		小组评价分 ×50%+ 教师评价分 ×50%		
总结与反思				

（如：学习过程中遇到什么问题→如何解决的/解决不了的原因→心得体会）

参考文献

[1] 秦孔建，吴志新，陈虹. 智能网联汽车测试与评价技术［M］. 北京：机械工业出版社，2021.
[2] 崔胜民，卞合善. 智能网联汽车技术及仿真实例［M］. 北京：人民邮电出版社，2020.
[3] 崔胜民. 智能网联汽车自动驾驶仿真技术［M］. 北京：化学工业出版社，2020.